믿음의 마법

나의 인생을 바꾼 성공 공식 everything = figure out

믿음의 마법

마리 폴레오 지음
정미나 옮김

한국경제신문

《믿음의 마법》에 쏟아진 찬사

"《믿음의 마법》은 당신의 삶을 뒤바꿔줄 책이다. 당신이 지금 무슨 일을 하고 있든, 어떤 꿈을 꾸고 있든, 심지어 뭔가를 회피하는 중이든 간에 이 책 안에 그 해결책이 차근차근 제시되어 있다. 특히 '하지만 불가능한 일'이라는 생각에 뭔가를 실행에 옮기지 못하고 있는 사람이라면 이 추천문은 그만 읽고 빨리 이 책부터 사야 한다."
토니상과 오비상을 수상한 배우이자 작가, 사라 존스

"편안함과 도발, 이 책의 지혜는 짜릿함이라는 새로운 렌즈를 통해 자신과 잠재력을 보게 할 것이다."
《상속(Inheritance)》의 저자, 대니 샤피로

"아주 재치 있고 공감 가면서도, 구체적인 내용으로 엮여 있다. 책장을 덮으며 마리가 알려준 방법을 내 일상에서부터 바로 시작하기로 결심했다."
《우리는 언제나 늑대였다》의 저자이자 올림픽 출전 선수이자 사회운동가, 애비 웜백

"매 장마다 자기 믿음에 대한 눈부신 선언이 담겨 있다."
영화 〈300〉의 원작자, 스티븐 프레스필드

"마리 폴레오 덕분에 '모든 것은 해결 가능하다'는 것이 나의 신조가 되었고, 이 책은 그 신념을 분명히 이행하고 있다. 마리의 얘기에는 항상 따뜻함과 빛이 공존한다."
《우주에는 기적의 에너지가 있다》의 저자, 가브리엘 번스타인

"마리 폴레오는 자연의 힘이다. 다른 사람들이 자신들과 그들의 사업을 성장시킬 수 있는 자신감을 찾도록 도와준다. 모든 것이 다 헤아릴 수 있다는 점에서 마리는 자신이 배운 가장 강력한 교훈 몇 가지를 공유한다."
《리더는 마지막에 먹는다》의 저자, 사이먼 사이넥

"나는 마리TV의 오랜 팬이고, 이 책은 내가 마리에게 존경하는 모든 것, 즉 선생님, 여자, 그리고 전반적인 악당들을 대표한다!"
배우 겸 감독, 브라이스 달라스 하워드

"모든 것이 가능하다는 것은 여러분의 가장 큰 문제를 해결하고 가장 엉뚱한 꿈을 이루기 위한 양보할 수 없는 지침이다.
내스티걸(Nasty Gal)의 창업자이자 CEO, 소피아 아모루소

"내용의 전개가 빠르고 인정, 지혜, 가식 없는 솔직함, 재미, 실용성이 두루 갖추어진 유익한 책이다."
《사랑의 전사(Love Warrior)》의 저자이자 비영리단체 투게더라이징(Together Rising)의 창설자, 글레넌 도일

"이 책은 모든 좋은 방향으로 당신의 삶을 변화시킬 겁니다."
WWE RAW, Inaugural SmackDown 여자 챔피언, 베키 린치

"내 세계에서 사람들은 두 부류로 나뉜다. 문제를 해결해낼 것이라 믿음이 가는 사람과 그렇지 못한 사람이다. 내가 이중 어떤 사람과 일하고 싶어 할까? 꿋꿋이 견뎌내며 진전 방법을 찾도록 용기를 북돋워주는 이 책, 《믿음의 마법》은 꼭 읽어야 할 책이다!"
후부(FUBU)의 CEO이자 창업 리얼리티쇼 〈샤크탱크(Shark Tank)〉의 객원 사회자, 데이몬드 존

나를 쾌활하고 독립심 강하며
근면의 가치를 아는 사람으로 키워준
부모님께

힘은 당신 안에 있다

프롤로그

당신의 인생은
달라질 수 있다

○ 명백한 진리라도 누군가 알기 쉽게 말해줘야 비로소 보인다.

칼릴 지브란

어린 시절, 엄마와 같이 일요일자 신문을 쭉 훑으며 쿠폰을 오려내던 기억이 지금도 생생하다. 저소득층 공영주택단지에서 알코올의 존증 부모 밑에서 자라며 형편상 필요에 따라 철저한 절약 정신이 몸에 밴 엄마는 내게도 돈 아끼는 요령을 이것저것 꼼꼼히 가르쳐 주셨다. 기업의 무료 사은품 증정 행사를 관심 있게 살펴보라고 일러주기도 하셨다. 상품을 구입한 후 영수증 같은 증빙서류를 우편으로 발송해 요리책이나 조리 도구 같은 상품을 챙겨 받으라는 요지였다.

엄마의 애장품이었던 소형 트랜지스터라디오도 트로피카나 오렌지 주스를 사고 받은 무료 사은품이었다. 크기며 색깔이며 모양이 영락없는 오렌지인, 한쪽에는 빨간색과 흰색의 줄무늬 빨대 모양으로 안테나까지 달려 있던 그 앙증맞은 라디오를 엄마는 애지중지했다. 엄마는 항상 바쁘게 몸을 움직여야 직성이 풀리는 성격이라 어릴 땐 엄마가 집이나 마당의 어디쯤 있는지 찾기 위해 트로피카나 오렌지 라디오에서 흘러나오는 소리에 귀를 기울여야 했다.

하루는 학교를 마치고 집으로 걸어가는데 멀찌감치에서 라디오 소리가 들려왔다. 집에 가까워질수록 라디오의 음악 소리가 머리 위 허공에서 들려오고 있음을 알 수 있었다. 고개를 들어 위쪽을 올려다보니 엄마는 2층짜리 우리 집 지붕에 올라가 앉아 계셨다.

"엄마! 괜찮아요? 거기 올라가서 뭐 하세요?"

내가 묻자 엄마는 큰 소리로 대꾸하셨다.

"별일 아니야, 리. 지붕이 새서 올라온 거야. 지붕 수리공한테 전화했더니 못해도 500달러는 들 거라지 뭐니. 뭔 놈의 수리비를 그렇게 비싸게 받아먹는지! 차고에서 쓰고 남은 아스팔트를 본 기억이 나길래 몇 분이면 고치겠다 싶어서 올라왔어."

이쯤에서 짚고 넘어가자면 엄마는 고등학교 졸업이 최종 학력이고 당시는 1980년대였다. 그러니까 인터넷이니 유튜브니 구글은 구경도 못하던 시절이었다. 그런데도 엄마는 내가 생각지도 못한 별의별 시도를 했고, 나는 그런 엄마가 어디에 있는지 찾기 위해 라디오의 지지직거리는 소리를 따라가야만 했다.

어느 가을날의 일이었다. 그날은 학교에서 늦게 집으로 돌아갔는데, 분위기가 심상치 않았다. 어느새 사방에 어둠이 내려앉은 집 안이 이상하리만큼 고요했던 거다. 나는 집 안으로 조용조용 걸어

들어가며 이런저런 걱정을 했다. 트로피카나 오렌지 라디오 소리가 왜 안 들리지? 엄만 어디 계신 거지? 그때 어디선가 딸깍거리고 탁탁거리는 소리가 들렸다. 나는 서둘러 소리의 진원지로 다가갔다. 엄마는 부엌에서 식탁 위로 몸을 구부린 채 수술실 같은 광경을 연출하고 계셨다. 절연테이프와 드라이버 여러 개가 흩어져 있고 엄마 앞쪽으로는 분해된 트로피카나 오렌지 라디오의 작은 부품들이 어지럽게 널려 있었다.

"엄마, 괜찮아요? 라디오는 어쩌다 그렇게 된 거예요? 고장 났어요?"

"괜찮아, 리. 별일 아니야. 안테나가 부러지고 다이얼이 조금 튀어나와서 고치는 중이야."

나는 한동안 그 자리에 선 채로 엄마가 마법을 부리듯 척척 라디오를 고쳐내는 모습을 지켜봤다. 그러다 궁금증을 못 이기고 물어봤다.

"엄마, 어떻게 그런 걸 다 척척 해내세요? 전에 해본 적도 없고, 누가 방법을 가르쳐준 것도 아닌데 어떻게 그렇게 잘하는 거예요?"

엄마는 드라이버를 내려놓고 나를 돌아보며 이렇게 대답하셨다.

"그건 네가 잘 몰라서 하는 소리야, 리. 인생이라는 게 그렇게 복잡하지 않단다. 소매를 걷어붙이고 적극적으로 뛰어들면 마음먹은 일은 뭐든 다 해낼 수 있어. 해결 불가능한 문제는 없어."

나는 그 자리에 못 박힌 듯 선 채로 희열에 차 그 말을 머릿속으로 되뇌었다.

'해결 불가능한 문제는 없다… 해결 불가능한 문제는 없다… 개

쩌는 말이야…!'

해결 불가능한 문제는 없다!

이 말은 내 인생관으로 영혼 깊숙이 뿌리내렸고, 이후 내 인생의 가장 강력한 추진력이 되었다.

덕분에 나는 신체적 학대로 얼룩진 관계를 끊어냈고, 대학 재학 시절 경쟁률이 높아서 아무나 따내지 못하는 근로장학생 자격을 선결 조건과 대기 순번이라는 난관을 뚫고 얻어내 숙식비를 해결하면서 꼭 듣고 싶은 수업들을 수강했다. 그보다 어릴 때는 몇 년 연속 퇴짜를 당하면서도 꿋꿋이 스포츠 팀과 치어리더 팀에 지원하는 끈기를 발휘했다.

그런가 하면 이 인생관 덕에 지금까지 여러 분야에서 다양한 일을 경험했다. 맨해튼에서 가장 선망받는 레스토랑에 바텐더로 들어가 일해보기도 하고, 벌이가 쏠쏠했던 독특한 아르바이트(대형 나이트클럽에서의 야광봉 판매), 뉴욕 증권거래소의 장내 거래 업무, 콩데 나스트(Condé Nast) 출판사에서의 출판 업무, 힙합 강사 일도 해봤으며, 운동 비디오도 찍고, MTV에서 프로듀싱과 안무도 맡아보고, 정식으로 댄스 교습을 받은 적이 없던 상태에서 세계 최초로 결성된 나이키 엘리트 댄스(Nike Elite Dance) 팀의 일원으로 선발되기도 했다.

게다가 스물셋의 나이에 노하우도 경험도 투자자도 관련 학위도 인맥도 없이 맨손으로 대담하게 사업을 벌여 사회적 의식이 있는 수백만 달러 규모의 교육 및 미디어 기업체를 키워냈다. 1세대 웹 캠을 활용해 동영상을 촬영해보고픈 의욕을 불태우기도 했다. 이렇게 찍은 동영상들은 이후 195개국에서 수천만 명에 이르는 팬들이 시청했고 상까지 받았다.

잘난 척하려고 지금까지의 성과를 늘어놓은 것이 아니다. 해결 불가능한 문제는 없다는 말을 내가 그만큼 확신하고 있다고 말해주고 싶어서 꺼낸 얘기다.

나는 정말로 해결 불가능한 문제는 없다고 확신한다. 설령 맨땅에 헤딩한다 해도, 이미 실패의 고배를 마셔봤더라도, 뭘 어떻게 해야 할지 왜 자꾸 문제가 생기는지 감 잡을 만한 노하우가 없더라도, 세상이 아무리 해봤자 안 된다며 자꾸만 좌절을 안겨줘도, 태생적으로 떠안은 특별한 난관이 있거나 불리한 상황에 처해 있더라도.

물론 지금 당장은 이런 인생관이 비참한 현실과 맞서는 데 도움이 될지 안 될지 확신이 서지 않을 수도 있다. 가령 헛된 노력만 되풀이하고 있다는 느낌이나 절망감에 젖어 있을 때, 혹은 다음과 같은 일을 겪을 때라면 충분히 그럴 만하다.

- 인생이 뒤바뀔 만한 두려운 건강진단 통보
- 아이나 사랑하는 사람을 잃는 비극
- 학대를 당한 후 정신 질환을 앓다가 회복

하지만 '해결 불가능한 문제는 없다'는 신념은 결국 이런 가혹한 현실에도 의식적으로 맞서도록 이끌어준다.

어떤 상황을 마주하고 있든 당신에게는 이미 문제를 해결하고, 당신이 되고 싶은 사람이 되는 데 필요한 자질이 있다. 사회나 가족 또는 당신의 마음이 당신에게 어떤 생각을 부추기든 간에 당신은 어딘가 부족한 사람이 아니다. 천성적으로 어떤 문제를 타고난 것도 아니다. 나약하거나 무능한 사람도 아니다.

우리 중 그 누구도 사용 설명서를 받고 이 세상에 태어나지 않았다. 교육제도는 우리의 사고, 신념, 감정이 지닌 힘이나 신체에 내재된 지혜를 활용하는 법을 가르쳐주지 않는다. 인생의 난관을 극복해내기 위해서만이 아니라 진정한 기쁨과 충족감을 느끼기 위해서도 갖춰야 할, 승리에 유리한 사고방식이나 관점, 실용적 습관도 키워주지 않는다. 우리 모두가 얼마나 많은 힘을 지니고 있는지 깨우쳐주지도 못한다. 안타깝게도 우리는 변화를 이끌어내기 위해 우리의 재능을 어떻게 사용해야 할지에 대한 실질적 교육을 (설령 배운다 해도) 극히 미미한 수준밖에 받지 못하고 있다.

이런 문제점을 바로잡을 책임은 바로 지금 우리에게 있다. 그 유명한 마야 안젤루(Maya Angelou, 미국의 시인이자 소설가, 배우, 인권 운동가. 토니 모리슨, 오프라 윈프리 등과 함께 미국에서 가장 영향력 있는 흑인 여성 중 한 명으로 꼽힌다-옮긴이)의 말처럼 "더 잘 알게 될 때까지 최선을 다하라. 더 잘 알게 되면 그다음엔 더 잘하면 된다". 이 말을 인용해놓고 보니 지금 당신이 이 책을 읽고 있다는 사실에 전율이 인다. 이 책을 쓴 취지가 당신이 더 잘 아는 동시에 더 잘하도록 이끌어주는 것이기 때문이다.

'해결 불가능한 문제는 없다'를 신념으로 삼으면 당신의 인생은 달라지게 돼 있다. 이 신념을 활용하면 고장 난 세탁기나 펑크 난 타이어 같은 일상의 사소한 문제를 잘 해결할 수 있다. 회사를 세우거나 건강을 되찾거나 경제적으로 독립할 수도 있다. 관계를 잘 지켜내거나(또는 청산하거나), 꿈꿔왔던 황홀하고 뜨거운 연애사를 써나갈 수도 있다. 고질병처럼 따라다니는 스트레스, 상처, 분노, 우울함, 중독, 불안, 절망에서 벗어날 방법을 찾을 수도 있다. 획기적인 기술을 고안하거나, 새로운 언어를 배우거나, 더 좋은 부모나 더 든든한 리더가 될 수도 있다. 더군다나 이 신념을 다른 이들, 다시 말해 가족, 조직, 팀, 업계, 지역사회, 세계와 함께 활용해 긍정적이고도 의미 있는 변화를 이끌어낼 수도 있다.

하지만 세상에 큰 변화가 일어나려면
먼저 우리 스스로가 변하려는 용기를 내야 한다.
우리 스스로가 변하려면 먼저 우리에게
해낼 수 있는 능력이 있다고 믿어야 한다.

'해결 불가능한 문제는 없다'라는 이 단순한 신념을 활용해 우리의 삶을 바꿀 수 있는 내재된 능력을 활성화하고, 함께 힘을 모아 우리 주변에 의미 있는 변화를 일으켜보자. 지금 당신의 손에 이 책이 들려 있는 이유도 바로 그런 변화를 위한 거다.

우리에겐 당신이 필요하다. 당신의 가슴, 목소리, 용기, 기쁨, 창의성, 온정, 사랑, 재능이 필요하다. 그 어느 때보다도 더 절실히.

"

큰 꿈들은 모두 이렇게 이뤄진다.
작게 시작한다고 해서
작게 생각할 일이 아니라는 얘기다.

"

CONTENTS

EVERY
THING
IS FIGURE
OUTABLE

EVERY THING IS FIGURE OUTABLE

방관하는 태도로 푸념과 불만을 늘어놓아 봐야
아무것도 나아지지 않는다.
뭐든 나아지게 하려면 생각을 실행에 옮겨야 한다.

셜리 치좀(Shirley Chisholm)

1장

최소 노력
최대 효과를 위한
로드맵

'해결 불가능한 문제는 없다'는 신념은 듣기엔 간단명료해도 이를 실행하기 위한 여정은 수월치 않다. 우선 겸손함과 용기가 필요하다. 자기 배려, 실험 의지, 유머 감각도 있어야 한다. 끈기를, 그것도 엄청난 끈기를 발휘해야 한다. 카를로스 카스타네다(Carlos Castaneda, 페루 출신의 문화인류학자, 작가-옮긴이)의 말대로 "우리는 스스로를 비참하게 내몰 수도 있고 강하게 단련시킬 수도 있는데, 어느 쪽이든 드는 노력은 똑같다".

그래서 먼저 해결 가능성의 여정을 시작하기 전에, 들인 노력에 비해 최대한의 효과를 거둘 수 있도록 확실히 도와줄 로드맵을 소개한다. 다음 로드맵을 따라 해결 가능성의 철학을 일단 터득하고 나면, 절대로 잃어버려서는 안 될 소중한 보물이 될 거다.

1. 생각 바이러스 차단하기

뇌는 일종의 성능이 뛰어난 바이오컴퓨터로, 당신에게 이롭거나 해로운 여러 프로그램들을 끊임없이 구동시킨다. 그래서 미리 당부해두겠는데, 새로운 걸 배울 때 불쑥불쑥 튀어나오기 십상인 2가지 해로운 생각, 즉 바이러스를 조심해라. 생각 바이러스에 감염됐을 때의 백신은 바이러스를 붙잡아 생산적인 질문으로 전환하는 거다. 왜냐하면 뇌는 질문에 답하도록 프로그램돼 있기 때문이다. 어떤 질문을 던지든 뇌는 즉각 답을 찾는다. 유해한 생각을 생산적인 질문으로 바꾸다 보면 뇌는 당신이 배우고 성장하고 발전하는 데 유리한 방향으로 훈련된다.

'그건 나도 알아.' 혹시 방금 이렇게 생각했는가? 조심해야 할 해로운 생각 바이러스 중 첫 번째다. 그 정도는 나도 알고 있다는 식의 생각이 들면 정신이 해이해지면서 폐쇄적인 태도를 취하게 된다. 앞으로는 머릿속으로든 혼잣말로든 '그건 나도 알아'가 튀어나오면 곧바로 그 생각을 붙잡아 성장형 사고방식의 질문으로 전환해야 한다. 특히 이 책을 읽는 동안에는 더욱 주의를 기울이면서, '여기에서 내가 뭘 배울 수 있을까?'라는 질문을 던져봐야 한다. 정말로 알고 싶다는 마음으로 묻고 또 물어라. '여기에서 내가 뭘 배울 수 있을까? 여기에서 내가 뭘 배울 수 있을까?'

어떤 경우든 배울 점이 1~2가지는 있기 마련이다. 우선 익숙한 개념에 대해 새로운 관점을 배울 수 있다. 아니면 '이미 다 아는' 그걸 제대로 실행하지 않고 있다는 깨달음을 얻게 되거나. 사실 후자처럼 실천으로 옮기지 않고 있었다는 자각이 드는 경우가 더 많다. 뭔가를 머리로 아는 것과 끈기 있는 노력으로 정복해내 그 덕을 누리는 건 별개의 문제다. 그러니 겸손해져라. 책을 읽다가 예전에 들어봤던 개념이나 제안이 나와도 '뭐야, 이미 다 아는 얘기잖아' 하는 생각으로 대충 읽어 넘기지 마라. 좀 더 현명하게 굴자. '여기에서 내가 뭘 배울 수 있을까?'를 자문하며 새로운 성장의 기회를 발견하도록 뇌를 훈련시키는 거다.

또 하나의 해로운 생각 바이러스는 '이건 내게 별 도움이 안 될 것 같은데' 같은 생각이다. 별 도움이 안 될 것 같다는 말로 조금이라도 도움이 될 가능성을 바로 차단할 게 아니라, 그런 생각을 멈춰 세우고 붙잡아 더 생산적인 질문으로 바꿔라. '이걸 내게 유용하게 활용할 방법은 없을까? 이걸 내게 유용하게 활용할 방법은 없을까?' 이렇게 자문하고 또 하다 보면 확실한 것에만 안주하지 않고 안전지대 밖으로 인지 영역을 확장시켜 자신의 현재 상황에 존재하는 결함을 발견할 수 있게 된다. 아는 영역 안에 머물렀더라면 놓치고 지나쳤을 법한 새로운 연관성, 혁신, 기회, 가능성을 발견하도록 뇌가 훈련되는 거다.

바람직하지 못한 예	바람직한 예
그건 나도 알아.	여기에서 내가 뭘 배울 수 있을까?
이건 내게 별 도움이 안 될 거야.	이걸 내게 유용하게 활용할 방법은 없을까?

2. 부정하기 전에 시도해보기

먼저 확실히 짚고 넘어갈 부분이 있다. 나는 모든 답을 알고 있는 척하고 싶지 않다. 이 책 역시 마찬가지다. 다만 간단한 틀과 일련의 도구를 제시해 당신이 답을 찾거나 떠올리도록 이끌어주려는 것뿐이다. 딴지 걸기가 주특기인 사람이라면 벌써부터 이렇게 생각할지 모르겠다. '아니에요, 마리. 모든 문제가 해결 가능한 건 아니에요. 세상일에 변수가 얼마나 많은데요⋯.'

글쎄, 내가 장담하는데 엄밀히 따져서 노력을 할 만큼 하면 해결 불가능한 일도 멋지게 해낼 수 있다. 물론 해결 불가능한 일들도 있다, 아직은. 예를 들어 (과학자들이 저온학을 연구 중이고 동물 복제가 시행되고 있긴 해도) 당신이 어린 시절 키웠던 개를 살려낼 순 없다. (인간이 정말로 하늘을 날 수 있긴 해도) 등에서 정말로 날개다운 날개를 자라게 하지는 못한다.

또한 해결 불가능한 문제는 없다는 내 가정을 확증해줄 과학적 증거는 없지만, 현재 확실하지 않다고 해서 무조건 배척해버린다면 현 상태를 뛰어넘어 성장하지 못한다. 이 책의 내용이 전부 헛소리라고 친다 해도, 이보다 더 사기를 높여주고 실용적인 철학을 생각해낼 수 있는가? '해결 불가능한 문제는 없다'는 신념보다 더 유용하고 힘을 북돋워주는 신념을 생각해낼 수 있는가?

없다면 이 점을 염두에 두면서 다음의 3가지 행동 법칙을 살펴보자. 마음에 잘 담아두면 핵심에 다가서는 데 큰 도움이 된다. 다시 말해, 당신의 성장과 만족감 그리고 문제를 해결하고 타인에게 기여하기 위해 타고난 지혜에 집중할 수 있도록 도와주는 마법의 행동 법칙이다.

- 1. 모든 문제는(모든 꿈도) 해결 가능하다.
- 2. 어떤 문제가 해결 불가능하다면 그것은 사실상 문제가 아니다. (죽음이나 중력 같은) 불가피한 현실이거나 자연법칙이다.
- 3. 어떤 문제의 해결이나 특정 꿈의 성취에 그다지 끌리지 않을 수도 있다. 그래도 괜찮다. 가슴에 불을 지피는 다른 문제나 꿈을

찾아 다시 규칙 1부터 시작하면 된다.

양자물리학자 데이비드 도이치(David Deutsch)의 말처럼 "자연법칙에 반하는 것이 아닌 한 적절한 지식만 갖추면 뭐든지 성취 가능하다". 양자 이론가의 말이라고 그대로 다 믿어야 할 이유는 없다. 내 말도 마찬가지다. 다만 테스트를 해볼 필요는 있다. 실제로 적용해 실행에 옮기면서 직접 깨달아봐라. 이 철학이 효과가 없다는 근거를 어떻게든 찾아내려 벼르는 중이라면 미리 축하한다. 정말로 효과가 없다는 근거가 있긴 할 테니까. 하지만 그 경우엔 다른 어떤 철학도 효과가 없을 거다.

3. 기분 상해하지 말기

신선한 카프레제 샐러드 위에 으깨져 뿌려진 바다 소금처럼, 책을 읽다 보면 곳곳에 비속어가 정겹게 뿌려져 있을 것이다. 나는 글을 쓸 때도 말할 때와 똑같이 가식 없고 진솔한 말투를 쓰는 편이다.

그래서 미리 양해를 구하지만, 기분 상해하지 않길 바란다. 읽다가 '빌어먹을'이나 '망할 놈의' 같은 단어를 보고 경악을 금치 못할 것 같다면 이쯤에서 서로 아름다운 작별을 하는 편이 나을 듯하다. 비슷한 맥락에서 나는 인칭대명사도 격의 없이 '그'나 '그들'을 써서 문장을 간결하게 이어가려 한다. 이 책은 성 정체성에 상관없이 모든 사람을 위해 쓰인 책임도 알아주길 바란다.

나는 직업상 20년에 가까운 세월 동안 사람들이 그들의 삶에 의미 있는 변화를 일으키도록 이끌어주는 영광을 누려왔다. 그 과정에서 사회경제적·인종적·문화적으로 아주 다양한 배경을 가진 이들을 만났다. 연령대도 6세부터 86세까지 다양했다. 집 없이 떠도는 노숙자들도 있었고, 각양각색의 능력을 갖춘 사람들, 우울증에 시달리며 자포자기한 사람들, 자식이나 배우자나 사랑하는 이를 잃은 사람들, 끔찍한 학대나 평생 시달려온 중독에서 벗어나 다시 일어선 사람들, 불치병과 씨름 중인 사람들도 있었다.

나 스스로도 잘 알고 있지만, 미국에서 백인으로 태어난 나는 워런 버핏의 말대로 '자궁 로또'에 당첨된 사람이다. 그렇다 하더라도 이 책에는 내 인생사와는 사뭇 다른, 흥미롭고도 다양한 인생사들이 곳곳에 채워져 있다. 여기에서 소개하는 모든 일화나 도구나 실천법이 당신의 상황과 맞지 않아도 '그래, 당신이야 그렇게 말하기 쉽겠지. 당신은 정말 _____ (운 좋은, 집안 환경이 좋은) 사람이니까' 하는 식의 반감을 내세워 당신 삶에 쓸모 있을 만한 개념을 탐구해볼 의지까지 버려선 안 된다. 꼭 다음을 자문해봐야 한다. '여기에서 내가 뭘 배울 수 있을까? 이걸 내게 유용하게 활용할 방법은 없을까?'

나는 당신을 존중한다. 우리의 차이를 존중하고 소중히 여긴다. 당신이 이 책을 집어 들었다는 사실로 미뤄볼 때, 우리는 어느 정도 같은 DNA를 가지고 있는 셈이다. 당신이나 나나 배우고 탐구하는 사람이라는 점에서 같다.

당신이 어떤 인생을 살아왔고 어떤 어려움을 겪었는지는 잘 모른다. 하지만 이것만은 잘 안다. 당신은 어마어마한 능력을 타고난 사람이다. 잠재력도 무한하다. 당신은 이 세상에 유일무이한 귀한 존재고, 가슴속에 꿈을 품을 자격과 재능이 충분하다. 무엇보다 변화를 일으키고 어떤 난관이든 극복해내는 데 필요한 자질을 이미 갖추고 있다.

4. 행동하기

대부분의 책은 새로운 정보 전달을 목적으로 쓰여진다. 의욕을 자극하고 싶다는 바람으로 출간된 책들도 있다. 나는 단순히 그런 차원을 뛰어넘어 **성과를 얻게 해주려는 마음을 담아** 이 책을 썼다. 성과를 얻으려면 일단 행동에 나서서 이 책이 제시하는 '문제 해결을 위한 액션 플랜'을 최대한 노력해 완수해야 한다. 이 단계에서는 정말로 전력을 쏟아 철저히 노력해야 한다. 행동 없는 통찰은 무의미하기 때문이다. 행동으로 옮기기는 변화에 이르는 유일한 길이다.

액션 플랜을 할 때마다 늘 감동적인 통찰이 일어나진 않을 수도 있지만, 어떤 행동이 패러다임의 대전환이나 획기적인 '깨달음'을 줄지 누가 알겠는가? 뿌린 만큼 거두게 돼 있다. 그러니 손으로 직접 적어서 답해야 하는 과제에 생각으로만 답하면 안 된다. '지금 당장 하라'는 과제를 '재미있을 것 같지만 나중에 해보자'며 미뤄서도 안 된다.

하나 더 진지하게 당부하자면, 글로 적어보는 과제를 수행할 때는 가능하면 컴퓨터에 키보드로 입력하기보다 일기장이나 노트에 손으로 직접 쓰길 바란다. 여러 연구를 통해 입증된 바에 따르면 새로운 정보를 배우고 이해해 습득하는 데는 손으로 필기하는 게 타이핑보다 더 효과적이라고 한다. 뿐만 아니라 손으로 필기하면 뇌의 속도가 느려져서 생각과 감정을 좀 더 명확하고 깊이 있게 표현할 수 있다. 종이에 펜을 가져다 대는 건 당신 내면의 가장 깊숙한 곳에 있는 진실에 다가가는 신비로운 방법이다.

앞에서도 권고한 대로 정말 최선을 다해야 한다. 지금 당장은 이해가 안 되는 부분이 있으면 표시해뒀다가 나중에 다시 보자. 관건은 행동을 꾸준히 이어가는 거다. 이 책이 요구하는 하나의 새로운 관점이나 도구만으로도 당신의 인생은 예전과 달라질 테니까 말이다.

차차 확인하게 될 테지만 중요한 내용은 여러 번 반복해 나오기도 한다. 이런 반복은 모두 의도됐다. 반복은 신경가소성(뇌가 외부 환경의 양상이나 질에 따라 스스로의 구조와 기능을 변화시키는 특성-옮긴이)의 핵심 원리로, 뇌를 재연결해 좋은 아이디어를 영구적이고 새로운 생존 및 행동 방식으로 전환해준다.

인생이 그렇듯 해결 가능성의 철학도 순환하는 여정을 따른다. 같은 문제에 반복해서, 매번 다른 강도로 마주치게 돼 있다. 내 목표는 당신이 앞으로 평생 동안 무슨 문제든 해결해내는 데 필요한 기본 사고방식과 습관을 익히게 하는 거다. 그렇다고 아침 일과에 479개의 할 일을 추가하거나 복잡하고 많은 시간이 필요한 기술 수십 개를 더 습득해야 하는 건 아니다. 해결 가능성의 철학에서는 인생의 궤적을 바꿔줄 몇 가지 도구와 신조만 있으면 된다. 원래 간단한 게 솔깃하면서도 아주 효율적이다.

단, 행동하지 않는다면 이 책은 읽으나 마나다. 못해도 30일 동안 아이디어, 제안, 액션 플랜을 실험 삼아 해보자. 평생에 걸쳐 습득해 몸에 밴 현재의 신념과 행동을 고치려면 당연히 어느 정도의 탈프로그래밍 과정이 필요하다.

장담하건대 1달간 꾸준하고 성실하게 실천하다 보면 (그러니까 매일같이 성실히 실천하면!) 눈에 띌 만큼 큰 진전이 나타날 거다. 꿋꿋이 밀고 나가겠다는 의욕을 자극하고도 남을 만큼의 진전이!

5. 유대 나누기

해결 가능성의 철학은 다른 사람들과 협력할 경우 그 효과가 (더불어 재미까지도!) 기하급수적으로 커진다. 집단적 목표에 더 빠르게 도달하는 동시에 이제껏 느껴본 적 없는 큰 즐거움, 창의성, 동지애를 경험하게 된다. 그래서 나는 당신처럼 성장형 사고방식을 지닌 창의적인 사람들과의 유대를 인생 최대의 즐거움으로 꼽는다. 해결 가능성의 철학을 활용하면서 MarieForleo.com/EIF를 통해 승리와 문제 해결 체험담을 공유해주길 바란다. 이 사이트에 방문하면 방대한 무료 자료를 비롯해 수상 내력도 있는 프로그램 〈마리 TV(MarieTV)〉와 〈마리 폴레오 팟캐스트(The Marie Forleo Podcast)〉의 (장담컨대 금세 두려움에서 벗어나게 해줄 만한) 에피소드 수백 개 그리고 지구상에서 가장 친절하고 가장 격려심 넘치는 국제적 커뮤니티를 이용해볼 수도 있다.

조만간 느끼게 될 테지만 '해결 불가능한 문제는 없다'는 말은 그저 말하기 좋은 문구가 아니다. 실용적이고 실행 가능한 원칙이다. 최선을 다해 원하는 바를 성취하도록 이끌어주는 주문이다. 중요한 문제를 해결하고 새로운 기술을 익히고 타인에게 도움을 주고 기여할 방법을 찾도록 안내하는 사고방식이다. 이런 자세는 일단 받아들이고 나면 사실상 버릴 수 없다.

그렇다고 해서 언제나 만사가 뜻대로 풀린다는 얘기는 아니다. 실제로 그런 탄탄대로는 구경도 못한다. 좌절을 맛보거나 퇴짜를 맞거나 패배를 겪거나 개힘든 상황에 놓이게 될 일이 없어지는 것도 아니다. 고통은 따르기 마련이다. 오히려 아주 심오한 이유에서 그런 자세를 버릴 수 없다. 즉, 그 무엇도, 그러니까 어떤 것도, 어떤 사람도, 어떤 두려움도, 어떤 한계도, 어떤 상황도 다시는 당신을 막는 데 영향을 미치지 못하기 때문이다.

자, 그럼 이제 본격적으로 해결 가능성의 여정을 시작해보자.

EVERY THING IS FIGURE OUTABLE

앨리스 불가능한 일이야.
미치광이모자장수 네가 그렇게 믿을 경우에나 그렇지.

영화 〈이상한 나라의 앨리스〉

2장

믿음이 바뀌면
모든 게 바뀐다

나도 한때 패배감에 푹 빠졌던 적이 있었다. 시턴홀대학교(Seton Hall University)에서 졸업생 대표로 연설을 하며 화려하게 졸업한 지 1년도 채 지나지 않았던 그때, 나는 맨해튼 남부의 트리니티 교회 계단에 앉아 울고 있었다.

가족 중 최초의 학사 학위 취득자였던 나는 그동안 헛공부한 게 아님을 보여줘야 한다는 압박감을 느끼고 있었다. 그러다 월스트리트의 뉴욕 증권거래소 입회장에 거래 어시스턴트로 취직했고, 자부심을 얻는 동시에 안정된 급여와 건강보험의 혜택도 누리게 됐다. 그런데 직업이 있다는 데 감사하는 한편 마음속으로는 죽을 것 같았다. 정말이지 나는, 그 일에 내 모든 걸 바쳤다. 할 수 있는 한 최고의 거래 어시스턴트가 되기 위해 출근도 일찍하고 하루 종일 열의를 보이며 겁나 열심히 일했다.

하지만 아무리 안간힘을 써도 뭔가가 잘못된 기분이었다. 마음속에서 자꾸만 나지막한 속삭임이 들려왔다. '이건 아니야. 여긴 네가 있을 곳이 아니야. 이 일은 너의 천직이 아니야.'

직장 동료는 99.9퍼센트 이상이 남자였는데, 남직원 상당수가 스트립쇼 나이트클럽을 좋아하고 오후 4시에 폐장을 알리는 클로징 벨이 울리면 코카인을 했다. 내 취향과는 영 맞지 않았다. 더군다나 남자 동료들이 매일같이 추근거리고 음담패설을 하는 통에

피곤했다. 어느 날은 반발심이 발동해 머리카락을 짧게 자르기도 했다. 강한 인상을 연출하면 더 진지하게 대해주지 않을까 하는 기대를 걸어봤지만 헛된 일이었고, 달리 어찌해야 할지 몰라 상황을 받아들이려 노력하는 수밖에 없었다. 나는 혼란스러웠다. 그들 대부분은 겉보기엔 '전통적 성공'의 전리품을 획득한 이들이었다. 권력을 행사하고 안정을 누리며 수백 만 달러를 벌어들이고 있었다. 하지만 정서적으로나 정신적인 차원에서는 결핍돼 보였다. 나는 2주간의 귀한 휴가가 올 날만을, 그게 유일한 삶의 목적이기라도 한 것처럼 애타게 기다리며 살았다.

한동안은 마음속 속삭임을 애써 외면했다. 듣지 않으려 했다. 하고 있는 일에 집중했다. 하지만 내면의 목소리는 오히려 커져만 갔다. 그러던 어느 날, 일을 하던 중 몸에 이상이 느껴졌다. 현기증이 나고 숨이 잘 쉬어지지 않았다. 도저히 안 되겠어서 상사에게 잠깐 커피 좀 마시고 오겠다는 허락을 받고 밖으로 나왔다. 상사에게 한 말과는 달리 내 발길은 곧장 월스트리트와 브로드웨이 교차로 근처에 있던, 제일 가까운 교회로 향했다. 어린 시절부터 가톨릭 신자였고 가톨릭계 대학교를 졸업한 나는 위기 순간이 닥쳤을 때 가장 든든한 의지처였던 하느님께 호소하는 일이 몸에 배어 있었다.

"제가 왜 이러는 걸까요? 여기에서 미쳐가는 건가요? 왜 자꾸 마음속에서 이런 목소리가 들리는 거죠? 제가 이 일을 그만두게 하려고 이러시는 거라면 대신 뭘 해야 할지 알려주세요! 대안이 없어 보여요. 제게 암시를 주세요. 여기에 계속 있다간 죽을 것 같아요."

몇 분을 그렇게 울면서 기도를 드리던 중에 뭘 하면 좋을지에 대

한 첫 번째 암시가 왔다. '아빠에게 전화드리거라.'

일리 있는 암시였다. 아빠가 내 학비를 벌기 위해 얼마나 희생하셨는지 생각하자 죄책감이 밀려들었다. 마음이 뒤숭숭해 멘탈이 나간 상태로 그만둬야 한다는 생각밖에 못했지만 다른 일자리가 확실히 정해진 것도, 먹고살 만한 다른 길이 있는 것도 아니었으니까.

나는 교회 계단에 앉아 플립형 휴대폰의 뚜껑을 열었다(어느새 이 폰이 추억의 모델이 돼버렸다니). 전화가 연결되고 한 문장을 다 마치기도 전에 나는 울먹였다.

"아빠, 정말 정말 죄송한데… 어떻게 해야 할지 모르겠어요… 지금 직장이 너무 싫어요. 별의별 노력을 다 해봤지만 소용이 없어요. 저도 제가 이해가 안 돼요. 직업이 있다는 건 감사한 일이고 일하는 것도 좋은데 왜 이러는지… 말을 꺼내기도 창피하지만 머릿속에서 자꾸만 뭐라고 해요. 여기는 제 자리가 아니라고, 다른 일을 해야 한다고요. 이 일 말고 뭘 해야 하는지는 알려주지도 않으면서요. 아빠랑 엄마가 저를 공부시키느라 얼마나 힘들게 일하셨는지 잘 알면서…"

내가 눈물을 닦고 호흡을 가다듬느라 말을 끊었을 때 아빠가 먼저 말을 꺼내셨다.

"리, 진정하렴. 넌 늘 열심히 살아온 아이야. 고작 9살이었을 때도 아르바이트로 돈을 벌었잖니! 생활비를 벌 방법쯤은 어떻게든 찾아낼 거야. 지금 하는 일을 못 견디겠으면 그만두렴. 열심히 일하면서 살아야 할 세월이 앞으로 50년은 더 남았는데 네가 정말 좋아하는 일을 찾아야지."

정말 좋아하는 일을 어떻게 찾아야 할지 막막했다. 그런 생각을 한다는 것조차 너무 무책임하게 느껴졌다. 하지만 아빠 말이 맞다는 생각이 들었다. 1주일도 채 지나지 않아 나는 사직서를 냈고, 내 천직이 대체 뭔지 찾기 위한 여정에 나섰다. 그때의 심정을 표현하자면 죽을 만큼 두려웠다는 말도 약과일 정도지만, 살면서 그때처럼 기운이 펄펄 났던 적도 없었다.

나는 우선 집세를 내기 위해 바텐더 일과 서빙 일을 다시 시작했다. 그다음엔 뉴욕의 파슨스디자인스쿨(Parsons School of Design)에 지원했다. 어떤 분야의 일에 애착을 느낄지 알아보기 위해 어릴 때 무척이나 좋아했던 미술 쪽부터 접근해보려는 생각이었다. 하지만 지원 절차를 거쳐 합격한 뒤에 정작 입학은 하지 않았다. 다시 학교에 들어가는 건 아닌 것 같았다. 다만 더 창의적인 성격의 일을 찾아야 한다는 확신은 들었다. 그런 쪽으로 알아보던 중 보스턴에서 성인 대상 하계 미술 프로그램을 찾아냈고 일본 아트 스튜디오 위층에 있는 다락방으로 이사까지 했다. 그렇게 해서 감 잡은 거라곤 내가 사람들을 좋아하고 사업 세계에 끌리며 아주 창의적인 사람이라는 점뿐이었다. 그러다 퍼뜩 이런 생각이 들었다. '잡지 출판계가 내게 잘 맞지 않을까?' 따져보니 그럴듯했다. 잡지 출판업이라면 광고라는 사업적 측면도 있고 편집이라는 창의적 영역도 있으니 내 운명적인 천직일지 몰랐다! 한번 해보자는 마음으로 다시 뉴욕으로 돌아왔다.

돌아오자마자 바로 임시직 직업소개소를 찾아갔고 기다림 끝에 〈고메(Gourmet)〉지에서 광고 판매 보조 자리를 얻었다. 첫 몇 달은 정말 신이 났다. 광고 판매 요령을 배우는 것도 재밌었고 매달 멋진 결과물을 만들어내는 팀의 일원이라는 것도 기분 좋았다. 상사는 똑똑한 데다 인정도 있었다. 가장 좋았던 건 내 책상이 테스트 조리실 바로 옆에 있어서 편집부 직원들이 자주 샘플 요리를 가져다준 거였다(이제야 말하지만 내가 먹는 걸 좀 좋아한다). 이번엔 순조롭게 잘 풀리는 것 같았다.

그런데 신기함이 익숙함으로 바뀌고, 이 직업의 미래에 눈뜬 이후로는 자꾸만 목소리가 들려왔다. '이것도 아니야, 마리. 이 길은 너의 운명적인 천직이 아니야. 그만둬야 해.'

안 돼 안 돼! 또 그만두는 건 안 돼! 너무 부끄럽고 두려웠다. 대체 뭐가 문제일까? 나 자신이 한심스러웠다. 학생 시절 내내 이런저런 다양한 아르바이트를 했었고, 일하길 좋아하는 난데, 왜 이렇게 만족을 못할까?

상황을 좀 더 객관적으로 따져보던 중에 흥미로운 깨달음을 얻었다. 내겐 언젠가 내 상사(광고 부문 임원)나 내 상사의 상사(발행인)의 자리에 오르고픈 열망이 없었다. 속으로 이런 생각이 들었다. '승진 열망도 없이 회사에 다니고 있다면 괜히 이들과 내 시간만 낭비하는 꼴 아닐까?'

아무래도 이곳에서는 너무 사업 측면으로 쏠린 직무를 맡아온 것 같았다. 주로 판매, 금전, 숫자를 다루다 보니 창의성을 발휘할 기회가 없었다. 출판업이 내게 맞는 분야 같긴 하지만 광고 판매보다는 편집 일이 더 만족스러울 듯싶었다. 시도해볼 가치가 있다는 판단이 서자 인맥을 잘 활용해 〈마드무아젤(Mademoiselle)〉지 편집부 패션 팀에 어시스턴트로 들어갔다. 그래, 이 일은 내 적성에 맞을 거야. 이제는 창의력 넘치는 사람들과 재밌는 일들을 하게 되겠지. 패션쇼에 가고 사진 촬영을 보조하고 지면 레이아웃을 짜고 최신 패션과 액세서리를 죄다 구경하게 될 거야.

처음엔 정말 신났다. 새로운 사람들을 만나고 편집과 제작 일을 속속들이 배워나가는 직장 생활이 즐거웠다.

하지만 얼마쯤 지나자… 또 시작됐다. 6개월도 채 지나지 않아서 내면의 목소리가 다시 들려왔다. 이번엔 더 센 어조였다. '또 잘못 짚었어. 여기도 아니야. 네가 있어야 할 곳이 아니거나 네 운명적인 천직이 아니야!'

환장할 노릇이었다!

극도의 공포감이 밀려왔다. 당혹스럽고 난감했다. 솔직히 마음에 상처를 입기도 했다. 직장이 있다는 게 얼마나 큰 행운인지 잘 아는데도 몸과 마음이 거부하고 있었다. 이건 아니다 싶어서 얼른 그 이유를 고민해봤다. 내 뇌가 고장 난 건가? 인식이나 정서나 행동상에 어떤 장애라도 있는 걸까? 진득하니 직장을 다니지 못하면서 평생 사람 구실도 못하고 살 못난이인 걸까? 아무리 고민해봐도 도무지 이해가 안 됐다. 대체 뭐가 문제길래 수석 졸업생으로 졸업생 대표 연설을 했고, 직장에서는 헌신하며 소처럼 열심히 일해온 내가 남들이 부러워하는 꿈의 직장에 연달아 취직하고도 여태 이렇게 갈피를 못 잡고 헤매는 걸까?

당시는 졸업한 지 몇 년이 지난 시점이었다. 친구들은 모두 승진했고 자신만의 인생을 착착 다져가고 있었다. 그런데 나는 직장을 그만두고 싶은 마음뿐이었다. 이번이 처음도 아니고 또다시.

그러던 어느 날 출근해서 일을 하다가 우연히 '코칭(coaching)'이라는 신종 직업을 다룬 기사를 보게 됐다(1990년대 말이었던 당시만 해도 이 직업은 완전 새로운 직종이었다). 코칭은 사람들이 개인 생활과 직업 생활 양면에서 목표를 세워 성취해가도록 도와주는 신생 산업이었다. 코칭이 내 마음을 움직인 건 심리 치료와의 차이점이었다. 심리 치료가 과거를 치유해주는 일이라면 코칭은 미래를 세워주는 일이었다.

농담이 아니라 정말로, 코칭 관련 기사를 읽었을 때 마음속에 환한 불빛이 비치는 것 같았다. 구름이 걷히고 성가대 합창이 울려 퍼지는 가운데 아기 천사들이 눈에서 태양 광선을 쏴 내 가슴속을 비춰주는 것 같았다. 내면 깊숙한 곳의 어떤 존재가 온화하게 말을 건네왔다. '이게 네 길이야. 네게 정해진 길이야.'

물론 내 이성은 이 말을 의심부터 했다.

마리, 넌 이제 겨우 23살이야. 정신이 똑바로 박힌 사람이라면 너 같은 23살짜리 인생 코치에게 상담을 받겠어? 네가 인생을 살았으면 얼마나 살아봤다고! 그뿐이면 내가 말을 안 해. 너 자신도 직장에 진득이 붙어 있지 못하고 우왕좌왕 헤매며 살고 있잖아. 빚도 잔뜩이고. 그런 주제에 네가 누구한테 무슨 제안을 해주겠다는 거야? 네가 뭐라고? 너 바보야? 듣고 있을 필요도 없는 어이없고 한심한 얘기야. 그리고 뭐 '인생 코치'? 이름부터가 정말 오글거리지 않아?

나의 인생을 바꾼 성공 공식 *everything = figure out*

이런 자기 비하를 한바가지 들으면서도 내면의 말이 정말 맞는 듯한 느낌이 뼛속 깊이 사무쳐 뿌리칠 수가 없었다. 살면서 이렇게까지 끈질기고 집요하게 따라다니는 직감은 처음이었다. 아무리 애써도 머릿속에서 떨쳐낼 수가 없었다. 결국 나는 며칠 지나지 않아 3년 과정의 코치 트레이닝 프로그램에 등록했다. 〈마드무아젤〉은 계속 다니며 낮에는 일하고 야간과 주말에 공부했다.

트레이닝을 받은 지 6개월쯤 지났을 때 매스미디어 기업 콩데나스트의 인사과에서 전화가 왔다. 승진 제안이었다. 그것도 〈보그(Vogue)〉로의. 돈도 더 많이 벌고 명성도 크게 높일 수 있는 기회였다. 나는 갈림길에 놓였다. 계속해서 안정적인 급여와 건강보험 혜택을 누리며 세계 최고 패션지에서 일할 건가, 아니면 회사를 그만두고 나가 별 이상한 트레이닝 사업을 시작할 건가? 머릿속에서 고약한 악담이 꼬리에 꼬리를 물었다.

인생 코칭이라니 무슨 그런 웃긴 일이 다 있담.

사업을 어떻게 시작하고 운영하는지 쥐뿔도 모르면서.

니가 뭐라고 사업을 한다는 거야?

이건 미친 짓이야.

머저리처럼 굴지 마.

모두에게 비웃음을 사고 싶어?

빚더미에 앉고 싶냐고?

자기 앞가림도 잘 못하면서 니가 누굴 도울 수 있겠어? 장난해?

잘 생각해. 괜히 실패담만 하나 더 늘리지 말라고.

하지만 동시에 더 침착하고 말로 형언할 수 없는 어떤 존재가 회사를 그만두라고 나를 떠밀다시피 했다. 나는 〈보그〉의 제안을 거절했고 〈마드무아젤〉도 그만뒀다.

그 뒤로 7년 동안 바텐더, 서빙, 화장실 청소, 개인 비서, 피트니스 강사, 댄스 등등 이런저런 부업으로 생계비를 벌며 더디게 (아주, 아주아주 더디게) 사업을 일궈나갔다. 20여 년이 흐른 지금에 와서 돌이켜보면 당시의 도약을 가능케 해준 유일한 동력은 내면 깊숙한 곳의, 바로 나보다 더 현명한 내 분신이었다. 그 분신이 내가 어떻게든 해결해낼 수 있으리라고 믿어준 덕분이었다.

모든 행동은 생각에서 싹튼다

지금 당장 주변을 둘러봐라. 자, 어서 둘러봐라.

지금 어디에 있든, 책 읽기를 멈추고 눈에 보이는 모든 것에 주목해보자. (이 책을 비롯해) 손에 들고 있는 물건들, 가까이에 있는 기기들, 입고 있는 옷(뭐든 걸치고 있다면), 앉아 있거나 서 있는 자리 등등 주변의 사물이나 구조물 하나하나에 주의를 기울여봐라.

지금 내 시야에는 이런 것들이 들어오고 있다. 내 지문 얼룩이 묻은 노트북컴퓨터 화면, 커피가 담긴 머그잔, 6각형 철망이 끼워진 주방의 목제 수납장과 그 안을 채운 유리잔, 꽃병, 책들, 스프링 제본 노트, 와인 몇 병. 모두가 뚜렷하게 보이는 물건들이다.

당신이나 나나 모두 전기, 실내 화장실, 와이파이 같은 현대 문명의 기적들에 둘러싸여 있을 가능성이 크다. 그런데 우리 주변의

나의 인생을 바꾼 성공 공식 everything = figure out

거의 모든 게 한때는 단지 생각에 불과했다는 걸 아는가? 한때는 아이디어에 불과했고, 누군가의 상상 속에서 허황되고 실체 없는 허상이었을 뿐이라는걸?

당신이 지금까지 관람했던 영화들, 지금껏 들어온 이야기들, 읽어온 책들, 따라 부르거나 박자에 맞춰 춤추거나 들으며 눈물을 흘려온 노래들 모두는 신비로운 여정을 거쳐 허상의 세계에서 실재의 세계로 넘어온 것들이다. 실체 없는 아이디어에서 명백한 현실이 됐다. 우리 머리는 신기한 창작 기계다. 지금까지 인간사에서 일어난 비범한 일들과 중요한 업적들은 모두 다 우리 인간의 머리에서 탄생했다. 우리 머리는 자기 자신과 타인 모두를 위해 실체를 만들어내는 힘을 부여해주는 존재다. 왜냐하면…

물질세계의 모든 게 처음엔
생각 차원에서 착상되기 때문이다.

6살 때 부모님과 뉴욕의 중심가를 걸었던 적이 있는데, 그때 어린 내 머릿속에 어떤 생각이 불쑥 솟았다. '언젠가는 여기에서 살겠어.'

너무 확신에 차 흥분한 나머지 기어이 입 밖으로 그 생각이 튀어나왔다. 나는 블리커 스트리트와 페리 스트리트 근처의 보도 한복판을 걷다 말고 허공으로 두 손을 뻗으며 크게 소리쳤다. "나중에 크면 여기에서 살래!"

엄마는 어리둥절한 표정으로 말했다. "얘가 지금 뭐래? 우린 뉴저지주 사람인데. 지금 네가 학교를 다니고 네 친구들이 있는 곳은 뉴저지잖아. 이 엄마랑 아빠가 있는 곳이고 네가 있어야 할 곳이라고."

"아니에요, 엄마. 제가 있어야 할 곳은 여기예요. 나중에 크면 여기에서 살고 여기에서 일하고 여기에 집을 마련할 거예요. 두고 보세요!"

17년이 걸렸지만 나는 끝내 그 생각을 실현했다. 따지고 보면 20년 가까이 뉴욕에서 사는 동안 웨스트 빌리지에서만 지냈지만, 6살 때 선포했던 곳에서 몇 블록이 채 떨어지지 않은 가까운 거리다.

당신에게도 분명히 생각을 실현한 경험이 있을 거다. 보고 싶거나 하고 싶거나 만들고 싶거나 경험하고 싶거나 되고 싶은 어떤 꿈을 단지 생각만 하다가 마침내 현실로 이뤄낸 그런 경험이.

그 생각은 교육이나 운동선수 활동이나 악기 연주나 특정 직업 등에 관련된 것이었을 수도 있고, 만들거나 발전시키고픈 어떤 것에 대한 구상이었을 수도 있다. 특정 지역으로의 여행, 기술 습득, 특별한 관계 맺기, 창업에 대한 것이었을 수도 있고, 중독 치료나 빚 청산 문제였을 수도 있다.

처음엔 그 생각이 실현될 확률이 아주 낮게 느껴졌을지 모른다. 실현할 방법을 몰라 암담했거나 가능성에 대한 확신조차 서지 않았을지 모른다. 하지만 당신은 어찌어찌해 그 생각을 현실로 바꿔놨다. 정말 엄청난 능력아닌가? 그런데 안타깝게도 우리 대다수는 이런 능력을 대수롭지 않게 여긴다. 따라서 스스로에게 다음을 각인시킬 필요가 있다.

우리 세계의 모든 건 우리 머릿속에서
비로소 처음 존재하게 된다.

이건 타고난 보편적 재능으로서 개인의 삶을 결정짓는 동시에, 집단으로 뭉치면 주변 세계를 결정짓는 데도 유용하다. 우리는 아이디어와 이상을 현실로 이루기 위한 능력을 타고난 창의적인 존재들이다. 내가 생각하기에도 너무 단순화한 감은 있지만, 아무튼 창작 과정은 다음과 같이 이어진다.

뻔한 과정 아니냐 싶겠지만 우리는 이 공식을 쉽게 잊어버리는 경향이 있다. 해결하고 싶은 문제를 앞에 두고는 특히 더하다.

하지만 우리 생각 이면 깊숙한 곳에는 우리 인생을 감독하고 통제하는 힘이 내재돼 있다. 이 힘은 개인적 차원에서나 집단적 차원에서나 창의적 과정에서 중요한 요소다. 사실 이 힘은 우리의 생각과 감정을 결정짓는다. 잠은 얼마나 잘지, 뭘 먹을지, 자신과 타인에게 어떤 말을 할지, 운동을 할지 말지의 여부와 한다면 얼마나 오래 할지, 시간과 에너지를 어디에 어떻게 쓸지 등등 우리 행동을 전방위에서 감독한다. 자존감과 우리 자신의 실질적 가치를 형성하기도 한다. 건강에 영향을 미치고 감정에 불을 당긴다. 인간관계의 질을 결정지어 궁극적으로 즐겁고 성취감이 충만하며 도움이 되는 인생이 될지, 아니면 비참하고 고통스럽고 후회로 얼룩진 인생이 될지를 좌우한다. 우리가 취하는 모든 행동과 주변 세계를 해석해 대응하는 방식의 토대가 되기도 한다.

우리를 통제하는 이 힘은 바로 우리의 신념이다. **신념은 우리 삶을 지휘하는 숨은 대본이다.** 열차가 딛고 달리는 철실처럼 우리의 신념은 우리가 어디로 가고, 그 목적지에 어떻게 다다를지를 좌우한다.

그럼, 확실한 개념 정리도 없이 무턱대고 얘기할 게 아니라 신념의 공통 정의부터 살펴보자. 신념이란 뭔가를 절대적으로 확신하는 거다. 의식적으로든 무의식적으로든 진실이라고 결론 내린 생각이다. 우리의 현실과 결과는 이런 신념을 뿌리로 삼는다.

따라서 우리의 창작 공식은 다음에 더 가깝다.

어떤 경우든 문제를 해결하거나 꿈을 이루려면 가장 먼저 신념의 수준을 바꿔야 한다. 신념을 바꾸면 모든 게 바뀌기 때문이다.

신념을 따르는 신체

밝혀진 바에 따르면 신념은 우리의 신체도 통제한다. 제롬 그루프먼(Jerome Groopman) 박사는 명저 《희망의 힘(The Anatomy of Hope)》에서 다음과 같이 썼다.

여러 연구가들이 밝혀내고 있다시피 사고방식의 변화에는 신경화학적 변화를 일으키는 힘이 있다. 희망의 핵심 요소인 신념과 기대는 뇌의 엔도르핀과 엔케팔린(뇌에서 생성돼 통증을 조절하는 화학물질-옮긴이)을 분비해 모르핀과 같은 효과를 냄으로써 고통을 차단해준다.

당신은 이미 이런 효과가 뭔지 잘 알고 있다. 당신이 지금 숲에서 하이킹 중이라고 가정해보자. 몇 미터 앞 길에서 뭔가 길고 거무스름한 S자 모양 형상이 얼핏 보인다. 그 순간 당신은 심장이 마구 뛰고 손바닥에 땀이 나면서 바짝 긴장한다. '아 씨, 뭐야? 저거 뱀 아니야?' 이제 당신의 생리 현상은 눈앞의 위험 가능성에 대한 순간적 믿음에 따라 바뀐다. 사실은 그 뱀이 마른 나뭇가지더라도. 이런 변화는 더 미묘하게 일어나기도 한다. 지끈지끈 머리를 쑤시게 하던 두통이 누군가로부터의 중요한 전화를 받고 관심이 전혀 다른 쪽으로 쏠리면서 순간적으로 싹 사라졌던 적은 없는가? 아니면 몸이 아팠는데 '놓쳐서는 안 될 좋은' 기회에 마지막으로 탑승해 기분이 들뜨면서 언제 아팠냐는 듯 감쪽같이 나았던 적은?

들어봐서 알 테지만 플라세보효과라는 게 있다. 혹시 잘 모르는 독자를 위해 설명을 덧붙이자면 어떤 것(가령 진통제 같은)이 회복에 도움을 줄 거라고 믿으면 단지 설탕으로 만든 알약이라도 믿음대로 진짜 회복 효과가 있다는 개념이다. 그럼 수술에도 플라세보효과가 있을까?

잠깐, 답하기 전에 이 얘기부터 들어보시라. 정형외과의인 브루스 모슬리의 실험 얘기다. 모슬리는 평소 '관절경(관절 내부를 검사하는 데 쓰는 내시경-옮긴이) 수술'의 이점에 대해 회의적이던 차에 직접 실험해보기로 작정하고는 과학계 연구에서의 황금 기준인 무작위 배정, 이중맹검법(연구에서 피실험자도 실험자도 실제 변화가 사실상 이뤄지고 있는지 모르게 하는 것-옮긴이), 위약(가짜약) 대조군 비교 방식의 임상 실험을 실시했다.

이 임상 실험에서 일부 환자는 전면적인 무릎 수술을 받았지만 다른 그룹의 환자들은 가짜 수술을 받았다. 다시 말해 (수술실로 실려 들어가 흰색 가운을 걸친 의사들을 대면하고 마취를 받는 등의) 실제 수술 절차를 모두 거치되 무릎에 얕은 깊이의 절개 처치만 받은 후 치료 지침과 진통제를 받고 퇴원했다. 실험 결과, 실제로 수술을 받은 환자의 3분의 1은 무릎 통증이 호전됐다. 그런데 실험자들을 깜짝 놀라게 한 부분은 따로 있었다. 가짜 수술을 받은 환자의 3분의 1도 통증이 호전됐던 거다. 실험 진행 중의 어느 시점에 이르자 가짜 수술을 받은 환자들이 진짜 수술을 받은 환자들보다 더 좋은 경과를 보이기도 했다.

비슷한 사례가 또 있다. 1962년에 〈규슈의학저널(Kyushu Journal

of Medical Science)〉에는 개옻나무 잎에 과민증을 보이는 소년 13명을 대상으로 실시된 실험과 관련해 놀라운 결과가 게재됐다. 실험에 참가한 13명의 소년은 눈을 가린 상태에서 지금 한쪽 팔이 옻독이 있는 개옻나무의 잎에 닿았다는 말을 들었다. 당연한 결과일 테지만 13명 모두 그쪽 팔의 피부에 급격한 반응이 나타나 피부가 붉게 변하면서 가려움, 붓기, 물집 등의 증상이 동반됐다. 그런데 이 실험엔 속임수가 있었다. 사실 팔에 닿은 건 독이 없는 무해한 식물의 잎이었던 거다.

연구진은 방법을 바꿔 실험을 이어갔다. 13명의 소년에게 여전히 눈을 가린 상태에서 다른 쪽 팔에 무해한 식물의 잎이 닿았다고 말해줬다. 하지만 실제로 팔에 닿은 건 옻이 오르는 개옻나무의 잎이었다. 이번엔 13명 중 11명의 피부에서 알레르기 반응이 전혀 나타나지 않았다. 발진을 유발하는 개옻나무의 잎에 아주 민감한 체질임에도 완전 말짱했다.

결론적으로 말하자면, 무해한 잎이 급격한 피부 반응을 유발했을 뿐만 아니라 진짜 독성 식물의 잎보다 더 큰 과민 반응을 유발했다는 얘기다. 이런 격한 신체 반응은 결국 믿음의 위력을 증명한다.[1]

믿음은 인지능력을 높여주기도 한다. 이와 관련해 규모는 작지만 예리한 통찰력을 보여준 한 실험이 있다. 40명의 대학생에게 일반 상식 시험을 볼 거라고 말하면서, 실험 참가 학생 가운데 절반의 그룹에게는 매 문제가 제시되기 전 앞쪽에 놓인 화면에 무의식적으로 알 수 있게끔 정답이 잠깐 깜빡거릴 거라고 알려줬다. 연구를 진행한 울리크 베거(Ulrich Weger)와 스티븐 로난(Stephen

Loughnan)이 논문에서 밝혔듯 "의식적으로 인식할 순 없더라도 무의식을 통해 정답을 맞힐 수 있을 거"라고도 일러줬다고 한다.

사실을 말하자면 실험자들이 이 그룹 학생들에게 보여준 건 무의식적으로 알 수 있는 정답이 아니었다. 화면에는 그저 무작위의 문자열이 잠깐 깜빡였을 뿐이었다. 그럼 실험 결과는 어땠을까? 일반 상식 시험을 본 두 그룹 가운데 무의식적으로 알 수 있는 정답을 봤다고 믿도록 귀띔받은 그룹의 학생들이 그러지 않은 그룹의 학생들보다 눈에 띄게 높은 점수를 얻었다.[2]

이렇듯 신념은 당신의 행동과 성과를 통제하는 총지휘관이다. 신념은 신체뿐만 아니라 위기, 비난, 기회 등에 대한 대응 방식까지 통제한다. 무엇에 주목할지, 무엇에 집중할지, 상황을 어떻게 해석해서 어떻게 대처할지도 지시한다. 당신의 신념이 당신의 현실을 결정짓는다는 건 부정할 수 없는 사실이다. 신념은 신체, 정서, 정신, 금전, 지성, 문화를 아우르는 여러 측면에서 당신에게 영향을 미친다. 따라서 다음을 명심해야 한다.

장기적으로 보면 당신의 신념이
당신의 운명을 결정짓는다.

신념은 행동을 유발하고 이런 행동들이 쌓이고 쌓여 전체 삶을 이룬다. 이것도 알아둬야 한다. **모든 신념에는 결과가 뒤따른다.** 신념은 상처를 치유해주기도 하고, 상처를 입히기도 한다. 당신의 꿈을 응원해주기도 하고 좌절시키기도 한다. 당신을 구속하기도

나의 인생을 바꾼 성공 공식 everything = figure out

하고 해방하기도 한다. 중요한 건 무엇이 진실이냐가 아니라 무엇을 믿느냐다.

뭘 믿든 그 신념에 따라 반응하게 돼 있기 때문이다. 상투적으로 인용돼 식상하게 들릴지 몰라도 헨리 포드의 명언이 정말 맞긴 맞다. "할 수 있다고 생각하면 할 수 있고, 할 수 없다고 생각하면 할 수 없다." 굳게 믿기만 하면 누구든 자신이 상상하는 걸 뭐든 다 할 수 있거나 이룰 수 있다는 얘기냐고 묻는다면, 그건 아니다. 꾸준한 행동, 창의성, 노력도 필요하다.

그래도 이것 하나는 확실하다. 당신이 불가능한 일이라고 믿으면 결국 불가능한 일이 되고 만다. 우리가 가진 개인으로서의 잠재성은 미지의 영역이지만 머릿속에서 '그건 불가능해', '난 못해', '그건 내게 잘 맞지 않아' 따위의 말만 떠들어대는 순간 그 말 그대로 된다. 그럴 땐 머릿속 뇌에게 입 닥치라고 명령해야 한다. 머리와 몸은 믿음을 따르게 돼 있다. 신념을 제한하면 성과도 제한될 수밖에 없다.

신념의 효과

마바 콜린스(Marva Collins)는 교육계에서 전설적인 인물로 통한다. 더러 현시대의 가장 훌륭한 교사로 꼽히기도 한다. 콜린스는 16년 동안 공립학교에서 교직을 수행하다 환멸에 빠져 1975년 연금에서 5,000달러를 인출해 일리노이주 시카고에 웨스트사이드초등학교를 시작했다. 그녀의 목표는 '가르치기 힘든' 문제아로 낙인찍혀 다른 학교에서 퇴출당한 아이들도 두 팔 벌려 받아주는 그런 학교를 열어, 적절한 관심과 격려와 지도를 받는다면 모든 아이가 누구나 잘 배울 수 있다는 사실을 입증하는 거였다.

콜린스는 매우 출중한 능력을 발휘해 로널드 레이건 대통령에게 교육부 장관을 맡아달라는 부탁까지 받았지만, 한 번에 한 학생씩 변화시키는 활동을 그만둘 수가 없어 거절했다. 그녀의 얘기는 시슬리 타이슨과 모건 프리먼이 주연을 맡은 감동적인 TV 영화로 제작됐는가 하면, 1994년에는 프린스가 자신의 뮤직비디오에 콜린스를 '세계에서 가장 아름다운 여성'으로 출연시키기도 했다.

구제 불능으로 찍혔던 6살 때 콜린스와 만난 에리카라는 이름의 한 학생은 이렇게 털어놨다. "그때 전 경계성 지적장애라 평생 글을 읽지 못할 거라는 얘기를 들었어요." 아이에게 너무나 큰 상처와 타격을 입힐 만한 믿음이 아닐 수 없다(같은 경우로 토머스 에디슨도 교사들에게 '너무 멍청해서 뭐 하나 배우지 못하는' 아이라는 말을 들었고, 알베르트 아인슈타인은 4살이 돼서야 말문이 트였고 7살이 돼서야 글을 읽을 줄 알았다).

하지만 콜린스는 단념하지 않았다. 에리카가 웨스트사이드초등학교에 들어온 뒤로 콜린스는 에리카에게 배우다 보면 읽고 쓸 줄 알게 될 거라는 **확신**을 심어줬다. 이런 믿음은 단지 콜린스의 희망이나 바람이 아니라 반박할 수 없는 사실이었다. 에리카에게 그녀 특유의 기강, 자존감, 불굴의 근면성을 불어넣어준 것도 콜린스였다.

16여 년 후 CBS 방송의 시사 프로그램 〈60분(60 Minutes)〉이 콜린스와 그녀의 학생들을 소개하면서 밝혀졌듯, 에리카는 그 무렵 실제로 글을 읽고 쓸 줄 알았다. 그것도 실력이 아주 뛰어나 얼마

전에는 노퍽주립대학교(Norfolk State University)를 졸업하기도 했다.[3]

잠시만 차근차근 따져보자. 에리카가 평생 가도록 글을 읽거나 쓰지 못할 거라던, 가르쳐봐야 배우질 못한다던 소위 전문가들의 그 말을 계속 믿었다면 그녀의 인생이 얼마나 달라졌을까? 그런 믿음이 에리카 가족의 정서와 가정경제에 상상도 못할 정도의 끔찍한 파장을 일으키지 않았을까?

이 점도 생각해보자. 콜린스의 굳건한 신념을 받아들이면서 남은 인생이 바뀐 학생들이 이 외에도 수천 명이나 된다. 아이들의 타고난 잠재성을 믿은 한 여성의 확신이 불러온 효과가 수많은 가족들에게 대대로 영구적인 영향을 미치는 거다.

이처럼 신념을 제한하는 것만으로도 비참하고 끔찍한 결과를 낳을 수 있다. 신념은 자존감과 성장 능력뿐 아니라 전 생애의 궤도와 사회에 의미 있는 기여를 할 능력에도 영향을 미친다. 왜냐하면…

신념이 바뀌면 모든 게 바뀌기 때문이다.

우리는 이 말이 사실이라는 걸 직관적으로 알고 있다. 안 그런가? 신념은 우리가 잠재력을 최대한 발휘하면서 살아가도록 분발시키기도 하고 그러지 못하게 방해하기도 한다. 성패 여부는 물론이고 애초에 성공관부터 좌우한다. 미국에서 여성들에게 투표권이 부여된 사례도 수십 년에 걸쳐 굳은 신념에 따라 행동과 결의를 꿋꿋이 이어간 결과였다. 존 F. 케네디 대통령과 NASA 연구 팀이 인간을 우주로 보내고 달 위를 걸을 기술을 개발해낼 수 있다고 믿었던 굳건한 신념 또한 불과 100년 전에만 해도 터무니없는 망상으로 여겼던 믿음이다.

신념은 모든 것의 출발점이다. 과학, 스포츠, 기업, 기술, 예술에 이르는 다양한 분야에서 지금까지 인간이 이뤄낸 획기적인 발견과 진보는 모두 신념에서 시작됐다.

신념이 우리 삶에 미치는 효과는 아무리 과장해도 지나치지 않다. 하지만 신념을 바꾸기 전에 먼저 신념의 근원을 더 짚어보자.

신념은 어디에서 비롯되는가?

그녀는 눈물을 주체하지 못하고 오열했다. 전화를 끊고는 허리를 숙여 나와 눈을 맞추더니 내 어깨를 붙잡고 나를 흔들어대며 말했다.

"너는 절대, 절대로 남자에게 기대 살아선 안 돼, 마리. 스스로 돈을 벌어야 해. 네 손으로 직접 벌어서 써야 해. 나처럼 한심하게 살지는 마. 나와 같은 실수를 하면 안 돼. 알았지? 지금 내 처지를 좀 봐! 세월이 이렇게 흐르도록 아무것도 손에 쥔 게 없잖아, 아무것도…"

엄마는 아빠와의 이혼 서류에 서명한 날 이렇게 말했다. 그때 내 나이는 8살이었다. 엄마는 내 어깨를 놓아주고서 다시 두 손에 얼굴을 묻고 흐느껴 울었다. 나는 그 자리에 얼어붙은 듯 선 채로 덜컥 겁에 질려 있었다. 어떻게 하면 좋을지 막막한 데다 아빠를 다시는 못 보게 될까 봐 초조했다. 이래저래 심란하고 불안했다.

어쩌다 이런 고통스러운 일이 생긴 걸까? 어떻게 하면 이 고통을 멈출 수 있을까? 내가 어떻게 해야 엄마의 눈물을 그치게 할 수

나의 인생을 바꾼 성공 공식 everything = figure out

있을까? 문제가 잘 풀려서 아빠가 돌아오시도록 내가 할 수 있는 일은 없을까? 이런 일이 다시는 생기지 않게 할 방법은 없을까?

그래도 하나는 확실히 알았다. 부모님의 갈등은 마약이나 알코올이나 도박 문제 때문은 아니었다. 돈 때문이었다. 언제나 돈이 문제였다. 특히 엄마에게 경제권이 없다는 게 말다툼의 불씨였고, 더 노골적으로 말하면 돈이 넉넉했던 적이 없다는 게 문제였다.

당시 내가 원한 건 가족이 다시 함께 살게 될 방법뿐이었다. 그러다 보니 나 자신도 모르는 사이에 내 내면에는 돈, 남자, 세상 이치에 대한 강한 신념 체계가 자리 잡혀갔다. 이를테면 이런 식이었다.

- 넉넉지 못한 돈 = 심한 스트레스, 고통, 고생
- 넉넉지 못한 돈 = 애정 · 안정 · 유대 · 가족의 파멸
- 남자에게 경제권 내주기 = 멍청한 짓, 무력해지는 일
- 누군가에게 기대어 살기 = 궁극적으로 후회와 고통을 떠안게 되는 일

당연히 이런 신념이 절대적으로 옳다는 것은 아니지만 8살짜리 아이였던 당시의 내겐 중요하고 타당한 생각으로 받아들여졌다. 어른들에게 들은 얘기와 내 감정이나 내가 처한 상황을 바탕으로 그런 결론에 이르렀다.

한 사람에게 가장 중심축이 되는 신념들은 중요한 정서 경험, 그 중에서도 대체로 어린 시절의 정서 경험을 토대로 형성되기도 한

다. 강렬하고 사무치는 감정일수록 그로 인한 생각, 즉 신념이 우리 인생을 더 많이 좌우한다.

엄마와 주방에 서 있던 그때의 나는 그때껏 가장 절실한 다짐을 했다. 다시는 돈 때문에 사랑하는 이와 헤어질 일이 없도록, 언젠가 크면 어떻게든 큰돈을 벌겠다고. 넉넉지 못한 돈 때문에 너무나 지독한 고통과 불안정을 겪은 탓에 많은 돈을 버는 게 목표가 됐다. 장난감이나 이런저런 물건을 사기 위해서가 아니라 사랑을 되찾고 덜 고달퍼지기 위해 돈을 벌고 싶었다. 또 그 무렵엔 TV를 틀면 "하루에 1달러로" 살아가는 아이들과 도움이 필요한 동물들에 대한 광고가 자주 나왔다. 광고마다 "적은 금액으로도" 변화를 이끄는 데 힘이 된다고 강조했다. 그런 광고들을 보면서 어느새 나는 돈을 많이 벌면 내 가족만이 아니라 다른 사람들도 도와야겠다는 신념을 품게 됐다.

뒤돌아보면 '돈이 없으면 사는 게 궁색해진다'는 식의 어린 시절 신념들이 성인기 초반에 돈 문제로 고통스러워한 원인이었던 것 같다. 수년간 빚쟁이로 살면서 나 자신의 가치와 밥벌이 능력을 놓고 고민했던 건 확실히 그런 신념들의 영향이었다.

하지만 언젠가 이 문제를 해결해 남들에게도 베풀 만큼 많은 돈을 벌자는 다짐을 버리진 않았다. 그러다 20대 초반의 어느 시점에, 파산하고 빚쟁이가 되는 게 지긋지긋해져 금전적 신념과 행동의 틀을 다시 세우는 데 골몰하게 됐다. 개인 재정 관리에 대해 공부하고 돈에 대한 부정적 신념을 정리하면서 지금까지도 여전히 고맙게 생각하는 탄탄한 금전 관리 습관이 다져졌다.

그럼 지금부터 오래된 신념의 근원을 찬찬히 따져보자. 타협의 여지가 없는 사생결단식 게임은 아니다. 철석같이 믿어온 모든 걸다 버리지 않아도 된다. 어떤 신념들은 (혹은 신념의 일정 부분은) 계속간직해도 될 만큼 유용할 수도 있다. 하지만 따져보기 전까지는 그유용성을 확신할 수 없다. 따라서 복잡하게 얽힌 신념들이 애초에어떻게 형성됐는지 짚어봐야 한다.

1. 환경

이 세상에 나온 갓난아이 시절에 당신의 뇌는 중립적이고 자유로웠다. 전혀 프로그래밍돼 있지 않았다. 어떤 의견도, 지식도, 편견이나 신념도 없었다. 그러다 가족, 친구, 보육자, 학교, 문화, 사회에서 자신이나 남들에 대한 생각을 스펀지처럼 빨아들이기 시작했다. 우리는 걷고 말하는 요령을 배우는 것처럼 무엇을 믿어야 할지도 배운다. 환경은 사랑, 건강, 성별, 노력, 신체, 돈, 신, 아름다움, 인간관계, 타인, 세계 전반 등등의 온갖 것에 대한 믿음을 우리의 뇌에 서서히 프로그래밍한다. 특히 우리 자신의 재능에 대한 믿음까지도 프로그래밍한다.

환경과 관련해 아슬아슬한 대목은 가장 마음 깊이 간직된 신념들이 대체로 물려받은 거라는 점이다. 검증과 의문 제기 없이 순진하게 받아들였던 남들의 낡은 생각이란 얘기다. 검토하고 의문을가져보면서 스스로 선택한 게 아니었다. 안타깝게도 이렇게 물려받은 신념은 대체로 우리가 성취하려는 목표에 역효과를 낳는다.

긍정적이든 부정적이든 환경은 현재 우리가 지닌 신념들의 가장중요한 근원이다. 우리가 어렸을 때도 그랬고 성인이 된 지금까지도 여전히 그렇다. 따라서 자신의 환경에 늘 주의를 기울여야 한다. 더 힘을 북돋워주는 대범하고 새로운 신념을 심기 위해 노력하는 중일수록 특히 더 그래야 한다.

2. 경험

직접적 경험은 자신과 타인을 비롯해 세계 전반에 대한 신념을 더욱 굳혀준다. 당연한 얘기일 테지만 이런 신념들은 대체로 가족, 친구, 보육자에게 물려받은 신념의 영향을 받는다.

간단한 예를 들어보자. 나는 롤러코스터를 완전 좋아한다. 총알같이 빠르고 매끄럽게 질주하는 이 놀이 기구를 탈 때면 이루 말할 수 없는 희열과 박진감이 느껴져서 좋다. 롤러코스터는 내가 처음으로 아빠와 같이 즐겼던 놀이기구이기도 하다. 하지만 내 지인들 중에는 롤러코스터라면 질색하는 사람들이 많다. 그들의 경험에서 롤러코스터는 공포, 불안, 몇 시간이 지나도록 이어지는 멀미를 의미한다.

이렇게 직접적 경험은 긍정적이든 부정적이든 시간에 따라 쌓이고 쌓이면서 어느새 정체성, 자아감, 현실 생활과 관련된 더 강하고 뿌리 깊은 신념으로 자리 잡는다.

3. 증거

증거 기반의 신념이란 과학자, 성직자, 연구 사례, 의사, 교육기관, 작가, 매스컴, 사회 전반 등의 권위 있는 인물과 출처가 '진실'로 인정한 사상과 이념을 가리킨다. 하지만 기술, 과학, 문화가 진보하면서 우리가 진실이라고 믿는 것 역시 진보한다. 그에 따라 증거 기반의 신념은 시간이 지나면서 차츰 진전될 여지가 있으며 실제로도 진전되고 있다. 이건 우리가 개인으로서나 한 사회로서나 정말로 우리의 신념을 바꾸고 진전시킬 수 있음을 확실히 입증해준다는 점에서 아주 반가운 소식이다. 명심해라. 인간은 한때 지구가 평평하고 마가린이 버터보다 더 좋으며 얼음송곳으로 환자의 안구에 있는 전두엽을 제거하는 수술이 정신 질환을 고쳐준다고 믿었다. 이게 다 지나간 옛날얘기라는 게 다행스러울 따름이다.

4. 모범

오프라 윈프리(Oprah Winfrey)는 16살 때 TV에서 여성 앵커 바바라 월터스(Barbara Walters)를 봤다. 그때 너무 깊이 감동하고 또 의욕을 자극받아 이렇게 혼잣말을 했다. "잘하면 나도 저렇게 될 수 있을지 몰라." 훗날 그녀는 이렇게 밝혔다. "방송인의 길로 들어서도록 문을 열어준 면에서는, 그 어떤 여성보다도 그녀가 최고의 일등 공신이에요."[4] 윈프리의 이 말은 월터스가 자신에게 방송계 진출을 추천해주면서 '문을 열어줬다'는 뜻이 아니다. 단지 TV에서 다른 여성의 활약을 지켜보는 것만으로도 윈프리의 의식 속에 가능성이 열렸고 윈프리가 성취 가능한 목표를 자각하게 됐다는 얘기다. 직접 눈으로 보지 않은 이상을 실현하기는 힘든 일이니까.

친밀한 주변인 외의 인물 중에서 롤 모델을 찾는 건 자신의 제한된 신념을 넘어서기 위한 가장 바람직하고 효과적인 방법이다. 현존 인물이든 이미 죽은 인물이든, 유명 인사든 무명인이든, 전기를 읽거나 영화를 보거나 인터뷰를 듣거나 아니면 그냥 당신 삶에서 만나게 되는 좋은 사람들을 더 주의 깊게 지켜보면서 당신의 의욕을 자극하는 모범을 찾아봐라.

5. 마음속으로 그려보기

지켜보면서 의욕을 자극받을 만한 모범이 없는 경우도 있을 테지만, 가능성을 믿기만 해도 평생을 바쳐 그 가능성을 실현하기 위해 매진할 수 있을 만큼 환한 불빛이 밝혀진다.

1954년 1마일(약 1,609미터) 기록의 4분대 벽을 깬 육상선수 로저 배니스터(Roger Bannister)가 좋은 귀감이다. 그때껏 그 목표를 이룬 사람은 전무했지만 그는 가슴속 깊이 해낼 수 있다고 믿으며 정말로 해냈고 그 뒤로 무수한 이들이 그의 전례를 따랐다.

마틴 루터 킹 주니어(Martin Luther King Jr) 박사는 그때껏 존재하지 않았던 자유와 평등의 이상을 구체적으로 정의 내리며 대표적인 명연설 '내게는 꿈이 있습니다'에서 다음과 같이 밝혔다.

내게는 꿈이 있습니다. 나의 네 아이들이 언젠가는 피부색이 아니라 인격으로 평가받는 그런 나라에서 살아가길 꿈꿉니다.

킹 박사는 우리 문화에 영구히 이어질 변화를 일으켜 지금까지 수백 만 명의 사람들이 그의 꿈을 이루기 위한 노력을 이어오고 있다. 마음속에 그린 신념은 또 다른 차원의 의식, 다시 말해 직관 혹은 내면의 목소리나 통찰력에서 움터 나와 우리 가슴속의 타오르는 불길 속에서 연마되는 것 아닐까?

신념이 집착의 경향을 띠는 이유

원래 위의 5가지 근원 모두는 서로 얽히고 중복되고 상호작용하는 관계에 있다. 여기에 더해 서로를 보강해주는 경향도 띠는데, 따라서 신념을 개선하는 데 주의 깊은 노력을 기울이지 않으면 약간의 문제가 생길 수 있다.

예를 들어 당신이 부모의 이혼을 겪은 뒤에 결혼 생활은 오래가지 못한다는 믿음을 갖게 됐다고 쳐보자. 이후에 당신은 자신이 이혼을 하면서 그 믿음이 더 굳어진다. '내 이럴 줄 알았어! 결혼이라는 게 공들일 가치가 없다니까.' 요즘엔 이런 식의 믿음을 '진실'인양 굳혀줄 만한 증거들이 얼마든지 있다. 다음과 같은 일반적인 통계 수치만 봐도 그렇다.

- 첫 결혼의 30~50퍼센트가 이혼으로 파경을 맞고 있다.[5]
- 이는 미국에서 대략 36초에 한 커플꼴로 이혼한다는 얘기다.[6]
- 또 하루에 2,400여 건의 이혼이 발생하는 셈이며 1주일이면 1만 6,800건, 1년이면 86만 7,000건에 해당된다!

당신은 가족과 친구들의 이혼 소식이나 미디어에 보도된 파경 얘기를 듣거나 전하면서 역시 '결혼은 오래 못 간다'는 믿음을 꾸준히 굳혀갈 가능성이 높다.

이 예는 신념에 대한 또 하나의 근본적 사실을 부각해준다. 우리 뇌는 기존의 믿음을 더욱 강화하는 경향이 있다는 거다. 이는 많은 증거를 통해 입증된 '확증 편향'이라는 현상이다. 확증 편향이란 간단히 말해 기존의 믿음을 뒷받침해줄 만한 증거를 찾는 거다. 우리는 이미 알고 있는 사실을 확신하게 해주는 정보를 선별하는 한편 (의식적으로든 무의식적으로든) 기존의 믿음에 의문을 던지는 정보는 외면한다.

앞에 든 예시에 대입해 말하자면 행복한 결혼 생활을 이어가는 커플도 있다는 그 어떤 증거를 보게 돼도 기존의 믿음과 일치하지 않는다는 이유로 바로 요행이나 거짓으로 일축하거나 아예 뇌리에 각인시키지도 않는다!

확증 편향은 우리 깊숙이, 정말로 깊숙이 자리 잡고 있다. 종교와 정치뿐 아니라 자아 정체성과 관련된 문제에서 특히 두드러진다. 이 점을 감안하면 여성의 생식권, 기후변화, 이민, 인종, 총기 규제 같은 주제를 놓고 사회적·정치적·사적 토론이 벌어질 때 금세 고성이 오가는 난타전으로 번지기 일쑤인 이유도 수긍이 간다.

내 경우만 해도 가족들과 이런 유의 '토론'에 끼어들면 어지간해선 순조롭게 대화가 이어지지 못한다. 확증 편향에 발동이 걸리면 아수라장이 벌어진다. 삿대질과 욕설이 오가며 분위기가 험악해지기 십상이다. 나중엔 웃으면서 화제를 바꾸는 식으로 마무리되긴 하지만 나 역시 종종 자신의 안전한 신념 속으로 더 깊이 숨어드는 것도 사실이다.

확증 편향을 완전히 떨쳐낼 수는 없겠지만 인식하고 있으면 도움이 된다. 우리 의식은 기존의 믿음을 더 강화하도록 설계돼 있음을 (그와 더불어 그 믿음과 반대되는 건 뭐든 자동으로 지운다는 걸 함께) 이해하고 있으면 열린 마음을 갖기 위해 최선을 다할 수 있다. 또한 그 과정에서 의식에게 정복당하기보다 의식을 정복하는 방향으로 한 발 더 나아가게 된다. 무엇보다도 다음의 사실을 잊지 말아야 한다.

모든 믿음은 선택이고 선택은 바꿀 수 있다.

그렇다. 믿음은 선택이다. 어떤 믿음이든 예외가 없다.

모든 믿음은 의식적으로든 무의식적으로든 학습되는 것이므로 고통, 불행, 고뇌를 일으키는 믿음들은 학습되지 않을 수도 있다. 놓아버릴 수 있다. 놓아버리자. 우리에게 제한을 가하는 신념은 그게 뭐든 지워버리고 바꿀 수 있다. 게다가 신념을 바꾸는 게 꼭 힘들기만 한 일은 아니다. 인식, 바람, 연습만 갖추면 된다.

면밀히 따져보면 신념이란 당신이 중요하고 진실하다고 판단한 하나의 생각에 불과하다. 단지 그것뿐이다! 그 신념을 그 자리에 붙잡아놓고 있는 건 사실상 아무것도 없다. 쇠창살도 자물쇠도 쇠사슬도 없다. 의식에 떠오르는 다른 생각들과 다를 바 없이 의도적으로 몰아내기로 선택할 수 있다.

당신에게는 수동적 방관자에서 능동적 운명 창조자로 거듭나는 데 필요한 자질이 이미 갖춰져 있다. 그러니 당신이 선택한 믿음 (또는 무의식적으로 받아들인 남들의 믿음) 중에 만족스럽지 못한 게 있다면 다시 선택해라.

다시 또다시 몇 번이고 다시 선택해라.

믿음의 굴레에서 풀려나기 위한 첫걸음은 그 믿음이 상처나 불행을 유발하는지 주목하는 거다. 당신이 생각하는 것(즉, 믿는 것)을 의식하는 연습을 해보면서, 어느 순간이든 당신에게는 그 생각을 계속해서 믿고 싶은지 아닌지를 결정할 권한이 있음을 떠올려라.

연구를 통해 입증됐다시피 우리 뇌는 적응력이 매우 뛰어나다. 근육과 마찬가지로 뇌 역시 변하며 쓰면 쓸수록 강해진다. 과학계에서는 대체로 이런 특징을 '가소성(可塑性)'이라고 부른다. 여러 신경 과학 연구에 따르면 우리는 새로운 신경망을 늘려 새로운 방식으로 생각하도록 뇌를 훈련시킬 수 있다. 뭐든 가장 빈복적으로, 가장 강한 감정으로 생각하면 그 생각은 강화된다. 물리적으로 그런 신경망을 더욱 강화하는 거다. 말 그대로 우리 뇌와 신경계가 '믿게' 할 수 있다. 어떤 생각이든 쓰거나 강화하지 않으면 차차 약해지다가 나중엔 사라진다.

물론 신경 경로를 영구적으로 변화시키려면 집중, 반복, 노력이 필요하다. 하지만 농담이 아니라 정말로, 더 나은 삶을 위해 힘쓰는 차원에서 볼 때 뇌의 물리적 재연결보다 시간을 더 잘 활용할 방법이 또 있을까? 일단 새로운 믿음을 세워서 강화해놓으면 그에 따른 새로운 행동 방식이 습관으로 자리 잡는다. 다시 말해 의식적인 노력을 덜 해도 더 좋은 결과가 뒤따른다는 얘기다.

여기에서의 원래 목표는 힘을 북돋는 신념을 강화하고 그러지 못하는 신념을 제거하는 거다. 하지만 이쯤에서 신이 날 만한 희소식 하나를 전하자면 셜록 홈스가 돼 머릿속에서 재잘대는 제약적인 신념을 샅샅이 찾아낼 필요는 없다. 그보다 더 영리한 시간 절약 방법이 있다.

·

나의 인생을 바꾼 성공 공식 everything = figure out

당신에게 필요한 건 하나의 핵심적인 초신념, 즉 의식이라는 성의 상상 가능한 모든 문을 열어줄 마스터키다. 스위치를 누르자마자 바로 무한한 잠재력의 들판이 펼쳐지는 것과 같다. 분명히 강조해두지만 이 책의 총체적 목표는 해결 불가능한 문제는 없다는 개쩌는 신념을 받아들이도록 당신을 북돋는 거다!

이 하나의 신념은 도미노의 첫 번째 말을 쓰러뜨리는 것처럼 인지의 연쇄반응을 일으켜 다른 모든 가능성을 열어준다. 이 신념을 단지 개념상이 아니라 기능적으로나 실용적으로 두루두루 수용하면 이 세상 그 무엇도 당신을 막지 못한다.

지금 당장 당신의 그 멋진 뇌를 재연결해보자.

다음의 말을 큰 소리로 말해봐라. 좀 우습게 느껴져도 그럴수록 더 해야 한다. **해결 불가능한 문제는 없다.**

잘했다.

이번엔 큰 소리로 적어도 5번쯤 더 되뇌어보자. 1번 되뇔 때마다 힘과 열정을 좀 더 실으면서 그리고 좀 더 힙하게!

해결 불가능한 문제는 없다.

해결 불가능한 문제는 없다.

해결 불가능한 문제는 없다.

해결 불가능한 문제는 없다.

해결 불가능한 문제는 없다!

레알이다.

<u>스스로에게 다짐해라</u>. 이 문구를 할 수 있는 한 자주 소리 내서도 말하고 머릿속으로도 말해라. 하루에 5번, 10번, 50번씩. 하나의 의식처럼 삼아라. 왜 그래야 하느냐고? 왜냐하면…

우주에서 가장 힘센 말은
스스로에게 하는 말이기 때문이다.

충분한 에너지를 실어 충분히 반복하면 이런 신념이 아주 단단히 심어져 더 깊은 곳에 내재된 의식을 깨워줄 거다.

아침에 눈을 뜨면 '해결 불가능한 문제는 없다'를 되뇌고 샤워 중에도 읊고 일기장에도 적어봐라. 운동하면서도 또 되뇌어봐라(몸을 더 많이 쓰고 감정을 더 쏟을수록 이 신념은 더 깊숙이 뿌리내린다). 밤에 몸을 뒤척이며 돌아누울 때마다 이 말을 되뇌라. 더 많이 생각하고 말하고 글로 쓰고 몸으로 느낄수록 의식의 신경 경로는 더욱 강화된다.

그럼 얼마 지나지 않아 차츰 팽창된 창의력, 자신감, 권한 의식을 품고 살아가게 될 거다. 자신도 모르는 사이에 '해결 불가능한 문제는 없다'가 가장 소중한 신념일 뿐 아니라 현실의 토대로 자리 잡혀 있을 거다.

문제 해결을 위한
액션 플랜

일기장을 가져다 놓고 다음 질문에 답을 써보자. 머릿속으로 묵묵히 답을 생각하면 별 효과가 없다는 점을 명심할 것. 펜을 들고 종이에 써봐야 한다. 그러지 않으면 어중간한 효과밖에 얻지 못한다.

1. 이 책을 읽어보기로 한 이유는? 처리하거나 바꾸거나 해결하고픈 문제는 뭐가 있는가? 하나하나 대자니 너무 길어질 것 같아도 괜찮다. 전부 다 써봐라. 그런 다음 그중에서 당장 해야 할 가장 중요한 변화를 골라보자(어떤 문제가 가장 중요한지 잘 모르겠다면 5장에서 그 부분을 다루게 될 테니 그때 다시 고치면 된다).

2. 지금까지 이 문제를 해결하는 데 방해가 됐던 부정적이거나 제약적인 신념(들)은 뭐가 있는가? 당신 자신이나 당신의 재능, 타인, 세상 또는 현실에 대해 스스로에게 해온 말들 중에 이 문제를 완전히 변화시키는 데 걸림돌이 되는 건 뭔가?

3. 이번엔 그런 부정적이거나 제약적인 신념들을 하나씩 줄을 그어 지우며 각각의 부정적이거나 제약적인 신념 옆에 '개소리'라고 써라. (해보면 정말 재밌다!)

4. 그다음엔 그런 부정적인 믿음이나 말 하나하나가 완전 개소리
   인 이유를 써보자. 그와는 정반대의 관점을 지지하며 최선의 주
   장을, 열과 성을 다해 펼쳐보길. (귀뜸: 당신 내면 더 깊숙한 곳의 더 현
   명한 분신은 그런 제약적인 신념들이 개소리라는 걸 이미 알고 있다. 그게 아
   니라면 당신이 이 책을 집어 들지도 않았을 것이다.) 진지하고 솔직한 태
   도로 머리가 아닌 가슴으로 대답해봐라.

5. 그럼 이런 제약적인 신념이 없다면, 당신은 어떤 사람이 될 것
   같은가? 부정적이고 옹졸한 신념을 다시는 생각할 수 없게 되
   면 당신 삶은 어떻게 달라질 것 같은가? 대인 관계나 직장 생활
   에서의 행동이 어떻게 달라질 것 같은가? 신체적으로나 정서적
   으로나 정신적으로나 경제적으로나 영적으로 어떻게 변할까?
   이런 신념이 없는 당신 자신을 상상해보며 그런 상황에서의 현
   실은 어떨지 적어봐라.

6. 이번엔 '해결 불가능한 문제는 없다'는 신념을 실천할 만한 창
   의적이고 재밌는 구상을 짜볼 차례다. 여기에서 명심할 점은 반
   복과 감정이 관건이라는 것! 이를테면 앞으로 90일 동안 아침
   마다 일기장에 20번씩 이 문구를 써보는 방법도 괜찮다. '해결
   불가능한 문제는 없다'를 스마트폰 배경화면 문구로 해둘 수도
   있다. 설거지를 하거나 빨래를 개면서 이 문구를 읊조리거나 힘
   들게 스쿼트를 하면서 끙끙대며 읊을 수도 있다. 소리 내서 말
   하기, 글로 쓰기, 그래픽, 오디오, 동작 등 할 수 있는 한 다양한

방식을 활용해보되 무엇보다도 반복이 중요하다. 더 많은 아이
디어와 자료를 보고 싶다면 다음 사이트를 방문해보길 권한다.
MarieForleo.com/.EIF

EVERY THING IS FIGURE OUTABLE

자기 자신을 불쌍해하지 마라.
그건 멍청이들이나 하는 짓이다.

무라카미 하루키(Murakami Haruki)

3장

핑계 버리기

혹시 이런 아침 풍경이 당신에게도 익숙하지 않은가? 전날 저녁에 일찍 일어나려고 단단히 마음먹고 잠자리에 들었다. 운동과 명상을 하고 글도 좀 쓰면서 이제는 당신이 가능하다고 여기는 선에서 엄청나게 생산적인 인간이 되자고 벼르며 말이다. 그러다 어느새 머리맡의 휴대폰에서 알람이 진동한다. 벌써? 말도 안 돼. 너무 어둡잖아. 건강을 생각하면 잠도 중요해, 안 그래? 딱 5분만 더 자자. 5분이 흘러간다. 에이, 10분 정도 더 자도 괜찮겠지. 결국 침대에서 일어나 나올 때는 허겁지겁 쫓기는 하루를 맞는다. 개는 산책시켜 달라고 떼쓰고, 휴대폰은 갑자기 고장 나서 부풀어 오르고, 기껏 갈아입고 나온 셔츠엔 얼룩이 묻어 있다. 데이비드 번(David Byrne, 미국 뉴웨이브 음악을 대표하는 밴드 '토킹 헤즈'의 리드 싱어로 유명한 음악인-옮긴이)의 노래 가사가 딱 들어맞는 상황이다. "늘 그렇지, 늘 그래."

그럼 이런 아침은 어떤가? 캄캄한 시간인데 눈이 번쩍 떠진다. 고개를 돌리며 휴대폰을 집어 든다. 뭐야, 겨우 새벽 4시 30분이잖아? 알람이 울리려면 1시간이 더 남아 있다. 비행기 출발 시간은 오전 8시 35분이지만 이번 여행에 잔뜩 들떠 있어서 그런지 1분이라도 더 자려 해도 잠이 오지 않는다. 그래서 침대에서 벌떡 일어나 운동을 한 후 공항으로 일찌감치 출발한다.

대체 어찌 된 노릇일까? 왜 어떤 때는 별 노력 없이도 거뜬히 할 일을 척척 해낼 수 있는데, 어떤 때는 잘되지 않아 쩔쩔매는 걸까? 꾸준히 잘해내지 못하게 방해하는 걸림돌은 뭘까?

그 답을 구하려면 우리의 내면을 들여다봐야 한다. 바깥에서 이리저리 답을 찾아봤자 대개의 경우 가장 큰 장애물은 우리 자신의 의식에 있다.

- 운동을 다시 시작해야 하는데 일이랑 애들 때문에 너무 바빠. 시간이 없어서 할 수가 없어.
- 돈 관리가 왜 맨날 이 모양일까. 뭘 해도 잘 안 되네. 아무래도 난 숫자에 약한 사람인가 봐.
- 저 디자인 강습 정말 듣고 싶다. 완전 새로운 커리어를 만들어줄 텐데! 하지만 너무 비싸. 그럴 여유가 없어.
- 내게도 특별한 사람이 있으면 좋겠어. 하지만 데이트할 시간이 있어야 말이지. 나이도 너무 많은 데다 괜찮은 사람은 죄다 짝이 있고.

남 얘기 같지 않다고? 솔직히 나 자신도 이런 말들을 했던 적이 있다. 하지만 사실을 따져보자면 우리를 방해하는 가장 큰 장애물이 바로 이런 식의 핑계들이다. 스스로를 속여 자신의 정체성과 궁극적인 성취를 제한하는 작은 거짓말들이다.

그렇다고 무안해할 필요는 없다. 누구나 때때로 핑계를 대는 법이니 말이다. 하지만 진심으로 문제를 해결하려면 핑곗거리를 싹 없애야 한다. 이제는 당신 스스로를 속이는 방법을 낱낱이 파헤쳐 자신과 담판을 벌여야 할 때다. 일단 당신의 핑계가 얼마나 허술한

지에 솔직해지면 어마어마한 에너지뿐 아니라 변화 능력까지 되찾게 된다.

개소리 같은 핑계를 싹 날려버릴 방법

먼저 나 자신에게 솔직해질 수 있는 능력을 떨어뜨리는 말이자 걸핏하면 내뱉는 말 2가지부터 살펴보자. 바로 '할 수 없다'와 '안 할 거야'다. 실제로 사람들이 다음과 같은 말을 얼마나 자주 하는지 생각해보라.

- 아침에 일어나서 매일매일 운동할 수는 없어.
- 글을 마무리 지을 시간을 낼 수가 없어.
- 그런 짓을 한 그녀를 용서할 수가 없어.
- 그 일자리엔 갈 수가 없어. 집에서 반대편 지역이라 너무 멀어.
- 도움을 구할 수가 없어.
- 아직 실력이 부족해서 승진을 요구할 수 없어.
- 상사가 결재를 해주지 않아서 프로젝트에 착수할 수 없어.
- 여유를 낼 수가 없어서 ＿＿＿(그 강의 수강, 외국어 공부, 벤처 창업 등등을) 할 수가 없어.

문제는, 뭔가를 '할 수 없다'고 말하는 경우의 99퍼센트가 실은 '안 할 거야'의 완곡한 표현이라는 거다. '안 할 거야'에 내포된 의미는 뭘까? 할 의지가 없다는 뜻이다. 다시 말해…

정말로 하고 싶진 않다는 얘기다.

행동하고 싶지 않고 위험을 감수하고 싶지 않다는 얘기다. 거북해지거나 불편해지고 싶지 않은 거다. 그저 급선무로 삼을 만큼 간절하거나 중요하게 여기지 않는 거다.

잠깐, 지금은 반대 의견을 말하거나 (엄연히 존재하기 마련인) 예외를 들추려 하지 말고 잠시 내게 장단을 맞춰줬으면 좋겠다.

당신 삶의 일부분에라도 지금 이 얘기가 얼마나 들어맞는지 생각해보면 당신의 발목을 잡는 자기기만적 헛소리들 대다수로부터 벗어나게 될 테니 그래주길 바란다. 예를 들어 앞의 예시 문장들로 되돌아가 '할 수 없다'를 '안 할 거야'로 바꿔보자. 그럼 훨씬 더 솔직한 마음이 드러난다.

- 아침에 일어나서 매일매일 운동하지 않을 거야.
- 글을 마무리 지을 시간을 내지 않을 거야.
- 그런 짓을 한 그녀를 용서하지 않을 거야.
- 그 일자리엔 가지 않을 거야. 집에서 반대편 지역이라 너무 멀어.
- 도움을 구하지 않을 거야.
- 아직 실력이 부족해서 승진을 요구하지 않을 거야.
- 상사가 결재를 해주지 않아서 프로젝트에 착수하지 않을 거야.
- 여유를 내지 않을 거라 _____(그 강의 수강 / 외국어 공부 / 벤처 창업 등등을) 하지 않을 거야.

내 삶의 경우 내 입에서 '할 수 없다'는 말이 나올 때면 대체로 '안 할 거야'가 진짜 본심이다. 하고 싶지 않은 거다. 특정 성과를 얻기 위해 희생하거나 노력하고 싶은 마음이 없는 거다. 그다지 간절하지 않거나 다른 급한 일들보다 우선시하고 싶지 않은 거다. 뭔가를 원하지 않는다고 (혹은 그 뭔가를 얻기 위한 노력이나 희생을 하고 싶지 않다고) 말한다고 해서 당신이 나쁘거나 게으른 사람이 되는 건 아니다. 그냥 솔직해지는 거다.

특히 해결 가능성의 철학을 활용하는 문제에서는 이런 차이를 짚고 넘어가야 한다. 우선 '할 수 없다'고 말하면, 대개 그때부터 약자처럼, 그러니까 직면한 상황에 맞설 힘이 없는 사람처럼 행동하게 된다. 자신의 시간이나 에너지나 선택에 대한 통제력이 없는 사람처럼 군다. 자신의 삶에 대한 책임감이 없어진다.

반면에 '안 할 거야'라고 말하면 더 힘 있게 느껴지고 더 힘 있게 행동하게 된다. 당신의 생각과 행동의 주인은 당신이라는 점을 잊지 않는다. 당신 스스로 시간과 자원을 어떻게 쓸지 결정한다. 당신의 인생을 전적으로 당신이 책임지기 때문에 그만큼 생기와 활기가 넘치고 더 자유롭게 느껴진다.

책임의 문제를 말하고 나니 연달아 떠오르는 보편적 원칙을 꼭 말해줘야겠다.

당신 삶에 대한 책임은
100퍼센트 당신에게 있다.

언제 어디서나 무슨 일에서든 당신이 당신 삶의 책임자다. 당신의 믿음, 감정, 행동을 결정할 책임은 당신의 부모님도, 남편이나 아내나 가족도, 상사도, 재학 중인 학교도, 경제도, 정부나 사회나 단체나 살고 있는 시대도 아닌 당신에게 있다. 물론 타인의 행동이나 당신에게 생긴 부당한 일은 당신 책임이 아니지만, 타인의 행동에 어떻게 반응할지는 당신 소관이다. 사실 지속적인 행복은 당신 스스로를 100퍼센트 책임질 때 비로소 얻을 수 있다.

이 대목에서 반문하는 독자도 있을지 모르겠다. "마리, 그건 제가 살아온 이야기를 몰라서 하는 소리예요. 제가 잘못한 것도 아닌데 막을 도리가 없어서 선택하지도 않은 끔찍한 일을 겪은 경우가 한두 번이 아니라고요. 그런데 그게 어떻게 제 책임일 수 있죠?", "그런데요 마리, 지금 저는 태어난 문화와 사회 때문에 아무런 통제권이 없는 일들을 겪고 있어요. 그게 어떻게 제 책임인가요?"

맞는 말이다. 우리는 누구나 외부 요인과 상황, 사회구조의 영향을 받는다. 관건은, 과거에 무슨 일이 있었건, 현재 무슨 일이 벌어지고 있건, 생각과 감정과 행동을 비롯해 자신의 삶을 전적으로 책임지려는 의지마저 없다면 삶을 변화시킬 힘을 포기하는 셈이라는 거다.

확실히 짚고 넘어가자면 여기에서 책임을 지라는 말은 부당함을 묵묵히 견디라는 얘기가 아니다. 스스로를 탓하거나 부끄러워하라는 것도 아니다. 자책하거나 끊임없는 죄책감을 안고 살아가라는 것도 아니다. 삶을 100퍼센트 책임진다는 말은 어떤 감정을 느낄지, 현재와 미래에 일어날 일에 대응해 어떤 사람이 되고 싶은지 결정하는 문제에서 당신이 책임자임을 인정하는 거다.

말랄라 유사프자이(Malala Yousafzai, 파키스탄의 인권 운동가-옮긴이)가 어린 소녀들의 교육권을 옹호하고 나서기엔 자신이 아직 어리다거나 그럴 권리가 없다는 식의 생각을 했겠는가? 그랬을 리 없다. 유사프자이는 겨우 11살의 나이에 어린 소녀들의 취학 권리를 지지하기 위한 투쟁을 시작했다. 파키스탄의 탈레반 무리가 암살을 시도해 머리에 총을 맞았을 땐 겨우 15살이었다. 유사프자이는 정말 장하게도 총상을 이겨내고 회복한 뒤 16살 생일에 유엔에서 연설을 했다. 17살 때는 역대 최연소 나이로 노벨 평화상을 받았다. 유사프자이는 머리에 총을 맞고도 그 일을 교육 운동을 중단할 핑계로 삼지 않았다.

베서니 해밀턴(Bethany Hamilton)의 얘기는 어떤가? 이 야심 찬 서핑 선수는 13살 때 하와이 카우아이섬의 터널비치로 친구들과 아침 서핑을 나갔다. 서핑 보드에 누워 팔을 바닷물 속에 늘어뜨리고 있던 어느 순간이었다. 4미터가 넘는 길이의 뱀상어에게 물려 그만 왼쪽 어깨 아래로 팔 전체가 잘려나가고 말았다. 병원에 도착했을 때 해밀턴은 몸에서 60퍼센트의 혈액이 빠져나가 저혈량 쇼크 상태에 빠졌고 살아남을지 장담할 수조차 없었다.

해밀턴은 이런 심각한 위기를 이겨냈고, 회복된 후에는 극심한 트라우마를 딛고 다시 물속에 들어가기로 결심했다. 상어에게 물린 지 1달 만에 다시 바다를 찾아 서핑 보드를 잡았다. 결국 그로부터 1년이 조금 더 지났을 때 처음으로 전국 대회에서 우승을 차지했고, 그 뒤로도 여러 대회에 꾸준히 참가해 우승 행진을 이어가며 전문 서퍼로 살겠다는 평생의 꿈을 실현하는 중이다.

그런 끔찍한 사고를 겪은 후에 해밀턴이 '난 할 수 없다'는 투로 말하면서 한쪽 팔을 잃었으니 서핑 인생은 시작이 아닌 끝이라고 마음먹었다 해도 누구나 다 이해해줬을 거다. 그러나 해밀턴은 인생에서 가장 어두운 이 시기에 중대한 선택을 내렸다. 나와 내 미래는 내가 책임지자고. 지금의 상황을 기꺼이 받아들이며 용기 있게 과감히 맞서자고. 인생을 뒤바꿀 만한 사건을 겪었다고 해서 꿈을 단념하진 말자고. 아니, 단념할 게 아니라 그 일을 연료 삼아 더 열심히 노력하자고. 해밀턴은 핑곗거리를 만들지 않고 문제를 해결했다. 그 과정에서 인간이 지닌 불굴의 정신력이 뭔지를 보여주며 경외감이 절로 이는 귀감으로 우뚝 섰다.[1]

또 다른 사례도 있다. 짐바브웨의 촌구석에 테레라이라는 이름의 11살짜리 여자아이가 있었다. 이 아이는 초등학교에 들어간 지 1년도 채 되지 않아 아버지가 소 1마리 가격을 받고 결혼시키는 바람에 툭하면 손찌검을 해대는 남자와 살게 됐다. 공부가 너무나도 하고 싶었지만 가난한 데다 여자라는 제약에 매여 있었다. 오빠의 교과서들을 보며 나뭇잎을 종이 삼아 독학으로 읽기와 쓰기를 배워야만 했다. 더구나 18살에는 네 아이의 어머니가 되기까지 했다.

그렇게 몇 년의 세월이 흐르고 흐른 어느 날, 테레라이는 마을의 여자들을 1명씩 찾아다니며 가장 큰 꿈이 뭔지 묻던 국제 구호 활동가를 만났다. 이때 테레라이는 의욕을 자극받아 종이쪽지에 가장 간절한 꿈을 적었다. 언젠가 외국에 나가 공부해서 학사 학위와 석사 학위를 딴 후 박사 학위까지 따고 싶다고.

테레라이의 어머니는 딸이 쓴 꿈을 보고 이렇게 말했다. "테레라이, 4개의 꿈이 모두 개인적인 꿈뿐인데 이걸 명심했으면 좋겠구나. 이번 생에서의 네 꿈이 더 위대한 의미를 지니려면 공동체의 발전과도 연결돼야 한단다." 그래서 테레라이는 다섯 번째 꿈을 더 써넣었다. '다시 돌아왔을 때는 이 마을의 여성과 어린 여자애들이 더 나은 삶을 살도록 힘쓰고 싶다. 내가 겪었던 그런 일들을 겪지 않고 살게 해주고 싶다.'[2]

테레라이의 당시 상황을 감안하면 그런 꿈은 원대한 목표였다. 심지어 불가능한 꿈이라고 말해도 무리가 아니었다. 테레라이는 그 꿈 종이를 양철 상자에 넣어 어느 바위 밑에 묻어뒀다.

그 뒤로 테레라이는 인근 지원 단체에서 지역사회 조직자로 일하기 시작했다. 한 푼 한 푼 최대한 아껴가며 학구열을 해소하기 위해 버는 돈의 일부를 떼어 통신교육 과정도 들었다. 그러다 1998년 오클라호마 주립대학에 지원해 합격했고, 그동안 일했던 지원 단체들과 마을 사람들의 도움에 힘입어 이제는 5명으로 늘어난 자식이 딸린 몸으로 남편과 함께 허리에 현금 4,000달러가 든 돈주머니를 두르고 미국으로의 유학길에 올랐다.

이런 난관을 돌파했음에도 불구하고 테레라이의 삶은 이전보다 더 고달퍼졌다. 가족은 허름한 트레일러에서 살았고 아이들은 배를 곯고 추위에 떨기 일쑤였다. 남편이란 작자는 도움을 주기는커녕 툭하면 때렸다. 테레라이는 쓰레기통을 뒤져 자신의 배를 채우고 아이들을 먹였다. 그냥 포기해버릴까 하는 생각이 고개를 들었지만 중간에 그만두면 어떤 식으로든 다른 아프리카 여성들을 낙

나의 인생을 바꾼 성공 공식 everything = figure out

담시키게 되리란 생각에 꿋꿋이 밀고 나갈 힘을 얻었다. 니콜라스 크리스토프(Nicholas Kristof)와 셰릴 우던(Sheryl WuDunn) 공저의《절망 너머 희망으로》라는 훌륭한 책을 통해서도 회고했듯, 테레라이는 "다른 여자들이 아주 간절히 잡고 싶어하는 기회를 잡고 있다는 걸 의식했"다.[3]

테레라이는 일을 몇 개씩 하며 수업을 병행하고 부족한 잠과 남편의 지속적인 학대를 견뎌냈다. 등록금을 제때 내지 못해 퇴학당할 뻔한 위기를 맞은 적도 있었지만, 기적처럼 대학의 한 관리가 나서서 그녀를 지지하며 지역사회의 도움까지 끌어내준 덕분에 위기를 넘길 수 있었다.

이후 테레라이는 참다못해 폭력적인 남편을 추방시켰고, 그 뒤로도 끈기 있게 노력을 이어간 끝에 학사 학위와 석사 학위를 모두 취득했다. 목표 하나를 이룰 때마다 짐바브웨로 돌아가 바위 밑에 묻어둔 종이를 파내서 체크 표시를 했다. 테레라이는 마크 트렌트라는 식물병리학자와 재혼한 후에도 꿈을 이루기 위한 노력을 멈추지 않았다. 그리고 2009년에는 마지막 목표에 체크 표시를 할 수 있었다. 오랜 시간이 흐르고 흐른 끝에 박사 논문을 마치고 박사 학위를 받으면서 마침내 테레라이 트렌트(Tererai Trent) 박사가 된 거다.

현재 그녀는 높은 수준의 교육을 보편화하는 동시에 시골 지역의 역량을 강화하려는 취지로 테레라이트렌트인터내셔널(Tererai Trent International)을 설립해 운영하고 있다. 궁금할까 봐 귀띔하자면 테레라이가 즐겨 말하는 인생 모토는 'Tinogona'인데, '해낼 수 있다!'는 뜻이란다.

전적으로 공감하는 말이다.

테레라이에게 중간에 포기하거나 단념하기 위해 내세울 수 있었던 핑곗거리가 얼마나 많았겠는가? 누가 봐도 타당한 핑계들이 수두룩했다. 그의 예는 순탄하지도, 빠르지도 않은 여정을 겪었지만 할 수 없는 (혹은 안 하려는) 이유보다 원하는 성과에 집중할 경우 어떤 가능성이 우리를 기다리고 있는지를 자신의 삶으로 증명해 보여준다.

엄청난 역경에 처했던 이런 사람들도 핑계로 (아니면 또 다른 뭔가를 내세워) 꿈을 해결해가기 위한 의지를 꺾지 않았는데, 우리가 그래서야 되겠는가? 말하다 보니 내가 즐겨 인용하는 명언 하나가 생각난다. "삶의 10퍼센트는 나에게 일어나는 일이고 90퍼센트는 그 일에 대한 나의 대응 방식이다." 기왕 본 김에 이 말이 들어 있는 문장도 함께 읽어보자.

태도는 현실보다 중요하다. 과거보다 중요하고, 교육, 돈, 환경보다도 중요하다. 실패나 성공보다 중요하고 남들의 생각이나 말이나 행동보다 중요하다. 외모나 능력이나 기량보다도 중요하다. 태도는 기업, 가정, 우정, 조직의 성패를 좌우한다. 이런 맥락에서 볼 때 내게 어떤 태도를 취할지 결정할 선택권이 매일매일 주어진다는 점에 주목해야 한다. 과거는 바꿀 수 없다. 남들의 행동도, 필연적으로 일어날 일도 바꿀 수 없다. 내가 바꿀 수 있는 건 태도뿐이다.[4]

어떤 경우든 당신에게는 생각하는 것보다 더 큰 저력이 있다. 특히 의식은 현실을 결정짓는 도구 중 당신이 가진 최상의 도구다.

이쯤에서 질문 하나. 인생의 어느 시점에서 (그러니까 뭔가를 정말 정말 원했던 시기와 그 뭔가가 당신에게 아주아주 중요했던 시기에) 어떤 식으로든 방법을 찾아내 그 뭔가를 실현해본 적이 있지 않은가? 내면의 스위치가 탁 켜지면서 갑자기 임기응변이 발휘되고 전심전력을 쏟은 끝에 불리함을 딛고 성과를 이뤄낸 적 말이다.

기억의 책장을 넘기며 과거를 쭉 훑어보자. 처음엔 어떤 일을 실현하기 위한 시간이나 능력이나 자원이 없다고 생각했지만 어찌어찌해서 해결해낸 경우가 혹시 없었는가? 내 인생을 예로 들자면 몇 가지 소소한 일이 있었다.

나는 대학 시절에 학업에 충실하며 여러 개의 아르바이트를 병행하는 학생이었다. 친구들이 파티나 음악회에 초대하면 거의 매번 '고맙지만 일이 있어서 못 가겠다'고 대답했다. 내 관점에서는 거짓말이나 핑계가 아니었다. 정말로 그렇다고 생각해서 한 말이었다.

그러던 어느 날 저녁, 그날은 평상시와 달랐다. 중요한 윤리학 시험이 코앞이라 공부도 해야 했고 법학 과제도 마쳐야 했던 시기라 늘 그래왔듯 밖에 나가지 않고 공부할 생각이었다. 그런데 기숙사로 돌아오는 길에 좋아하던 남자애와 마주쳤다. 그는 밤에 파티가 있는데 같이 가자고 했다. "안 되겠는데. 시간이 없어서."라는 대답이 반사적으로 튀어나왔어야 정상인데 (호르몬의 작용 덕분이었겠지만!) 어쩐지 잠깐 머뭇거리게 되면서 이런 말이 입 밖으로 나왔다.

"좋아. 7시에 봐."

공부를 마저 하고픈 마음은 여전히 강했지만 또 다른 동기를 느끼면서 뭔가 깨달았다. 중요한 건 시간이 있느냐의 문제가 아니라 시간을 낼 거냐의 문제였다. 그리고 언제든 우리에겐 생각보다 많은 시간이 있기도 했다(이 문제는 뒤에서 더 자세히 얘기해보겠다).

나는 초집중해 늦게까지 공부하다 잠들었고 다음 날 아침에도 일찍 일어나 학업에 소홀하지 않고도 하고 싶은 일을 모두 해냈다. 공부도 잘하고 데이트도 하고 싶다는 바람에 힘입어 내 익숙한 영역의 문을 밀고 나가 '시간이 없다'는 상투적 핑계를 넘어섰다. 알고 보니 시간은 있었다. 정말로 간절히 원하기만 한다면.

핑계는 '꿈말살범'이다. 핑계에 넘어가면 자신이 만든 감옥에 스스로를 가둬놓는 꼴이 된다. 격언에도 있듯 자신에게 한계를 그어 놓으면 정말로 그 한계를 넘지 못한다.

마음만 먹으면 성에 안 차는 성과의 책임을 돌릴 대상은 얼마든지 찾아낼 수 있다. 하지만 미숙한 의식보다 더 장기적인 성공을 방해하는 걸림돌도 없다. 이제는 자신이 핑계를 대고 있다는 느낌이 들면 정신을 바짝 차려라. 당신의 머리나 마음속에 어떤 핑계도 들어앉지 못하게 해라. 세계 곳곳의 해밀턴과 테레라이와 유사프자이 같은 사람들을 생각해봐라. 하루하루 엄청난 난관을 극복해나가는 이 지구상에 존재하는 수십 억 명의 영웅적인 사람들도.

이들에게 당신에게는 없는 마력의 유전자가 있는 게 아니다. 단지 타고난 힘을 활용하는 방법을 터득했을 뿐이다. 다만 주의해야 할 점은 자신을 남들과 비교하는 일은 바람직하지 못하다는 거다.

(그렇게 비교해봐야 언제나 패자가 될 뿐이다.) 그보다는 우리 모두가 같은 인간임을 상기하며 의욕을 자극받아야 한다.

장담컨대 당신 자신이 어떤 한계에 처해 있다고 믿든 간에 유심히 살펴보면 당신보다 더한 역경에 처해 있는 사람이 있기 마련이다. 그것도 훨씬 험한 역경에 놓인 누군가가 반드시 있다. 테레라이마저도 이렇게 말했다. "어떻게 내가 쓰레기통을 뒤져 아이들을 먹이는 신세를 불평하겠는가? 내 고향에서는 수백 만 명이나 되는 아이들이 집도 없이 떠돌며 청소 한번 안 하는 쓰레기통에서 먹을 것을 찾아 먹고 있는 마당인데. 적어도 미국에는 쓰레기통을 청소하는 사람이라도 있지 않은가."[5]

강인한 정신과 감정의 귀감으로 삼을 만한 사람들의 인생사를 찾아보는 것도 도움이 된다. 불굴의 정신과 사고방식으로 인생사를 써온 사람들을 보면 더욱 분발해 꿋꿋이 밀고 나갈 의욕이 생긴다. 어려움 속에서도 끈기를 발휘한 다른 이들을 찾았다고 해서 당신의 시련을 아무것도 아닌 것으로 여기지 않아도 된다. 그런 이들의 인생을 통해 당신 자신의 인생에 대해 균형 잡힌 시각만 취하면 된다. 그 사람들이 해결해낼 수 있었다면 당신도 할 수 있다.

나는 인생의 미묘한 차이를 무시하는 식의 말은 싫어하는 편이지만 때로는 확실한 대조가 각성을 일으키기도 한다. 다음 격언이 좋은 예다.

세상에는 두 부류의 사람이 있다.
원인 중심적인 사람과 결과 중심적인 사람이다.

원한다면 당신이 변화를 일으킬 수 없는 모든 원인을(즉, 핑계를) 계속 품고 있어도 된다. 당신의 나이, 부모, 유전자, 건강 상태, 태어난 곳 등등의 온갖 원인을 지겹도록 붙들고 있어라. 어느 누구도 당신에게서 그런 원인들을 빼앗아 가지 못한다. 뭘 생각하고 믿을지는 전적으로 당신 권리다.

하지만 '할 수 없는' 이유들을 계속 붙들고 있을 거라면 이 사실을 알아야 한다. 당신은 평생토록 당신이 가진 사랑, 재능, 강인함, 창의성, 최대한의 잠재성을 세대로 누리지 못할 거다. 그건 당신에게만이 아니라 세상으로서도 안타까운 일이다.

진실과 전략: 추정상의 한계 극복하기

지금부터 당신이 다음의 두 입장 중 어디에 속하는지 살펴보자. 첫 번째 입장, 핑계는 나약해빠진 소리라고 생각한다. 해로운 거짓말이라 당신의 생명력을 갉아먹을 뿐이라고. 당신이 이런 입장에 해당된다면 이번 장의 끝에 있는 '문제 해결을 위한 액션 플랜'으로 바로 건너뛰어도 된다.

아니라면 당신은 두 번째 입장이다. 철학적으로 비유하자면 당신은 항해 중이지만 나날의 암초를 피하기 위한 전략적 도움이 필요한 상태다. 그럼 지금부터 가장 흔한 핑곗거리 3가지를 깊이 파고들어보자. 그 3가지는 시간 부족, 돈 부족, 요령 부족인데, 다행히도 다른 모든 문제와 마찬가지로 셋 다 해결 가능한 문제다.

핑계 1: "시간이 없어."

요즘 사람치고 쪼들리는 느낌을 받지 않고 사는 사람이 얼마나 될까? 이제는 정신없이 바쁘고 스트레스가 쩔고 만성적 압박감에 시달리는 게 문화적 전염병이 돼버렸다. 하지만 할 일을 해도 해도 끝이 보이지 않는 생활이 보편적이라는 이유만으로 그렇게 사는 건 현명하지 않다. 그렇게 사는 게 유일한 방법인 것도 아니다.

좋든 싫든 우리 누구에게나 똑같이 하루 24시간이 주어진다. 다만 그 시간을 어떻게 쓸지는 각자의 결정에 달려 있다. 물론 우리 모두는 해야 할 일이 있다. 여러 일거리를 병행하면서 자식, 배우자, 반려동물, 부모, 조부모, 건강 문제까지 챙겨야 하는 사람들도 많다. 어디 이뿐인가. 특별한 보살핌이 필요한 가족, 지역사회 활동, 불안정한 대중교통, 갈수록 늘어나는 프로젝트와 잡다한 책무에도 신경 써야 한다. 하지만 사는 게 아무리 그렇다 해도 '시간이 너무 없다'는 사고방식에 빠져들면 안 된다.

당신이 현재 어떤 일정을 따르고 어떤 책무를 맡고 있든 그 모두는 우연히 생겨난 게 아니다. 시간 활용 방식을 비롯해 당신의 현재 삶은 당신의 선택에 따른 부차적 결과다. 더 좋아졌든 더 나빠졌든 당신은 현재의 당신에게 일조한 거다.

물론 그렇다고 지금 당장 직면한 어려움들이 당신 잘못이라는 얘기는 아니다. 자신이 한 선택을 인정하는 것과 자책하는 것은 다르다. 내게 좋은 예가 될 만한 경험담이 있다. 내 의붓아들이 갓 10대에 들어섰을 때 나는 아이를 쫓아다니며 뒤치다꺼리를 하는 데 이따금씩 불만이 일었다. 안 그래도 사업을 키우느라 아등바등하며 여러 개의 부업을 계속하던 중이라 여유 시간에 집 청소를 한다는 게 싫었다. 지인들에게 신세 한탄을 하는가 하면 못되게 굴기도 했고 그러다 보니 자연스레 의붓아들과 남편과 나 사이에 갈등이 생겼다. 바로 그때 나는 중요한 진실을 상기해야만 했다. 어린 아들을 둔 남자와 살기로 한 건 내 선택이었다. 다시 말해 내 자식을 낳고 싶은 마음은 없었지만 내 안의 한구석에서 새엄마가 되고 싶어했던 거다. 그걸 어떻게 아느냐고? 나니까. 내가 그런 선택을 했으니까. 그리고 내가 한 선택이라면 어떤 경우든 인정할 가치가 있었다.

당신의 선택을 인정해라. 자신이 시간을 보내는 방법을 책임지면 그 방법을 변화시킬 힘을 되찾게 된다. '시간 부족'은 깨기 가장 어려운 핑곗거리가 될 소지가 있는 만큼, 정말로 중요한, 시간에 대한 진실이 담긴 다음 말을 적어보며 다짐하는 것도 좋다.

> 아주 중요한 일이면 시간을 내고
> 그렇지 않으면 핑계를 내세우자.

소리 내서 말하고 읊조리고 노래로도 불러봐라. 이 진실을 상기하면서 당신 인생의 운전석을 계속 차지하기 위해 모든 방법을 동원하자. 시간이 없다는 핑계를 깨트릴 열쇠는 주어진 24시간으로 하는 모든 활동이 선택이라는 사실부터 받아들이는 거다. 모두가 당신의 선택이다. 당신이 하는 선택이자 당신이 바꿀 수 있는 선택이다. 다음 문장을 유별나지만 진실된 사실로 여겨라.

인생에는 하지 않아도 되는 일들이 있다.

당신이 뭘 하든 그건 당신의 선택이다! 모든 일이 당신이 하는 선택이라는 얘기다. 밥 먹기, 일하러 가기, 아이 목욕시키기, 세금 납부하기, 관계를 유지하기, 이메일에 답장하거나 아예 이메일을 사용하지 않기(아주 성공한 사람들 중에는 실제로 이메일을 사용하지 않는 이들도 있다), 뉴스나 TV나 영화 보기, 책 읽기, 장보기, 전화 받기, 자기 사업 하기, 빨래하기, 가족과 대화 나누기 등등. 자각하든 자각하지 못하든 당신이 살면서 행하는 이 모든 일 하나하나가 당신이 내리는 선택이다.

이렇게 말하는 독자도 있을지 모르겠다. "말도 안 돼요, 마리. 세금 납부는 꼭 해야 하는 일이죠. 안 내면 국세청에게 추적당해 감방에 가게 될 테니까요!", "아이 목욕시키기는 꼭 해야 하는 일이에요. 애들이 꼬질꼬질하게 돌아다닐 텐데 어떻게 목욕을 안 시켜요.", "출근은 꼭 해야 하는 일이에요. 출근을 안 하면 해고당하고 집도 없이 살게 될 텐데." 모두 맞는 말이다. 세금을 안 내거나 아이를 목욕시키지 않거나 직장에 나가지 않으면 뒤탈이 따른다. 하지만 그렇다고 해도 당신이 선택을 내리고 있다는 사실에는 여전히 변함이 없다. 당신에게 그 일들이 중요하기 때문에 그렇게 선택하는 거다. 그리고 바로 이 점이 핵심이다. 즉, 당신은 가장 중요한 일에 시간을 낸다.

아무도 당신의 머리에 총을 겨누면서 책을 읽으라거나 이메일에 답장하라고 강요하지 않는다. 뉴스를 보거나 드라마 〈소프라노스

(The Sopranos)〉를 연속으로 시청하라고 강압적으로 시키는 사람도 없다. 모든 일은 우리가 선택해서 하는 거다.

동기부여 강사 마이클 알츠슐러(Michael Altshuler)는 이런 말을 했다. "나쁜 소식은 시간이 쏜살같이 빠르다는 거고 좋은 소식은 당신이 조종사라는 거다." 짠 하고 나타나 마법처럼 일정을 정리해줄 시간 요정 같은 건 없다. 다음의 사실을 받아들여라. 당신에게 감당하기 힘들 만큼 무리한 생활을 꾸릴 만한 힘이 있었다면 그런 생활을 해체할 힘도 있다.

우리는 인생에서 통제 가능한 것에만 집중해야 한다. 우리 자신, 즉 우리의 생각과 믿음과 감정과 행동에 집중해야 한다.

부디 이 말을 마음속에 새겨두길…

중요한 건 시간이 있느냐의 문제가 아니라
시간을 낼 거냐의 문제다.

몸에 밴 습관이 쉽게 바뀔까? 그렇지 않다. 시간을 비우려면 사람들에게 거절의 말을 해야 할까? 사람들을 실망시켜야 할까? 그렇다. 사회규범을 깨고 심기를 불편하게 하고 거북한 대화를 하고 오랫동안 이어져온 가설을 좀 깨게 될까? 물론이다.

하지만 내가 좋은 출발점을 알려주겠다. 뭔가를 처리하려면 우선 평가부터 해야 한다는 관점을 가지면 된다. 진지하게 시간 평계를 뿌리 뽑고 싶다면 이렇게 해봐라. 앞으로 7일 동안 아침에 눈을 뜬 순간부터 잠자리에 드는 순간까지 하는 모든 활동들을 낱낱이 적는다. 이때는 통상적 일과를 바꾸면 안 된다. 꾸미거나 비판을 가하지 말고 통상적으로 하는 일들을 적는 거다. 자신을 더 돋보이게 하려고 숫자를 꾸미거나 행동을 수정해서 쓰고 싶은 유혹이 일어나기 쉬운데 그러지 말길. 이번 연습에서의 관건은 당신이 시간을 보내는 방식을 정확히 이해하는 거다. 게다가 시간을 보내는 방법을 바꾸려면 먼저 지금 어떻게 시간을 보내고 있는지 파악해야 한다.

다음의 유의 사항도 지키기 바란다. 시간을 빼놓지 말고 적는 거다. 앞으로 7일 동안은 집착한다 싶을 정도로 기록광이 돼야 한다. 가장 정확한 스냅사진을 포착하기에 유용한 단위로, 2분이나 10분 또는 30분에 1번씩 노트에 기록해라. 점심시간, 가족과의 문자 교환, 싱크대에서 후머스(이집트콩을 삶아 양념한 음식. 빵을 찍어 먹는다-옮긴이) 집어 먹은 일, 개를 산책시킨 일, 화초에 물 준 일, 우표를 사러 우체국에 간 일, 근처에서 커피 마신 일, 핀셋으로 삐져나온 턱수염을 뽑은 일 등등 시시콜콜히 적어 넣어라.

장담컨대 당신의 시간이 정확히 어디어디에 쓰이는지 파악하면 들인 노력에 비해 훨씬 보람이 클 거다. 우리 대다수는 마음 가장 깊은 곳에 품은 가치와 무관하거나 소중한 꿈을 진전시켜주지도 않는 거지 같은 일에 헛되이 쓰는 시간이 얼마나 많은지 잘 의식하지 못한다. 설상가상으로 현대의 환경은 집중을 방해하고 시간을 분산시키고 주의력을 빼앗는 경향까지 있다.

그럼 궁극적 목표는 뭘까? 하루에 2시간 시간 내기다. 이 책을 벽에 집어던지고 싶거나 '이봐요 마리, 제정신이 아니군요! 하루에 2시간은 고사하고 2분을 더 내는 것도 힘들다고요' 같은 생각이 들더라도 우선 내 말을 듣고 시험 삼아서라도 한번 해보길 권한다. 시간의 궤적을 추적하면서 우리 사회에서 가장 시간을 허비하게 하는 다음 사항들에 특히 주목해보자.

- 소셜미디어(나올 줄 예상했다고?)
- 이메일
- 인터넷(쇼핑, 뉴스 훑어보기, 쓸데없이 시간만 잡아먹는 웹서핑)
- 비효율적인 식단과 식사 준비
- 교통과 통근
- 만남(일이나 직무 효능을 높여주지 않거나 이메일로 처리하는 편이 더 빠르고 효율적일 만한 만남들이 많다)
- TV(당연히 넷플릭스도 포함된다)
- 볼일 처리(꼭 할 필요가 없는 용건을 보거나 나중에 해도 되는 용건인데 괜히 최대한의 창의성과 에너지가 필요할 때 주의를 흩뜨리는 경우)
- 이런저런 이유로 휴대폰 붙들고 있기(예: 통화, 앱 사용, 문자, 게임, 유튜브 보기, 팟캐스트 듣기, 이메일 확인)

마지막은 특히 요주의 사항이다. 요즘엔 스마트폰 없이 못 사는 사람들이 많다. 화장실에 갈 때도 잠자리에 들 때도 심지어 식탁 앞에서도 스마트폰을 놓지 못한다. 화면에 중독된 사람들도 수두룩하다. 당신이 미처 인식하지 못했다 해도 이제는 우리가 기술을 통제하는 것보다 기술이 우리를 더 많이 통제한다. 기술 사용 방식은 사

나의 인생을 바꾼 성공 공식 everything = figure out

람마다 다르지만, 최근의 한 연구에 따르면 현재 미국인들의 휴대폰 사용 시간은 하루 24시간 중 거의 5시간에 이른다. 1년으로 환산하면 76일이며, 깨어 있는 시간의 3분의 1에 가까운 시간을, 빛을 내는 그 네모난 기기에 붙어 지낸다는 얘기다.

이런 기술 중독은 우연한 결과가 아니라 의도된 결과다. 기기는 애초부터 사람들을 중독시킬 의도로 만들어진다. 모든 색, 소리, 특징이 화면에서 점점 더 눈을 떼지 못하도록 의도적으로 설계된다.

수십 억 달러의 자산을 가진 기업들은 그들이 개발한 앱과 플랫폼에 들어와 인생을 보내도록 사람들을 유인할 새로운 방법을 고안하기 위해 지구상에서 가장 똑똑하고 창의적인 인재를 끌어모으고 있다. 기업 주가가 이용 빈도에 좌우된다는 사실을 잊으면 안 된다. 당신의 시간과 관심을 점점 더 많이 붙잡아놓을 방법을 끊임없이 개발하는 데 대다수 IT 기업들의 존폐가 걸려 있다. 당신이 이런 제품과 플랫폼의 고객이라고 판단되면 다시 한 번 생각해봐라. 당신의 시간, 관심, 데이터는 그들의 상품이다.

당신의 뇌는 모든 문자나 알림 등을 일종의 '보상'으로 해석하고 이는 도파민 분비를 촉진한다. 시간이 지나면서 이런 화학반응은 생각의 작용 방식을 변화시켜 사용 기기에서 점점 더 많은 '도파민 자극'을 필요로 하도록 당신을 길들인다. 저항하기가 거의 불가능한 뫼비우스의 띠다.

중독성이 유달리 강한 플랫폼들은 5가지 보편적인 심리적 약점을 활용해 우리를 낚는다. 간헐적이고 예측할 수 없는 보상을 받는 데 뒤따르는 슬롯머신 효과('새로 온 이메일이나 문자나 DM이 없나?'),

주목받고픈 욕구('나를 알아봐줘, 나를 인정해줘, 나를 좋아해줘, 나를 사랑해 줘!'), 답례 욕구('답장을 보내서 고맙다고 말해야 해. 무례한 사람처럼 보이면 안 돼!'), 소외될까 봐 두려운 마음(FOMO, fear of missing out), 마지막 으로 우리의 가장 자학적 충동, 즉 끊임없이 남들과 나를 비교하기 다(내 식대로는 이런 자학적 충동을 '컴페어슐라거'● 라고 일컫고 싶다).

아무리 하루에 몇 시간씩 명상을 해도, 아무리 지적으로나 정신 적으로 대단한 사람도, 사람은 누구나 취약한 존재다. 스티브 잡스 (Steve Jobs)도 이 사실을 너무나 잘 알았다. 그래서 자신의 아이들 에게는 아이패드를 사용하지 못하게 했다. 아이패드가 첫 출시된 2010년 〈뉴욕타임스(New York Times)〉 기자 닉 빌턴(Nick Bilton)은 잡스에게 이런 질문을 던진 바 있다. "아이들도 아빠가 만든 아이 패드를 아주 좋아하겠군요?"

잡스는 그 질문에 이렇게 대답했다. "애들은 아이패드를 써본 적 이 없어요. 저희는 애들이 집에서 IT 기기를 너무 많이 사용하지 못 하도록 제한하고 있거든요."

빌턴은 이 기사에서 과학기술 분야 전문가들 상당수가 이와 비 슷한 스크린 타임(화면 시청 시간) 제한을 실행하고 있다는 얘기도 자세히 전했다. 드론 제조사 3DR의 CEO이자 IT 전문잡지 〈와이 어드(Wired)〉의 전 편집장 크리스 앤더슨(Chris Anderson)도 가정에 서 엄격한 IT 기기 사용 규칙을 정해놓고 있단다. 앤더슨은 6살부

● Compareschläger: 명사. 스스로 자초하는 독. 자신을 남들과 비교하다(compare) 결국엔 자신이 못난 사람이라는 느낌에 이를 때 활성화된다. 다량 섭취 시 구토가 유발되는, 금가 루가 들어간 역겨운 계피 맛 슈냅스인 골드슐라거(Goldschläger)에 빗댄 명칭.

터 17살까지 나이 대의 다섯 자녀들 얘기를 꺼내며 이렇게 말했다. "우리 집 애들은 저와 아내를 파시스트라고 불러요. 기기 사용에 대한 노파심이 지나치다고 불만들이죠. 친구들 중에 자기들 같은 규칙을 따르는 애들이 아무도 없다나요. 저희 부부가 그렇게까지 하는 건 IT 기술의 위험을 직접 목격했기 때문이에요. 제가 직접 봤기 때문에 내 아이들에게는 그런 일이 일어나게 놔두고 싶지 않은 겁니다."[6]

이쯤에서 의문이 든다. 세계에서 가장 유력한 기술 선구자들 일부가 가정에서 화면을 무제한으로 시청하지 못하게끔 단속하고 있다면 우리가 무제한 시청을 허용하는 게 옳은 판단일까? 지금 나는 기기들을 악마 취급 하려는 게 아니다. 내 삶이나 인류에게 기술이 가져다준 무수한 혜택에는 나도 감사하고 있다. 하지만 좋은 면을 인정해준다고 해서 엄연히 존재하는 위험성이 사라지지는 않는다.

우리 대다수는 우리가 화면을 들여다보며 지내는 시간이 정확히 얼마나 되는지 제대로 의식하지 못한다. 실제 연구를 통해서도 증명됐듯 자신의 휴대폰 사용량을 실제보다 거의 50퍼센트 적게 잡는 게 예사다. 노팅엄트렌트대학교(Nottingham Trent University) 강사이자 논문 주저자로 스마트폰 연구를 이끌기도 했던 심리학자 샐리 앤드루스(Sally Andrews)에 따르면 "우리가 휴대폰을 자신의 생각보다 2배 더 사용하고 있다는 사실에 비춰볼 때, 스마트폰 사용은 대체로 자신도 모르게 습관적이고 반사적으로 일어나는 행동이라고 추정할 만하다".[7]

내 경우엔 나 자신의 습관에 의혹을 갖기 시작하면서부터 휴대폰 사용 빈도가 예전보다 크게 줄어든 것 같다. 내 각성 계기가 뭐였냐면, 모먼트(Moment)*라는 무료 스크린 타임 추적 앱이었다. 모먼트는 휴대폰과 앱 사용을 추적해 사용자가 중독성 있는 그 작고 네모난 기기를 매일 얼마나 들여다보는지 정확히 보여준다. 앱 사용 전에 미리 놀랄 각오를 해두길.

당신이 이른바 스마트폰을 거부하고 비웃는 사람이라고 해도 당신이 화면의 영향에서 완전히 사유롭다고 생각해선 안 된다. 닐슨 시청률 조사에 따르면 미국 성인의 하루 평균 TV 시청 시간은 아직도 약 5시간에 이른다니 말이다. 하루 평균이 이 정도다.

모든 화면과 IT 기술을 끊기로 맹세하고 1926년에 사는 것처럼 생활한다 해도 7일 동안 하루도 빠짐없이 시간 추적 연습을 해야 한다. 자신이 어떤 활동을 하고 그 활동에 시간이 어느 정도 걸리는지 호기심 있게 꼼꼼히 살펴봐라. 연구로도 입증됐다시피 우리가 일상적으로 하는 활동의 약 40퍼센트는 습관적 행동이다. 다시 말해 인간은 상당 시간을, 어떤 행동을 하면서도 자신이 뭘 하는지 의식하지 못한 채로 자동조종 모드에서 존립하고 있다는 얘기다.

명심해라. 여기에서의 목표는 하루에 적어도 2시간의 시간을 내는 거다. 왜 2시간이냐고 묻는다면 첫째는 삶의 구성 방식에 대한 뿌리 깊은 통념에 의문을 갖기에 하루 2시간이면 충분하기 때문이다. 부디 당신 자신, 가족, 친구들, 동료들과 거북하지만 꼭 필요한

● 현재 애플에서는 스크린 타임(Screen Time)이라는 자체 기능을 기기에 탑재하고 있다.

나의 인생을 바꾼 성공 공식 everything = figure out

대화를 나누는 계기가 되길 바란다. 더 적은 시간으로 더 큰 효율성을 발휘할 방법을 찾든, 책임의 균형을 다시 잡는 문제든, 한계선 정하기든, 이번 기회에 당신에게 필요한 게 뭔지 놓고 소통하면서 지원을 얻길 바란다.

둘째로 매일 2시간을 의미 있는 목표를 위해 쓰면 그 효과가 누적돼 삶의 궤도가 바뀌기 마련이기 때문이다. 솔직히 말해서 2시간까지는 도저히 안 돼 1시간밖에 내지 못하더라도 그것만으로도 큰 진전이다. 1년 동안 2주 정도의 여유 시간을 더 갖게 될 테니까.**

스스로를 강하게 밀어붙여야 한다. 하루 2시간의 여유 시간을 내려고 애쓰지 않으면 아마 1시간조차 내지 못할 테니 말이다.

기회비용은 괜히 있는 말이 아니다. 모든 기회에는 대가가 따른다. 당신이 "예스"라고 말하는 모든 일은 다른 뭔가에 "노"라고 말하는 일이나 다름없다. 쉽게 풀어서 말하자면 당신이 두뇌를 소모하는 IT 기기를 집어 들어 고양이 동영상을 더 보는 일에 순순히 응할 때마다 당신에게 가장 중요하고 가장 의미 있는 장기적 목표에 가까워지는 걸 거부하는 셈이다.

혹시 다른 언어를 익히고 싶은가? 책을 써보고 싶은가? 몸이나 건강 상태를 바꾸고 싶은가? 경제생활 체계를 다지고 싶은가? 사업을 시작하거나 부업을 갖거나 완전히 새로운 커리어에 도전하고 싶은가? 해양 보호 활동에 나서고 싶은가? 진정성 있는 관계를 쌓

●● 365일을 24시간으로 나누면 15.20일이므로 하루 24시간 기준 15.20일이 더 생기는 거다. 이 기간을 다시 깨어 있는 집중하는 시간으로 따지면 8시간 근무 기준으로 1년에 45일의 여유 시간이 생기는 셈이다.

시간 낭비의 기회비용

현재의 무의식적 비용	1년간 총 누적 시간	그 대신 성취 가능했던 것
하루에 30분씩 휴대폰을 만지거나 소셜미디어에 들어가 쓸데없이 시간 낭비하기	1년에 182.5시간, 즉 8시간 근무 기준으로 22일	• 미셸 오바마처럼 건강미 돋보이는 팔근육 만들기 • 새로운 웹사이트 개설 • 명상 요령 터득
하루에 60분씩 뉴스, 이메일, 유명인 가십거리 들여다보기	1년에 365시간, 즉 8시간 근무 기준으로 45일	• 책의 초안 작성 • 신규 매출원 창출 • 임금 인상 또는 커리어 변화를 이끌어냄
하루에 90분씩 TV 시청	1년에 547.5시간, 즉 8시간 근무 기준으로 68일	• 이탈리아어를 익혀 유창한 대화가 가능해짐 • 학위를 마침 • 수익성 있는 분야의 사업에 착수

기 위한 시간을 내고 싶은가? 성생활에 다시 불을 붙이고 싶은가? 당신에겐 그럴 시간이 분명히 있다. 그것도 지금 당장.

휴대폰 화면을 들여다보면서 보내는 하루 30분을 HIIT(고강도 인터벌 트레이닝) 운동에 할애해 몇 달 만에 저질 체력을 강철 체력으로 끌어올릴 수도 있다. 밤마다 따분한 TV를 보느라 보내는 2시간을 새로운 언어를 배우거나 학위 취득을 위한 공부 혹은 정말로 관심 가는 관계를 진전시키기 위한 시간으로 활용하는 것도 좋은 방법이다.

어떤 사람들은 이렇게 말할지도 모른다. "좋아요, 마리. 무슨 말인진 알겠어요. 그런데 어떻게 하루에 2시간을 낼 수 있을지 아직도 잘 모르겠어요."

이렇게 하면 된다. 틈틈이 짬을 내 이 시간에서 30분, 저 시간에서 15분을 떼어내는 거다.

이제 위에 언급한 시간 낭비를 줄이기 위한 몇 가지 전략을 더 제안하려고 한다. 꼭 이대로 다 따를 필요는 없다. 종사하는 직업이나 현실을 감안할 때 어림없는 제안들도 있을 테지만, 1달 동안 (전부는 아니더라도) 몇 가지만이라도 실험해보길 적극 권한다. 30일 동안 뭐든 해봐라. 앞으로의 제안을 독자적인 실험 방법을 착안하기 위한 출발점으로 삼되, 꼭 자문해봐야 할 게 있다. '이게 내게 어떤 도움이 될까?'

아무것도 바꾸지 않으면 아무것도 바뀌지 않는다. 대담해져라. 패턴을 깨라. 당신을 숨 막히게 하는 사회규범에서 한발 떨어져봐라. 몇 가지 변화를 시도해보면서 어떻게 여유 시간이 늘어날 수 있는지 직접 느껴보길 바란다.

① 미디어 소비 완전히 끊기

소셜미디어, TV, 온라인 동영상, 잡지, 팟캐스트, 뉴스를 비롯해 그 외의 정보 기반 콘텐츠를 모두 끊는 방법이다. 미디어를 전혀 이용하지 못한다는 생각에 답답해죽을 것 같아도 안심하고 4주 동안 미디어 금식을 해봐라. 미디어 좀 끊는다고 죽지 않는다. 그렇게 4주가 지나면 미디어 소비에 더 바람직한 경계선을 그을 수 있다(예를 들어 오전 11시 전까진 미디어를 이용하지 않으면서 오전의 에너지를 최대한 잘 활용할 수 있다).

내가 미디어 소비를 제한할 때 주문처럼 외는 말이 있다. **"소비하기 전에 창조하라."** 남들의 창작을 무의식적이고 습관적으로 소비하기 전에 내가 꿈꾸는 삶을 (그리고 일을) 창출해간다는 의미다. 예를 들어 나는 10분 명상으로 두뇌를 강화하는 동시에 명료성, 통찰력, 창의성을 높이고, 15분 홈트레이닝을 통해 에너지와 강인함을 키우기도 한다. 25분 글쓰기는 책이나 마케팅 아이디어를 조금씩 다듬으며 커리어를 진전시키는 데 좋다. 하다못해 5분 동안 한눈팔지 않고 조용히 사색하는 것만으로도 돌파구가 생긴다.

이쯤에서 다시 한 번 강조하지만 지금 나는 하루 2시간의 여유시간을 내도록 당신을 자극하는 중이다. 이 여정의 코치로서 당신을 채찍질하고 있는 거다. 하지만 2시간이 안 되더라도 (여기에서 5분, 저기에서 3분의) 적은 시간을 틈틈이 내는 식으로 행동을 개선하기만 해도 작은 승리들이 누적돼 기적으로 이어지는 효과를 일으킨다. 10분이 0분보다 낫다.

② 받은 편지함에서 벗어나기

일시적 해방감을 줄 만한 오토리스폰더(autoresponder, 수신된 이메일에 자동으로 답장하는 컴퓨터 프로그램-옮긴이) 기능을 설정해놓고 하루에 최소 1번에서 최대 3번까지만 이메일을 확인해라. 일어나자마자 이메일을 확인하는 건 안 된다. 가능하다면 며칠에 1번씩만 확인하는 게 바람직하다. 솔직히 일부 사원들보다는 사업가나 프리랜서에게 더 쉬운 일이긴 하지만 어렵다고 해서 불가능한 건 아니다. 회사의 대빵인 나는 팀원들에게 중요한 프로젝트를 아무런 방해 없이 이끌어나가기 위해 이메일이나 슬랙(Slack, 직원 간 실시간 메신저, 업무 자료 공유 등 협업을 지원하는 기업용 소프트웨어-옮긴이)에 응할 수 없는 집중 모드에 들어갈 시간을 미리 밝히라고 독려하는데, 때로는 그 기간이 며칠 내내가 되기도 한다. 이런 개념을 근무 중에조차 실행할 수 없다면 개인 편지함 확인을 참는 데 어떤 도움이 되겠는가?

어떤 식으로 변화를 시도하든 간에 가족, 절친, 직장 동료, 우수 고객에게 당신의 새로운 이메일 방침을 알려줘야 한다. 알려주면 다들 존중해줄 가능성이 크다. 일단 중요한 사람들에게 알린 상태고 오토리스폰더로 답장을 하고 있다면 받은 편지함을 열어봐서는 안 된다.

강박적인 이메일 확인 습관을 깨는 데 가장 좋은 방법은 도움이 되는 환경을 만들어놓는 거다. 다시 말해 이메일을 확인하고픈 시각적·청각적 유혹을 완전히 제거해야 한다는 얘기다. 가능하다면 스마트폰에서 이메일 앱을 삭제해야 한다. 그러기 싫으면 스마트폰 홈 화면에서 이메일 앱의 위치를 못해도 네 번째나 다섯 번째 화면으로 옮기길 권한다. 이메일 아이콘을 찾기 위해 화면을 넘기는 데 걸리는 그 몇 초는 기존의 패턴을 깸으로써 습관적 확인을 그만두게끔 유도하기에 충분한 시간이다.

무엇보다 사용 중인 모든 기기나 컴퓨터에서 알림을 전부 끄는 게 중요하다. 알림음이나 진동이나 팝업 다 모조리 꺼야 한다. 그리고 이 지침은 무슨 일이 있어도 지켜야 한다. 의식, 시간, 주의력에 대한 통제력을 되찾아라. 기술이 당신에게 할 일을 지시하도록 놔둘 여지를 줘서는 안 된다. 다른 사람들의 관심사 때문에 당신 자신의 관심사에서 탈선해서는 안 된다.

2000년 이후로 쭉 세계 곳곳에서 더 나은 이메일 관리법을 다룬 글이 쏟아져 나오고 있으니 온라인 검색으로 이메일 억제 도구나 실천법에 관한 유용한 자료들을 찾아볼 수도 있다.

③ 더 좋고, 더 빠르고, 더 저렴한 식사하기

사람에 따라서는 가장 빈번하게 시간을 낭비하는 일이 자신과 가족을 위한 식사 준비인 경우도 있다. 뭘 먹을지 메뉴를 결정한 후 장을 보고 재료를 손질하고 요리하고 뒷정리까지 하다 보면 밥 먹는 일 자체가 고역처럼 느껴진다.

그 느낌에는 당신도 공감할 테지만, 그렇다고 매끼를 가공 처리 후 포장돼 나오는 간편식으로 해결하는 건 실효성도 없고 장기적 선택으로 바람직하지도 않다. 셰프 보야디(Chef Boyardee)의 파스타 로니(Pasta Roni), 피넛버터 컵케이크, 팝 타르츠(Pop-Tarts) 과자, 피자를 먹으며 자란 사람의 경험담이다. 나는 20대 후반이 돼서야 이런 식생활이 잘못된 식습관이라는 걸 깨우쳤다. 가공식품은 기운을 빼놓고 인지력을 흩트리고 정신적·신체적·정서적 건강에 많은 문제를 유발한다.

식사 메뉴 해결이 당신의 가장 심각한 시간 낭비라면 다음 방법을 권한다. 조리법을 배우고 식사가 지루하고 반복적인 일이라는 걸 받아들여라. 대량으로 만들 수 있는 간단한 자연식 조리법(수프, 스튜, 한 솥 요리, 한 그릇 요리)을 3~5가지 정도 찾아서, 1주일에 2번씩 (예: 매주 목요일과 일요일) 요리하는 날을 정해놓고 식단 짜기, 장 보기, 재료 준비, 요리를 한 번에 몰아서 처리할 수 있게끔 하는 거다. 건

나의 인생을 바꾼 성공 공식 everything = figure out

강에도 좋고 빠르고 간편한 무료 조리법들이 온라인상에 날이 갈수록 많이 올라오고 있으니 참고하길.

돈 얘기도 빼놓을 수 없는데, 이 대목에서는 잘못된 통념 하나를 깨야 한다. 비싼 건강식품 전문 매장이나 농산물 직거래 매장에서 장을 보거나 유기농 식품만 먹을 필요는 없다. 목표는 가능한 한 가장 건강에 좋은 선택지를 고르는 거지 어디에서 장을 보는지는 중요하지 않다. 〈뉴욕타임스〉 칼럼니스트 마크 비트맨(Mark Bittman)은 2010년 '정크푸드가 정말 더 저렴할까?'라는 제목의 예리한 칼럼에서, 4인 가족이 맥도날드에서 식사할 경우 비용이 28달러 정도 든다고 지적한 후 야채를 곁들인 로스트 치킨과 간단한 샐러드를 먹을 경우 4인 가족 식사비가 약 14달러라는 비교 결과를 보였다. 또 마늘, 후추, 양파를 곁들인 라이스 앤 빈즈(rice and beans) 4인분은 약 9달러였다. 'EWG(미국에서 가장 영향력 있는 비영리 환경 운동 단체-옮긴이)의 빠듯한 생활비로 몸에 좋은 음식 구입하기 가이드(The Environmental Working Group's Guide for Good Food on a Tight Budget)'를 검색해보거나 야채와 과일 구매 지침으로 EWG의 잔류 화학물이 많이 검출된 위험군 12가지 농산물(Dirty Dozen)과 농약이 거의 검출되지 않은 안전한 15가지 농산물(Clean Fifteen) 목록도 참고할 만하다. 이런 자료들은 잘 먹으면서 돈도 절약하는 데 두루두루 유용하다. 다시 한 번 강조하지만 해결 불가능한 문제는 없다. 당신 자신과 가족이 무리한 지출 없이도 영양 풍부하고 음식다운 음식으로 활력을 충전하는 문제 역시 마찬가지다.

목표는 먹는 것에 대한 생각과 태도의 틀을 다시 짜는 거다. 가능한 한 단순화하고 매일매일의 식단 고민(오늘 밤에는 무슨 요릴 해줘야 좋아할지 모르겠네?)을 없애기 위해 노력하자. 인식을 전환하고 약간의 계획만 세우면 한꺼번에 만들어둔 여분의 건강식과 견과류, 과일, 야채처럼 영양가 높으면서 조리 시간이 필요 없는 간식을 집 안에 쟁여놓을 수 있다.

지금까지 소개한 아이디어 몇 가지를 단 몇 주 만이라도 실험 삼아 해보면 시간 활용법에 대한 색다른 시각이 열릴 것 같지 않은가?

하루에 2시간을 내기 위해 이보다 더 분발할 필요가 있다면 다음의 말을 해주고 싶다.

시간을 내야 할 필요성이 생기면
시간을 내게 돼 있다.

담당 의사가 전화를 걸어와 당신이 목숨이 위태로운 희귀병에 걸렸다고 알려주는 상상을 해보자. 완전한 회복을 기대하려면 앞으로 3개월 동안 매주 7일을 하루도 빠짐없이 2시간씩 아무런 방해도 받지 않는 상태에서 조용히 앉아 있을 수밖에 없단다. 스마트폰, 소셜미디어, TV나 컴퓨터를 완전히 끊어야 한단다. 방해 요인 없이 보낼 시간을 하루에 단 2시간만 내든지, 어느 날 갑자기 생명이 끊어질 위험을 감수하든지 선택해야 하는 거다.

당신이라면 어떻게 하겠는가? 앞으로 90일 동안 매일 방해 요인

없이 보낼 2시간의 여유 시간을 내기 위해 어떤 변화를 취하지 않을까? 이런 와중에 소셜미디어나 이메일 확인이 정말 그렇게 중요하게 느껴질까? 우리 솔직해져 보자. 목숨이 달린 문제라면 하루에 2시간을 어떻게 해서든 내게 돼 있다.

자, 그럼 시간 핑계는 뿌리 뽑았으니 이제 돈 문제로 넘어가보자.

핑계 2: "돈이 없어."

"문제는 자원이 아니라 자원 동원력이다." 유명한 동기부여 전문가 토니 로빈스(Tony Robbins)의 말 중에 내가 즐겨 인용하는 명언으로, 모든 핑계에 해당되는 원칙이지만 특히 금전과 관련해서는 딱 들어맞는다.

우선 다음 질문부터 짚고 넘어가자. 정확히 무엇 때문에 돈이 더 필요하다고 생각하는가? 전액을 다 치르지 않거나 아예 치르지 않고도 최종 성과를 이뤄낼 가능성은 조금도 없는가? 예를 들어 지금 당신이 새로운 기술을 배우거나 새로운 커리어를 시작하려면 돈이 필요하다고 생각하는 상황을 가정해보자. 그런데 꼭 그 생각이 맞는 건 아니다. 인터넷을 잘 활용하면 거의 모든 기술을 배워볼 수 있고 대부분 비용도 무료다.

로봇공학, 프로그래밍, 수학, 협상, 통계, 디자인, 뜨개질도 모두 온라인에서 배울 수 있다. 앱, 동영상, 팟캐스트, 블로그, MOOC (massive online open courses, 온라인 공개 강좌)를 통해 제공되는 다양한 분야에서 이용 가능한 높은 수준의 무료 교육이 엄청나게 많을 뿐만 아니라 지금도 꾸준히 늘고 있다. 그중 좋은 예가 에덱스(edX)와

칸아카데미(Khan Academy)다. 에덱스는 하버드, MIT, UC버클리 등의 유수 대학과 교육기관의 강좌를 제공하는 무료 온라인 교육 플랫폼이며, 칸아카데미는 장소에 구애받지 않고 누구에게나 세계적 수준의 교육을 제공하는 걸 사명으로 삼아 수학, 과학, 컴퓨터 프로그래밍, 역사, 예술사, 경제학 등의 다양한 과목을 다루고 있다. 또 최근 뉴욕 의과대학에서는 성적이나 필요성과 관계없이 재학생은 물론 향후 입학생 전원의 학비를 면제한다고 발표했다.[8]

자기 사업을 시작하고 싶은 사람이라면 사업에 순조롭게 착수하기 위해서 막대한 자금이 필요하다고 생각할 거다. 몇십 년 전이라면 정말 그랬을 테지만 지금은 시대가 달라졌다. "마리, 가진 돈도 없이 어떻게 사업을 시작할 수 있죠?" 사실 이런 식의 질문을 하는 사람들이 하도 많아서 소규모 사업을 운영하는 사업주들 거의 누구에게든 당장 실행하기에 유용할 만한 320개 이상의 무료 도구와 플랫폼 목록을 만들어봤다. 지금까지 수십 만 건 다운로드되고 공유된 이 자료는 검색창에 'Marie Forleo'와 'free tools resources'를 입력하면 찾을 수 있다.

자본금 없이는 시작할 수 없는 사업 얘기도 해보자. 결의와 창의성과 집요함만 충분히 발휘하면 필요한 자금을 확보할 방법은 얼마든지 있다. 합법적이고 윤리적인 온갖 선택지를 하나하나 검토해야 할 테지만 전심전력의 노력을 기울이면 해낼 수 있다. 지금부터 당신의 상상력을 번득이게 해줄 만한 아이디어 몇 가지를 알려주겠다.

부업. 돈이 부족할 때마다 내가 선택한 방법이다. 어렸을 때 아빠가 자주 하셨던 말씀이 생각난다. "나는 신문을 펼치면 꼭 구인 광고란을 본다." 세상은 언제나 의욕적이고 근면하고 책임감 있는 사람들을 필요로 한다는 깨달음을 얻게 해준 말씀이었다. 아빠는 어떤 직무를 맡든 성실히 일하는 건 자부심을 가질 만한 일이라는 가르침도 주셨다. 할 수 있다는 자세와 넘치는 의욕을 내보이는 한 나는 언제나 일자리를 구할 수 있었다.

사업 초반에 나는 수만 달러의 빚을 짊어지고 있었다. 그래서 웹 사이트를 개설하는 데 필요한 비용을 마련하기 위해 바에서 부업을 하며 돈을 모았다. 사실 7년 동안 여러 개의 부업을 뛴 이후에야 사업 운영에만 전념해도 될 만한 재정적 안정을 얻었다.

당연한 얘기일 테지만 부지런해야 한다. 과감해야 한다. 겸허해야 한다(나는 대학을 나와서 화장실 청소를 하게 될 줄은 생각도 못했지만 화장실 청소 일을 했고 그때의 경험을 고맙게 여긴다). 말이 나왔으니 말이지만 무슨 일이 있어도 기꺼이 맡은 일을 해내는 사람으로 평판을 쌓는 데 이런 자세보다 더 좋은 방법이 있을까? 인맥을 쌓기에 이보다 더 좋은 방법이 또 있을까? 눈여겨보면 이런 사람들이 인생에서 성공한 그런 사람들인 것 같지 않은가?

다음은 비용 줄이기. 나에겐 금융 교육 회사의 CEO이자 두 아이를 둔 싱글맘 친구가 있다. 이 친구는 가족과 널찍한 고가의 집에 살다가 작고 저렴한 아파트로 이사했다. 이렇게 이사한 덕분에 월 지출액이 예전에 비해 푼돈 수준으로 크게 줄었다. 가족의 미래를 위해 투자할 현금 유동성이 크게 좋아지기도 했다. 처음엔 집을 줄여 이사하면 살기 힘들까 봐 걱정했지만 막상 이사하고 보니 그 반대였다. 가족은 정서적으로 예전보다 훨씬 가까워졌다. 서로의 삶에 더 관심을 가져주게 됐고 돈 문제가 마음을 무겁게 짓누르는 일이 줄면서 행복감과 안정감도 커졌다.

더 과감한 이사를 고려해볼 수도 있다. 경영대학원에 입학해 내가 맡은 온라인 경영학 프로그램에 등록했던 한 부부가 실제로 그런 이사를 했다. 부부는 여러 가지 다양한 사업 아이디어를 시험하면서 자금이 떨어질 걱정 없이 마음껏 실패하거나 방향을 전환하거나 변덕을 부려보고 싶어했다. 이렇게 저렇게 계산을 해보니 뉴욕의 브루클린 같은 비싼 동네에 살면서 여러 가지 아이디어를 시험해본다는 건 어림도 없을 것 같았다. 그래서 꼼꼼히 계획을 세워 가구를 보관소에 맡기고 벤처기업 친화적이고 생활비도 뉴욕에서 살던 때에 비해 푼돈 수준인 남미의 한 지역으로 이사를 갔다. 도가 지나친 결정처럼 느껴질지 모르지만 돈 핑계에서 벗어나 꿈을 해결하고 싶다면 바로 이런 식의 사고가 필요하다.

물건 팔기. 돈을 더 마련하기 위해서는 모교를 찾아가 중고품을 염가 판매하거나 이베이(eBay)나 크레이그리스트(Craigslist, 온라인 벼룩시장) 같은 사이트를 통해 가지고 있는 물건을 파는 방법도 있다. 내가 전에 알고 지내던 한 여성은 어떤 현장 교육에 참석해야겠다는 의지가 어찌나 강했던지 소파를 팔면서까지 표 살 돈을 마련하기도 했다.

장학금과 보조금. 펠그랜트(Pell Grant, 저소득층 학생들에게 연방 정부가 무상으로 일정액의 학비를 보조해주는 프로그램-옮긴이)와 관련된 한 연구에 따르면 2014년 한 해에만 (갚을 필요가 없는) 미국 연방 정부의 이

장학금 예산 중 29억 달러 정도가 사용되지 않았다고 한다.[9] 해결 가능성의 철학에 따라 행동하는 한 장학금과 보조금의 형태로 이용 가능한 자원은 막대하다는 얘기다.

크라우드펀딩(crowdfunding), 킥스타터(Kickstarter), 인디고고 (Indiegogo), 고펀드미(GoFundMe) 같은 사이트는 후원하고 싶은 기업체들과 인물들의 프로젝트에 기꺼이 돈을 내려는 개개인들을 모아주는 사이트 중 비교적 유명한 몇 곳이다. 'top crowdfunding sites'와 'current year'을 검색창에 입력해 잠시만 살펴봐도 이런 플랫폼이 갈수록 다양해지고 있음을 알 수 있다. P2P 대출(인터넷을 통한 개인 간 직접적인 금융거래. 불특정 다수로부터 투자금을 모아 대출을 원하는 사람에게 합리적인 이자율로 돈을 빌려주는 서비스-옮긴이)이나 학자금 펀딩 사이트에서 주식 투자에 이르기까지 플랫폼은 점점 확대되는 중이다.

지금까지 얘기한 아이디어 외에도 방법은 얼마든지 있다. 당신을 가로막는 건 외부의 장애물이 절대 아니다. 언제나 문제는 돈이나 시간이나 그 외의 뭔가가 부족한 게 아니라, 내면적 승부다. 창의성과 자원 동원력을 발휘하고 문제를 해결하기 위해 무슨 일이든 하려는 헌신적인 자세가 있어야 한다. 어떤 상황에서든 앞으로 나아갈 길을 찾거나 길을 만들려고 노력해야 한다.

핑계 3: "어디서부터 시작해야 할지 방법을 모르겠어."

이번 핑계에는 시간을 많이 할애하지 않을 생각이다. 솔직히 말해서 빈약한 핑곗거리기 때문이다.

우리는 인류 역사상 전례 없는 정보의 시대를 살고 있다. 점점 확산되는 인터넷이라는 기적 덕분에 거의 모든 주제나 기술의 기초를 몇 분 내에 배울 수 있다. 그것도 대개 100퍼센트 무료로 내 집에서 혼자 배울 수도 있다. 피터 다이어맨디스(Peter Diamandis)와 스티븐 코틀러(Steven Kotler) 공저의 《어번던스》에서 지적했듯이 "지금 현재 휴대폰을 가지고 있는 마사이족 전사는 25년 전의 미국 대통령보다 더 뛰어난 성능의 모바일폰을 쓰고 있는 것이다. 그리고 이 전사가 구글에 접속되는 스마트폰을 쓰고 있다면 불과 15년 전의 미국 대통령보다 더 많은 정보를 이용할 수도 있다".

당신이 뭘 알고 싶어하든 이미 그 답이 나와 있을 가능성이 크다. 이미 책이나 온라인이나 일정 형태의 미디어상에 설명돼 있기 마련이다. 강좌, 개인 교습, 멘토링, 견습 등을 통해 다른 사람에게 직접 배울 수도 있다. 아니면 명상, 기도, 일기 쓰기를 통해서나 심지어 샤워를 하다가 즉흥적 통찰로 깨달음을 얻을 수도 있다(이 부분은 나중에 더 얘기해보자).

요즘 같은 시대에는 이용 가능한 정보가 부족할 일이 없다. 일단 진정성 있게 시작했다면 이번 장과 이 책의 나머지 장에서 소개하는 모든 아이디어를 활용해 꿈을 해결해낼 때까지 꿋꿋이 밀고 나가라!

핑계를 뿌리 뽑는 비결은 당신의 꿈을 이루거나 깨뜨리는 건 다른 누구도 아닌 당신 자신이라는 사실을 받아들이는 거다.

문제 해결을 위한
액션 플랜

1. 처음엔 뭔가를 해낼 만한 시간이나 능력이나 자원이 없다고 믿었지만 어쨌든 해결해낸 경우는 뭐가 있었는가? 기억나는 대로 최대한 많이 써봐라. 너무 짜치거나 시시하다고 무시해서 하나라도 빼면 안 된다.

2. 풀거나 성취하거나 해결하려는 각오가 선 가장 중요한 목표는 무엇인가?(힌트: 앞 장에서 댔던 목표가 뭐였는가? 여기에 다시 써봐라. 반복의 효과를 잊지 말자.)

3. 이번 장을 읽기 전까지 스스로를 막아 세우는 데 가장 자주 내세웠던 핑계 3가지는 뭐였는가?

4. 이번엔 세 핑곗거리 모두를 줄을 그어 지워보자. 각각의 핑계가 더 이상 타당하지 않은 이유를 적은 후에 그 핑계를 없애기 위해 이제는 어떻게 생각하거나 말하거나 하려고 하는지도 써봐라.

예시

- 핑계 1: 박사 학위를 취득할 시간이 없다.
- 핑계 1이 거짓말인 이유: 내게 박사 학위가 정말로 그렇게 중요하

다면 시간을 내야 맞는다. 넷플릭스 몰아 보기를 끊고 매일 11시 전에 잠을 자서 아침에 더 일찍 일어나면 시간을 낼 수 있다. 아무 생각 없이 소셜미디어 둘러보기를 그만두고 한꺼번에 요리를 하는 방법도 있다. 이 목표가 내게 얼마나 중요한지 배우자와 함께 얘기하면서 목표를 이루기 위해 한 팀으로서 협력할 만한 일이 뭐가 있을지 논의해보면 된다.

- 핑계를 댈 게 아니라 다른 식으로 생각하거나/말하거나/할 수 있는 일을 찾아보자. 우리는 언제나 중요한 일을 위해서는 시간을 낸다.

- 구체적 실행 방안: 스케줄에 과감한 변화 주기. 오늘부터 당장 박사 과정 프로그램에 대해 조사하기. 이렇게 할 의지가 도저히 안 생긴다면 그때는 이 얘기는 그만하고 마음에 환한 빛을 켜주는 새로운 목표 찾기.

5. 7일간의 시간 추적. 시간 부족이 당신의 주된 핑계라면 앞으로 7일 동안 시간 추적을 해봐라. 앞에서 소개한 제안들을 다시 떠올리면서 스마트폰이나 태블릿을 사용한다면 무료 앱 모먼트를 다운받아 (아니면 iOS의 스크린 타임 기능을 활성화해) 당신의 스크린 타임과 앱 사용 빈도를 추적하면 된다.

7일이 지나면 시간 기록을 다시 살펴보면서 (가능한 경우엔) 모먼트 앱이나 iOS의 스크린 타임 기능의 통계 수치도 확인해라. 다음의 질문에 답해보면서 당신이 자신의 가장 귀한 자원을 어떻게 쓰고 있는지 객관적으로 짚어봐라. 질문들이 유도하는 바와

월요일

시간	활동 내용	노트/통찰
오전 6:30 ~ 6:57	눈을 뜬 후 휴대폰 확인함	나는 뉴스, 트위터, 인스타그램을 둘러본다. 대체 왜 이러는 걸까?
오전 6:57 ~ 7:06	커피를 내린 후 노트북을 보다가 브라우저의 추가로 열어놓은 탭들을 닫음	나는 노트북을 보다 생각 없이 습관적으로 이메일을 반복해 확인한다.
오전 7:07 ~ 7:14	샤워	
오전 7:15 ~ 7:19	휴대폰 확인	문자에 답장하고 소셜미디어 확인함
오전 7:19 ~ 7:46	옷을 갈아입고 머리를 매만지면서 나갈 준비를 함	

상관없는 경우도 있을 거다. 이 질문들을 참고삼아 자신만의 질문을 생각해보는 것도 권한다.

- 이런 활동이 내 가장 중요한 가치관과 목표에 들어맞는 정도를 1부터 10까지의 숫자로 매긴다면?(1=당신이 가장 바라는 것으로 내세우는 바와 반대됨/10=당신의 가치관과 목표에 전적으로 일치함)

- 이게 정말로 꼭 필요한 활동일까? 꼭 필요한 활동이라면 더 빠르게 마치거나 빈도를 줄일 방법은 없을까? 일괄화하거나 자동 처리로 전환할 수는 없을까? 다른 사람에게 맡길 수는 없을까?

- 일시적으로든 영구적으로든 이 활동을 하지 않을 경우 그 뒤에 일어날 만한 가장 좋은 일은 뭘까? 단기적 및 장기적으로 가장 좋아질 만한 부분이 뭘까?

- 내가 이 활동을 일시적으로든 영구적으로든 그만할 경우 일어날 만한 최악의 결과는 뭘까? 단기적 및 장기적으로 발생할 거라 예

상되는 최악의 결과가 뭘까?

6. 꼭 해야 하면 하게 돼 있다. 목숨을 구할 하루 2시간의 계획을 적어봐라. 담당 의사가 전화해서 들려준 말을 똑똑히 기억하면서 적어야 한다. 목숨을 구할 유일한 기회는 앞으로 3개월 동안 매주 7일을 하루도 빠짐없이 2시간씩 아무런 방해 요소 없이 조용히 앉아 있는 것뿐이라고 했다. 다른 치료 방법은 없다. 당신은 어떻게 할 텐가?

● 보너스 조언

당신이 생각하고 말하고 각인시키는 말은 현실이 된다. 핑계를 대거나 '할 수 없다'는 말을 하고 있는 자신을 발견하면 언제든 멈춰야 한다. 그런 생각에 반발해라. 정말로 할 수 없는 거야? 할 수 없다기보다 안 하려는 건 아니고? 아니면 하고 싶지 않든 가? 지금 나는 말뜻의 차이를 따지자는 게 아니다. 당신이 '할 수 없다'고 말하면 그건 당신이 자신의 시간이나 선택의 통제권을 쥐고 있지 않다는 메시지를 보내는 셈이다. '할 수 없다'고 말하지 말고 '하고 싶지 않다'는 식의 더 솔직한 마음을 밝혀라. 다음은 보너스 조언이다. 과거에 성취하거나 경험해보고 싶었지만 핑곗거리를 만들었던 어떤 일을 떠올려보자. 그런 후 다음 구절을 소리 내어 읽어봐라.

사실…

나는 그 일을 그다지 하고 싶지 않아.

지금 당장 급한 일도 아니야.

그렇게 중요한 일도 아니고.

그렇게 열심히/위험을 감수하면서/노력을 기울이면서/기타 등

등의 정도까지 하고 싶지는 않아.

그럼 된 거야.

(진지하게 한 번 더 소리 내서 말해봐라!)

어떤가? 기분이 훨씬 나아지지 않았는가?

● 보너스 추천 〈마리TV〉

1. 평계 금지 에피소드. 여기에서 나는 평계 없는 삶이 주는 효
   과를 다룬 아주 독특한 동영상을 제작한 저지 마리라는 캐
   릭터로 나온다. 평계에 일종의 따끔한 야단을 쳐야 할 필요
   가 생기면 언제든 검색창에 'Marie Forleo No Excuses'를
   입력해보길.

2. 테레라이 트렌트 박사와 함께 알아보는 불가능한 꿈을 이
   루는 방법. 트렌트 박사가 들려주는 인생사는 말로 표현하
   기 힘들 만큼 인상적이다. 아주아주 감동적이면서 용기와
   사기를 북돋워주는 인터뷰가 보고 싶다면 검색창에 'Marie
   Forleo'와 'Tererai Trent'를 입력해보길.

무엇보다도, 당신 삶에서
피해자가 아닌 주인공이 돼라.

노라 에프론(Nora Ephron)

EVERY THING IS FIGURE OUTABLE

삶의 그 무엇도 두려움의 대상은 아니다.
이해해야 할 대상일 뿐이다.
이제는 더 많이 이해하면 그만큼 두려움은
줄어든다는 걸 알아야 할 때다.

마리 퀴리(Marie Curie)의 발언으로 추정됨

4장

두려움에
맞서는 법

예전에 남편 조시와 시칠리아 연안의 아름다운 섬 살리나에 다녀온 적이 있다. 살리나로 들어가는 가장 좋은 교통수단은 스쿠터다. 그때 나는 스쿠터를 안 타본 지 못해도 20년은 됐지만 다시 타볼 생각에 들떠 있었다. 푹푹 찌는 7월 낮이라 반바지 차림으로 조시와 함께 호텔에서 스쿠터 대여소까지 걸어갔다. 혈통이 무색하게도 내 이탈리아어 실력은 형편없는 편인데 하필 대여소 사장도 영어를 잘 못했다. 구글 번역기를 돌리고 우리 둘 다 혼신의 손짓 발짓까지 동원한 끝에 그녀가 제일 묻고 싶었던 말이 뭔지 이해했다. "스쿠터 잘 타세요?" 나는 이렇게 대답했다. "아니요. 전부 다 알려주세요."

그녀는 조종법을 간략하게 가르쳐줬다. 기본적으로 "가속을 하려면 이렇게" 스로틀 레버를 잡고 돌리고 "브레이크를 넣으려면 이렇게" 브레이크 레버를 꽉 쥐면 된다는 얘기였다. 듣기로는 쉬울 것 같았다. 그런데 웬걸, 착각이었다.

나는 헬멧을 단단히 조여 쓴 후 시동을 걸고 천국으로 달려갈 준비를 했다. 이때까지는 오른쪽 레버가 앞바퀴 브레이크고 왼쪽 레버가 뒷바퀴 브레이크라는 걸 미처 모르고 있었다. (무슨 자신감이었는지) 나는 아직 조종법도 제대로 모르면서 (세게) 가속을 넣었다가 덜컥 겁에 질려서 양쪽 브레이크를 동시에 꽉 쥐었다.

불과 3초 사이에 스쿠터가 쌩하고 나갔다가 휙 뒤집히며 몸이 튕겨나가는 바람에 나는 아스팔트에 맨 무릎을 찧고 110킬로그램이 넘는 스쿠터에 깔렸다. 지나가는 차들이 없었기에 망정이지 정말 큰일 날 뻔했다. 조시와 대여소에 있던 사람들이 스쿠터를 들어 올려 바로 세우고 나를 도로변으로 끌어당겼다. 신기하게도 나는 뼈 한 군데 부러지지 않았다. 출혈도 없었다. 단지 놀라서 간이 오그라든 채로 밀려오는 창피함과 무안함에 어쩔 줄 모를 뿐이었다. 완전 바보가 된 기분이었다.

당연한 말이지만 사장은 내가 다시 스쿠터 운전석에 앉지 않길 바랐다. 대신 조시에게 더 큰 스쿠터를 권하며 나는 편히 그 뒷자리에 타고 가면 어떠냐고 물었다. 그 순간 내게는 2가지 선택지가 있었다.

(A) 괜히 흥분하지 말고 얌전히 뒷자리에 탄다.

(B) 엉덩이를 털고 일어나 다시 스쿠터에 올라타서 나나 다른 사람의 목숨이 위험할 일이 없도록 안전 주행 요령을 배운다.

나는 B를 선택했다. 이유는 이랬다.

사람이 쉽게 쉽게만 가면 강해지지 못한다. 나는 두려움이 뼛속까지 배어들어 굳어지길 바라지 않았다. 주눅 들어 움츠러들고 무기력해지고 싶지 않았다. 나는 실수를 저질렀을 뿐이고 실수 좀 했다고 포기할 내가 아니었다.

그래서 크게 심호흡을 하고 나서 다시 스쿠터에 올라탔다(물론 그

때까지도 떨고 있었다). 하지만 이번엔 주위 모든 사람에게 철두철미하리만큼 세세하게 설명을 들으며 뭘 하고 뭘 하지 말아야 하는지 꼼꼼히 배웠다. 그런 후에 아주 천천히 스쿠터를 다시 몰아봤다. 도로 옆길에서 잠깐 시험 주행도 해봤다. 그날 느지막이 나는 비교적 느긋하게 살리나섬 곳곳을 질주할 수 있었다. 그리고 그 며칠 동안 내 인생 최고의 시간을 누렸다.

아무리 반복해서 강조해도 지나치지 않은 말이지만 우리는 누구나 넘어진다. 모든 사람이 육체적으로나 정서적으로나 창의적으로나 금전적으로나 사회적으로 겁나 넘어진다. 이건 인간의 성장 과정에 포함된 고유의 특징이다. 하지만 이렇게 생각해보면 견뎌낼 실마리가 보인다. 추락은 바닥을 찍어야만 끝난다.

들어봤을지 모르지만 일부 사람들 사이에서 'FEAR(두려움)'는 'False Evidence Appearing Real(진짜처럼 보이는 가짜 증거)'의 약어로 통한다. 좀 까불까불한 버전으로 'Fuck Everything and Run(모두 다 집어치우고 도망칠 것)'의 줄임말로 통하기도 한다. 내가 더 좋아하는 건 진취적인 버전의 줄임말인 'Face Everything and Rise(모든 것에 맞서 싸워라)'다. 그럼 지금부터 두려움에 대해, 또 두려움을 분해하고 잘 다뤄 줄일 수 있는 여러 가지 방법에 대해 더 자세히 살펴보면서 해결 가능성의 여정을 계속 이어가보자.

받아들여야 하는 F로 시작하는 단어

인간에게 두려움을 주신 것에 하느님께 감사드려야 한다. 두려움이 없다면 우리는 모두 살아 있지 못할 테니 말이다. 하지만 이번 장에서 얘기하려는 건 우리를 무사히 살아 있게 해주는 두려움(이를테면 빠르게 달려오는 열차 앞에 서 있는 경우의 두려움)은 아니다. 우리를 자꾸 작아지고 꼼짝 못하게 만드는 두려움에 대해 얘기하려 한다.

'FEAR'는 F로 시작하는 단어 중에서도 가장 잘못 이해되고 있는 단어다. 분석되지 않은 채 방치된 두려움은 꿈말살범이다. 영혼의 억압자다. 평범함 지도계의 최고 장인이다. 퀴즈쇼 〈패밀리 퓨드(Family Feud)〉에서 진행자 스티브 하비(Steve Harvey)가 "인간이 최고의 잠재력을 발휘하지 못하게 막는 건 뭘까요?"라고 묻는다고 가정한다면 응답자들은 두려움을 첫 번째로 꼽을 거다.

인간은 누구나 두려움을 느낀다. 정상급의 예술가, 운동선수, 작가, 공연자, 부모, 사업가, 사회운동가, 기업가, 과학자, 군 지휘관이라고 해도 예외는 아니다. 당신이 아는 사람들과 존경하는 사람들도 다 두려움을 느낀다. 모두가 툭하면 두려움을 경험한다. 두려움을 느낀다고 해서 쇠약하거나 나약한 사람인 건 아니다. 인간이기 때문에 당연히 느끼는 거다.

하지만 이 질문에는 어떻게 답해야 할까? 어떤 사람들은 두려움 앞에서 무기력해지고 또 어떤 사람들은 두려움을 돌파해나간다. 그 이유는 뭘까? 바로 이런 돌파력이 꿈을 꾸는 사람과 꿈을 이루는 사람을 가르는 차이다. 이번 장을 읽고 나면 당신은 후자에 속하는 사람이 될 거다. 다른 모든 것과 마찬가지로 두려움도 해결 가능한 문제다.

그리고 해결해야 한다. 당신이 탐구하거나 바꾸거나 극복하고 싶은 게 뭐든 그 여정 내내 두려움이 고개를 들게 돼 있기 때문이다. 이 대목에서 반가운 소식 하나. 분석되지 않은 두려움은 채굴되지 않은 금과 같다. 두려움에는 금을 가려내기 위해 흙을 일 만큼 현명하고 끈기 있는 이들을 위한 부가 내포돼 있다.

당연한 얘기지만 나로선 당신을 주저하게 하는 두려움이 정확히 뭔지 알 수 없다.* 내가 당신의 두려움을 안다고 해도 어떤 상황에서든 누구에게나 효과 있는 만병통치약 같은 건 없다. 두려움은 수많은 특징과 강도를 띠면서 나타난다. 손바닥에 땀이 나고 배 속이 울렁거리는 정도부터 머릿속에서 악몽 같은 시나리오들이 전개되는 극심한 병적 공포에 이르기까지 다양하다. 또한, 누구나 두려움을 부르는 자신만의 애칭이 있다. 몇 가지만 예를 들면 걱정, 스트레스, 불안, 패닉, 공포, 무대 공포증 등이다. 게다가 우리 각자는 어린 시절의 트라우마와 10대 시절의 수치심부터 성인기에 걸쳐 쌓이고 쌓인 이런저런 정서 경험에 이르기까지 자신만의 독자적이고 중첩된 정서 내력으로 복잡하게 얽힌 감정을 지니고 있다. 사실 지금까지의 얘기는 굳이 말할 필요도 없는 다음의 사실을 강조하기 위한 것이었다. 두려움은 복잡하고 다면적이다. 다수의 훌륭한 저서, 강의, 치료법이 두려움에만 초점을 맞추는 이유도 그 때문이다.

두려움을 다른 에너지로 변환하는 건 과학보다는 예술에 더 가깝다. 사람에 따라 효과 있는 방법이 다르다. 따라서 다음의 제안들

● 사람들 사이에서 가장 흔한 두려움은 자신이 부족한 것 같다는 두려움과 사랑받지 못할 거라는 두려움이다. 둘 중 하나라도 느껴본 적이 있는가? 그렇다면 반갑다, 동지.

나의 인생을 바꾼 성공 공식 everything = figure out

을 서로 섞어보고 조합해보고 실험해봐야 한다. 이 제안들에는 두려움을 생산적이고 창의적인 에너지원으로 전환할 수 있는 인지적 · 정서적 · 신체적 전략들이 골고루 섞여 있다. 내가 직접 수년 동안 활용하고 또 가르쳐와서 하는 말이지만 진지한 자세로 활용하면 정말 효과가 있다.

두려움은 적이 아니다

우리가 가장 많이 저지르는 최대 실수는 두려움을 적으로 둔갑시켜버리는 거다. 우리와 우리 꿈 사이에 우락부락하고 악의로 가득 찬 괴물이 서 있다고 생각한다. 하지만 이게 잘못된 생각일 뿐 아니라 우리에게 이로움보다는 해를 더 많이 끼친다면? 실제로는 우리를 막는 게 아니라 도우려는 목적을 띤 이 자연스러운 감정에 대해 기운 빠지는 얘기를 믿도록 학습된 거라면?

두려움은 우리 조상들이 호랑이에게 잡아먹히지 않도록 지켜준 진화적 반응이다. 요즘엔 바로 그 본능이 달리는 차에 치이지 않도록 지켜주고 있다. 아무리 인색하게 말해도 유용한 본능이다. 그런데 본질적으로 두려움은 제대로 이해하기만 하면 언제든 유용하다.

두려움은 코를 납작하게 해주거나 무찔러야 할 대상이 아니다. 두려움이 하는 말을 귀 기울여 들으면서 그것이 주는 선물을 알아채야 한다. 아기 침대에서 응애응애 우는 갓난아기나 계속 짖어대는 개를 생각해보자. 이 갓난아기나 개는 뭔가를 전달하기 위해 최선을 다하고 있지만 의사를 분명히 표현할 언어능력이 없다.

두려움도 마찬가지다. 두려움은 자신이 가진 유일한 수단, 즉 당신에게 느낌을 전달하는 능력으로 의사를 표현한다. 그리고 당신이 두려움의 존재를 감지하면 인심 좋게도 경보를 울려준다. 당신이 주의를 기울이게 하려고 최선을 다한다. 이런 주의 기울이기는 전투 장비를 내려놓고 미소를 머금고 두 팔 벌려 두려움을 마주하게 도와주는, 미묘하면서도 중요한 차이를 만든다.

두려움은 적이 아니다.
겁이 나지 않을 때까지의 기다림이다.

겁나 중요한 내용이라 다시 한 번 강조한다. 두려움은 적이 아니라 겁이 나지 않을 때까지의 기다림이다. 두려움을 '무찌르거나 제거하려는' 시도에 질척거려봐야 꼼짝없이 발목 잡힐 뿐이다. 두려움은 당신이 살아 있는 한 당신의 벗이다. 당신이 경험이나 성공이나 명성을 아무리 많이 쌓는다 해도 두려움은 수시로 느끼게 돼 있다. 더 이상 두려움을 느끼지 않게 되는 마법 같은 날이 오면 그제야 비로소 행동하겠다는 식의 생각에 현혹돼선 안 된다. 그런 일은 일어나지 않는다. **행동은 두려움의 해독제다.** 두려움을 분해해준다. 두려움을 해독제로 활용하는 비결은 행동을 취하면서 당신 자신이 두려움을 느끼도록 허용해주는 거다.

식은땀이 흐르든 말든 결정을 내려라. 목소리가 떨려도 대담하게 소신을 밝혀라. 몸이 덜덜 떨려도 스쿠터를 타라. 토할 것 같아도 속도를 높여라. 배 속이 조여와도 피치덱(pitch deck, 투자자들에게 선보이기 위한 목적으로 만들어진 회사 비즈니스 모델 자료-옮긴이)을 보내라. 어려운 문제라 선뜻 말을 꺼내기가 주저돼도 대화를 나눠라. 머릿속으로 스트레스를 받으며 스스로에게 공포심을 지우는 것보다 행동하는 편이 훨씬 편안하다. 두려움에서 벗어나는 가장 빠른 방법은 두려움을 정면으로 돌파하는 거다.

두려움이 행동을 자극하면 그 두려움은 보약이 된다. 아이들의 양육권을 잃을까 봐 두려운 마음에 술을 완전히 끊게 되면 감사할 일이다. 두려움이 스스로를 다시 사랑하도록 이끌어준 거니까. 빚더미에 깔려죽을 것 같은 두려움에 경제생활을 체계화하게 된다면 두려움이 빚더미에서 해방시켜주는 셈이니 감사할 일이다. 손주들의 졸업도 못 보고 심장마비로 죽을까 봐 두려운 마음에 야채를 더 먹게 된다면 두려움이 더 오래, 더 건강하게 살게 해주는 셈이니 얼마나 감사한가.

두려움은 적이 아니라 우군이다. 자상한 전령이자 듬직한 벗이어서 언제나 당신의 뒤를 지켜준다.

두려움은 영혼의 GPS다

십중팔구 두려움에는 방향성이 있다. 우리 영혼이 가고 싶어하는 정확한 방향을 가리켜주는 이정표나 마찬가지다.

두려움이 (당신을 살리려는 게 아니라) 방향을 가리킬 경우 어떻게 감지할까? 마음이나 머리에서 어떤 생각을 떨치지 못하는 것, 그게 하나의 신호다. 노래 수업 수강, 제과점 개업, 아동 도서 집필, 멀리 떨어진 지방으로의 이사, 스페인어 공부, 지점 운영, 관계 유지나 절연 같은 즐겁거나 모험적이고 창의적인 별의별 도전이 아무리 생각하지 않으려 애써도 자꾸만 생각난다면 두려움이 방향을 가리켜주는 거다.

그 생각을 따르면 어떨지 상상해보면 언제나 겁이 날 거다. 하지만 두려움은 말로 소통하는 게 아니라 느낌을 전달하는 식으로 최선의 메시지를 보낸다. 그런데 바로 이 지점에서 우리는 곧잘 그릇된 판단을 내린다. 두려움 같은 느낌을 '위험, 정지, 더 가면 안 됨'의 의미로 해석하고 만다. 마침 때맞춰 머릿속의 목소리가 위험으로 인지된 그것으로부터 당신을 멀리 떨어뜨리기 위해 궁리한 이런저런 합리화를 떠들어대기까지 한다.

- 너 바보야? 하지 마.
- 그걸 하기엔 나이가 너무 많아.
- 넌 너무 어려. 누가 네 말을 진지하게 들어주겠어?
- 그냥 지금 가진 것에 감사하면서 살아.
- 이제는 때를 놓쳤어. 받아들여.
- 어떻게 시작해야 할지도 막막하면서 뭘 하겠다는 건데.
- 넌 집중력이 부족해서 안 돼.
- 넌 끝까지 해내는 실행력이 없어서 안 돼.
- 괜히 빚만 잔뜩 지면 어쩌려고.
- 온라인에서 악플에 시달리게 될걸.

- 이 일은 너한텐 무리야.
- 지금까지 해온 그 모든 노력을 물거품으로 만들려고 그래?
- 주제넘는 짓이야. 하지 마.
- 넌 재능이 없어.
- 이미 개나 소나 다 뛰어든 분야잖아. 더 좋은 방법을 생각해.
- 얼빠진 생각 좀 하지 마.

결국 아무런 행동도 하지 않게 된다. 제로성장과 안전빵의 삶을 이어가게 된다.

하지만 이 신호를 잘못 해석한 거라면? 두려움의 메시지가 '위험'이 아니라 '해봐!'의 의미였다면? 두려움이 펄쩍펄쩍 뛰고 손을 흔들어대며 온 힘을 다해 야단을 피우고 있었던 거라면? '잘한다! 그래! 그거야! 이건 충분히 해볼 만한 일이야! 계속 밀어붙여. 해보라고!' 두려움은 제 의무를 다해 신호를 보냈다. 그 신호를 놓친 건 우리의 잘못된 해석이었던 셈이다.

스티븐 프레스필드(Steven Pressfield)가 그의 획기적인 저서《최고의 나를 꺼내라!》에 쓴 다음 글을 읽어보자.

일이나 소명이 겁날수록 그것을 해야 한다는 확신을 가질 만하다. (중략) 그러니 특정 모험에 대해 두려움을 많이 느낄수록 그 모험이 우리와 우리 영혼의 성장에 중요한 의미가 있다는 확신을 가져라.

이런 관점에서 보면 우리의 두려움은 행동을 지지해주고 방향을 제시해주는 존재이지 수치심이나 나약함의 증거가 아니다. 두려움을 외면해서는 안 된다. 오히려 그렇게 명확한 본능적 인도를 받고 있다는 사실에 감사해야 한다. 금맥을 찾도록 안내받는 셈이니까. 생각해봐라. 가슴속 생각이 그렇게 대단한 본능적 반응을 일으켰다면 틀림없이 탐구할 가치가 있는 뭔가가 있다는 의미 아닐까?

그렇지만 단지 당신의 영혼이 뭔가를 추구하고 싶어한다고 해서 그 일이 쉬울 거라고 생각하면 안 된다. 장담하는데 그럴 일은 없을 거다. 계기판을 확인하고 안전 헬멧을 꽉 조여라. 이제 당신은 모험에 나서는 거다. 그 여정에서 재미, 눈물, 놀라움, 혼란, 실수, 수많은 돌파구(그리고 실패)를 만나게 될 테니 각오해라. 해결 가능성의 철학은 고통 없는 삶을 약속해주지 않는다. 후회 없는 삶을 약속해줄 뿐이다.

당신이 가는 길에 무슨 일이 생기든 해결해낼 수 있다는 생각을 뼛속 깊이 새기고 있으면 위험을 감수하기가 훨씬 덜 무서워진다. 말이 나와서 하는 말이지만 소리 내서 '해결 불가능한 문제는 없다'고 말하면 자기 회의를 진정시키는 데 매우 유용하다. 성스러운 주문을 외듯 반복해서 되뇌어봐라. (나는 정말로 그렇게 한다.) 그러면 정신이 안정되고 집중력이 생긴다.

해결 불가능한 문제는 없다.

해결 불가능한 문제는 없다.

해결 불가능한 문제는 없다.

이렇게 말하는 독자가 분명 있을 거다. "하지만 현실적인 두려움은 어쩌라고요? 임대료를 못 내거나 돌이킬 수 없는 멍청한 실수를 저질러 남은 평생과 더불어 혹시라도 사랑하는 사람들의 삶까지 망칠까 봐 두려운 마음은 어쩌냐고요?"

정말 좋은 지적이다. 지금부터 그 문제를 다룰 방법을 알아보자.

두려움 길들이는 법

두려움이 사람을 약하게 만드는 원인 중 하나는 모호함이다. 우리는 두려움을 느낄 때, 충분히 시간을 들여 근원을 철저히 파헤치거나 그 가능성을 따지지 않는다. 그래서 두려움이 그대로 실현될 가능성이 얼마나 될지 감을 잡지 못한다. 두려움이 실현될 경우 어떻게 대응할지에 대한 실질적 계획도 없다. 이는 눈을 감고 손가락으로 귀까지 틀어막은 채 꽥꽥 비명을 지르며 두려움이 마법처럼 저절로 사라지길 바라는 격이다. 회피한다고 해서 두려움이 사라지는 않는다. 두려움은 행동을 해야 소멸된다.

그러니 회피할 게 아니라 다음 순서대로 해보자. 먼저 흥분되지만 두려움을 유발하는 이 생각을 밀고 나갈 경우 일어날 만한 최악의, 최악의, 최악의 시나리오를 글로 써보는 거다. 철저히 분석하면서 써야 한다. 그다음엔 이 최악의 시나리오가 일어날 가능성의 정도를 1에서부터 10까지의 숫자로 매겨본다. 1은 일어날 것 같지 않은 정도고 10은 일어날 게 거의 확실한 정도다. 마지막으로 이 최악의 시나리오(당신이 꿀 수 있는 최악의 악몽)가 정말로 일어나는 상황을 상상해본다. 그런 상황이 닥치면 어떻게 할 텐가? 어떻게 수습

하고 보강하고 재기할지에 대한 행동 계획을 써보자.

나도 사업을 시작할 때 간략하나마 이 순서를 따랐다. 내가 가정한 최악의 시나리오는 쫄딱 망해서 굴욕감에 빠지는 거였다. 현실적인 측면에서 따지니 생활비도 제대로 못 벌 것 같았다. 실패한 모험으로 몇 년의 인생을 허비할 가능성도 있었다. 친구들 사이에선 웃음거리가 되고 가족들을 실망시킬지도 몰랐다. 남은 평생을 바텐더 일과 잡일을 전전하며 살게 될지도 모를 일이었다.

나는 스스로를 다그쳐 그 이후의 상황까지 가정해봤다. 이 최악의 시나리오대로 일어나고 일이 너무 안 풀려서 바텐더 일까지 잃으면 그땐 어쩌지? 그렇게 파고들다 보니 내 궁극적 두려움은 모든 걸 잃고 밥벌이도 못하게 되는 상황이었다. 돈 한 푼 없이 직업도 없고 살 집도 없으면 어떻게 될지 상상해봤다. 수치심을 떠안고 혼자가 돼 빈털터리에 집도 없이 살게 되는 것, 그게 내겐 최악 중에서도 최악의 시나리오였다.

그렇다면 이 최악의, 최악의, 최악의 시나리오가 실제로 일어나면 어떤 식으로 재기해야 할까? 그에 따른 행동 계획을 어떻게 짜야 할까? 내 계획은 이랬다.

- (직종을 가리지 않고) 다른 직업을 구할 때까지 발바닥이 닳도록 구직 활동을 한다.
- 다시 자립할 때까지 가족이나 친구들의 집에서 얹혀산다(반드시 자립에 성공해야 한다).
- 구원처를 찾거나 그 외의 방법을 찾아 무너진 내 삶을 다시 일으

나의 인생을 바꾼 성공 공식 everything = figure out

킨다. 얼마나 힘이 들건, 얼마나 오래 걸리건 꼭.

생각해보니 이런 생활을 견디며 감수할 수 있을 것 같았다.

그 후에 나는 종이를 뒤집어 최상의 시나리오를 썼다. 꿋꿋이 밀고 나갈 경우 얻을 만한 잠재적 이득을 모조리 상상해봤다. 다음이 내가 상상한 이득의 일부다.

- 내 천성에 맞는 일을 하면서 얻는 즐거움과 행복.
- 남들에게 긍정적 영향을 주면서 얻는 충족감.
- 재정적 여유.
- 가족과 친구들을 챙겨줄 수 있는 능력.
- 남들에게 베풀어줄 자원과 내가 믿고 살아갈 신조.
- 사회 변화에 힘을 보탤 플랫폼.
- 존경하는 사람들과 협력할 기회.
- 원하는 곳 어디에서든 살 수 있는 자유.
- 여행과 모험.
- 지속적인 배움과 성장과 창의성 발휘.
- 후회 없는 삶.

마음이 쿵, 울렸다. 이 목록에서 단 몇 가지만 경험해도 행복하게 죽을 것 같았다. 그 무엇도 장담 못한다는 걸 알면서도 이 밝은 면의 잠재성이 최악의 시나리오보다 훨씬 더 무게 있게 다가왔다.

어떤 생각을 밀고 나가기 겁나는 게 이치에 맞는다고 여겨진다면 15분 정도 시간을 내서 당장 이 순서대로 해보길 권한다. 머릿속으로만 생각하고 끝내지 말고 종이에 쓰면서 명확히 정리해야 한다. 우선 일어날 법한 궁극적인 최악의 상황과 그 일이 정신적·정서적·재정적으로 어떤 타격을 줄지 적어라. 돈을 잃는 문제인지, 자존심이나 평판을 해칠 것 같은지, 일자리를 잃거나 사업이 망할 위험이 있는지, 가족이나 사랑하는 이들을 실망시킬 가능성이 있는지 등을 따져보는 거다. 그런 다음 스스로에게 물어봐라. '좋아. 정말 그렇게 될 경우 최악의 상황은 뭘까?' 상상 가능한 궁극적인 최악의 상황에 이를 때까지 계속 파헤쳐나가야 한다. 완전 바닥까지 파 내려가봐야 한다. 그다음엔 그 최악의 시나리오가 실제로 일어날 가능성의 정도를 1~10의 숫자로 매겨라. 가능성이 희박하면 1로, 확실한 수준이면 10으로 매기면 된다. 그 뒤엔 다시 일어서기 위해 취할 수 있는 조치를 구체적으로 적어라.

이렇게 하다 보면 가정한 상황이 전부 다 발생한다 해도 (특히 잠재적 문제를 미리 다뤄놓은 경우일수록. 물론 그럴 가능성은 극히 낮지만) 언제든 자신을 다시 일으켜 세우기 위해 할 수 있는 일이 있다는 사실을 깨닫게 된다.

최악의 시나리오는 대개 일어날 가능성이 낮은 상황들인데 그런 상황이 발생하지 않게 예방할 방법과 발생할 경우의 대처 방법을 빈틈없이 짜두면 그 가능성이 훨씬 더 줄어든다.

가장 불길한 두려움과 재기 계획을 글로 써서 명확히 파헤쳐봤다면 이제 관점을 뒤집어볼 차례다. 이번엔 최상의 시나리오를 써본다. 생각대로 밀고 나갈 경우 일어날 법한 긍정적인 면은 뭐가

나의 인생을 바꾼 성공 공식 everything = figure out

있을까? 환희와 열정의 불길이 되살아나지 않을까? 배우면서 성장하기도 할까? 두고두고 후회할 일 없이 살게 되겠지? 다른 사람들에게 긍정적인 영향을 미치게 될지도 몰라. 금전적 보상도 따를 테고 창의성도 늘어날 거야? 대인 관계도 좋아지겠지? 위험을 감수하고 밀고 나가야만 뒤따를 만한 그런 자유들도 얻지 않을까? 가능한 한 명확하고 구체적으로 이런 좋은 상황들을 쭉 적어봐라.

이렇게 하고 나면 이제는 당신이 구상한 아이디어의 1단계(지금 당장 온 신경을 쏟아야 할 부분)를 추진하거나 궁극적 최악의 시나리오와 재기 계획이 감수할 만한 수준으로 계획을 조정할 차례다. 여기에서의 조정은 거대한 꿈을 더 이행 가능하고 성취 가능한 단위로 분해하는 거다. 다니던 직장을 그만두고 미국의 베스트셀러 작가가 되겠다고 나설 게 아니라 일을 계속하면서 첫 번째 단편소설을 쓰는 식이다. 그럼 부담이 더 큰 위험을 감수하기 전에 먼저 작은 단위로 실험을 해볼 수 있다(예: 3년이 아니라 3주 동안 해외에 거주하며 일해보기).

두려움을 모호한 상태로 놔두지 않는 게 관건이다. 두려움을 지면상에서 정면으로 마주해라. 그럼 당신의 가장 큰 두려움도 해결 가능한 종이호랑이에 지나지 않는다.

언어의 연금술 이용하기

○ 세상에 좋거나 나쁜 것은 없다.
　그저 생각하기에 따라 좋거나 나쁜 것이 될 뿐이다.
　윌리엄 셰익스피어(William Shakespeare)

조시의 아빠는 유명한 이론물리학자셨고 아인슈타인(맞다, 당신이 생각하는 그 아인슈타인이다)과 함께 일했던 분이다. 조시가 어렸을 때 아빠가 그러셨단다. 지극히 심원한 차원에서 보면 우주 만물은 똑같은 물질로 만들어졌다고. 참나무, 스포츠카, 인간의 손을 비롯한 모든 게 원자와 에너지로 이루어져 있으며 계속해서 변하는 주파수로 진동한다고.

조시는 자라서 배우가 됐고 TV, 영화, 연극 무대를 넘나들며 연기 활동을 펼치면서 커미티드임펄스(Committed Impulse)를 설립하기도 했다. 배우와 연설자에게 자연스럽고 감동적인 연기를 지도해주는 곳이다.

커미티드임펄스에서 가장 인상적으로 꼽히는 한 수업에서는 감정을 '좋고', '나쁨'의 개념으로 나누는 방식에 반대하는 것을 전제로 시작한다. 실제로 두려움이나 초조함, 불안을 비롯해 소위 '나쁜' 감정으로 여겨지는 모든 감정이 단지 다양한 주파수로 진동하는 원자와 에너지일 뿐인데 우리가 '나쁜' 감정으로 분류하도록 배워온 거라면 어떨까? 예를 들어 두려움이라고 부르는 감정을 순전히 신체감각으로 표현한다면 어떻게 말하겠는가? 사람에 따라 저마다 배 속이 파르르 떨리는 느낌, 가슴이 조여오는 느낌, 심장이 무겁게 내려앉는 느낌 등으로 표현할 테다. 그 두려움은 정확히 어디에 있을까? 목? 이마? 아니면 엄지발가락? 색깔, 모양, 질감, 이동 패턴은 어떨까?

그런 신체감각의 의미에 대해 이러쿵저러쿵 부정적으로 떠들어대는 내면의 소리는 모두 몰아내라. 그 감각들이 정말 그렇게 끔찍

할까? 신체감각들에 대한 극성스러운 머릿속 수다 없이 그 신체감
각 자체만 느껴본 적은 없는가? 물론 기분 좋은 느낌은 아니겠지만
도저히 못 참을 정도일까? 어쩌다 한 번도, 심지어 단 몇 분도 겪기
싫어 당신의 가장 큰 꿈을 포기할 만큼 그렇게 못 참겠는가?

　다음의 질문을 곰곰이 생각해봐라. 이전에 '두려움'이라고 분류
했던 감정이 전혀 다른 감정일 가능성은 없을까? '두려움'이라고
여겼던 신체감각이 혹시 기대나 고대 아니면 심지어 굉장한 설렘
으로 이름 붙여도 될 만한 감각일 가능성은?

　이 대목에서는 브루스 스프링스틴(Bruce Springsteen, 1970년대 이후
사회상을 반영한 노래로 대중적 인기를 얻은 미국의 록 가수. 민중의 목소리를 대
변한다 하여 미국 노동자와 서민층에게 '더 보스(The Boss)'라는 별칭을 얻었다-
옮긴이)에 대해 전해져오는 일화를 꺼내지 않을 수가 없다. 환호성
을 지르는 팬들로 가득 찬 스타디움의 무대로 막 나가려는 순간 보
스는 몸에 여러 감각을 느끼게 됐다고 한다.

　무대로 나가기 직전에 나는 심장박동이 좀 빨라지면서 (중략) 두
　손에는 땀이 좀 차고 (중략) 두 다리는 핀과 바늘이 여기저기 박힌
　것처럼 얼얼해진다. (중략) 그러다 명치가 연신 조여온다. (중략) 이
　모든 감각이 느껴지면 나는 내가 흥분해서 들떠 있으며 이제 무
　대에 오를 준비가 됐다는 걸 안다.[1]

　흥미롭지 않은가? 스프링스틴은 그런 신체감각을 겁나거나 불
안하거나 무능력해지는 신호가 아니라 준비됐다는 신호로 해석하

고 있다. 몸 안에서의 진동과 감각이 팬들에게 전설로 남을 만한 공연을 선사할 준비가 됐다고 말해준다고 믿기로 선택했다. 자신에게 도움이 되는 해석을 선택한 거다.

그 무엇도 우리가 부여하는 의미 외에는 어떤 의미도 갖지 못한다. 깨닫든 깨닫지 못하든 우리는 우리 삶의 모든 것에 의미를 부여한다. 모든 사건, 모든 교류 그리고 (당연히) 모든 감각에까지도. 커미티드임펄스의 수업 중에는 자신을 가장 자주 가로막는 '두려움'의 감각에 새로운 이름을 붙여보는 시간이 있다. 당신에게도 그냥 재미 삼아 해보라고 권하고 싶다. 그런 신체감각을 겁나거나 초조하거나 불안하거나 무섭다고 말하기보다 '슈시(shooshie)'나 '누니(nooney)'나 '잼블리(jambly)'같이 귀엽고 악의 없는 이름을 붙여 말해보는 거다.

- 조만간 연봉 인상을 요구하려고 하는데 생각만 해도 겁나 슈시한 느낌이야.
- 어떡해, 지금 완전 누니에 빠져 있어. 그 편집장에게 피치덱을 보냈거든!
- 곧 무대에 올라가 5,000명의 사람들 앞에서 말한다고 생각하니 잼블리해서 죽겠어!

나도 잘 안다. 우습게 들릴 거다. 바로 그런 이유 때문에 이 방법이 효과가 있다. 매사 진지한 것보다는 가끔은 가볍게 현상을 바라보는 것이 도움이 된다. '슈시' 같은 유치한 단어는 공포로 인해 멘탈이 나간 상태를 깨트려주며 정신줄을 붙들게 해준다. 〈왕좌의 게임〉에서 캐틀린 스타크가 말하는 지혜로운 대사처럼 "웃음은 두려움을 잡는 독이다".

확실히 짚고 넘어가자면 감정에 새 이름을 붙여준다고 해서 그 감정들을 부인하거나 억누르거나 없는 척 무시하게 되지는 않는다. 당신은 여전히 그 신체감각을 느낄 거다. 사람은 숨을 쉬며 존재하는 한 신체감각을 느끼게 마련이며 내면에서는 그 느낌의 에너지를 분해하게 돼 있다.

따라서 단지 당신이 느끼는 느낌에 당신에게 부정적인 꼬리표나 과장된 해석을 부여하지 않게 될 뿐이다. 감정들은 단지 에너지이며 모든 에너지는 변환 가능하다. 보스처럼 땀 차는 손바닥과 배속이 울렁거리는 느낌을 겁먹고 있다는 신호가 아니라 노래할 준비가 돼 있다는 신호로 해석하는 연습을 해보자.

두려움과 직관 구별하기

○ 당신의 몸에는 당신이 아는 가장 심오한 철학보다도 더 많은 지혜가 깃들어 있다.

프리드리히 니체(Friedrich Nietzsche)

성장할 기회를 마주했을 때, 머뭇거리게 되거나 자신이 없어지는 건 정상이다. 하지만 분해되고 돌파돼야 할 유용하고 방향성 있는 두려움과 나중에 후회할 테니 하지 말라고 말리는 직관은 서로 구별해야 한다.

이 둘의 차이는 중요하다. 나는 내 직관을 믿으며 사업과 삶을 꾸려나가고 있다. 직관이 나를 잘못 인도한 적은 한 번도 없다. 직관에 따른 경종이 울리면 다 그럴 만한 이유가 있어서다.

나는 어떤 상황을 두고 갈피가 안 잡히면서 내가 정상적이고 건전하며 방향을 지시하는 두려움(그대로 밀고 나가 성장하라는 신호!)을 느끼는 건지 아니면 다른 쪽으로 달아나라는 직관의 조언을 받은 건지 바로 분간할 수 없을 때면, 항상 신체 내부의 미묘한 반응 자이를 통해 답을 찾는다. 이 방법은 몇 초밖에 걸리지 않는 데다 확실한 답을 줘서 좋다. 그것도 언제나, 반드시.

다음과 같이 하면 된다. 앉거나 선 상태에서 편안한 자세를 잡는다. 눈을 감는다. 깊게 심호흡을 몇 차례 (최소한 3번) 하면서 마음을 가라앉힌다. 몸 안에 집중한다. 이제 스스로에게 다음 질문을 던지며 몸 안에서 즉각적이고 무의식적으로 나타나는 반응에 주의를 기울인다.

이 상황이 내게 활성화되는 느낌을 주는가,
위축되는 느낌을 주는가?

다시 말해 이 기회를 붙잡아 밀고 나가는 상상을 하면서 이 질문을 던진 직후에 몸에 어떤 반응이 나타나는지 보면 된다. 막힌 곳이 확 뚫리고 앞으로 나아가는 느낌이 들면서 마음이 가벼워지는가? 즐겁거나 흥분되거나 신나는 느낌이 드는가? 아니면 이내 무겁고 무서운 느낌이 오는가? 심장이 내려앉는 기분인가? 가슴이 조여오거나 배 속이 울렁거리는 느낌이 드는가? 내면에서 포착하기 어려운 뭔가가 움츠리거나 뒤로 끌어당기거나 문을 닫거나 차단하는 등의 느낌을 일으키며 어떤 식으로든 '안 된다'고 강력히 말리는 것 같은가? 단념하는 게 논리적으로 타당하지 않을지 모르는데도 그런 느낌이 드는가?

핵심은 당신의 생각이 아니다. 당신의 머리가 어떻게 해야 한다고 '생각하고' 있는지 묻는 게 아니다. 당신은 당신의 몸이 말하는 진실과 지혜에 주목해야 한다. 당신의 심장에 주목해야 한다. 세심하게 주의를 기울이면서 거의 언어 습득 이전 상태와 같은 비언어적 단서에 집중하면 에너지의 움직임이 이쪽 방향이나 저쪽 방향 중 어디로 더 쏠리는지 감지될 거다. 당연한 얘기지만 활성화되거나 즐겁거나 흥분되는 쪽에 조금이라도 더 가까운 느낌이라면 직관이 그대로 전진해도 된다고 신호를 보내주는 거다. 반대로 움츠러들거나 무서운 느낌이 들면 하지 말라는 뜻이다.

당신의 몸에는 이성과 논리를 훌쩍 뛰어넘을 만큼의 타고난 지혜가 깃들어 있다. 몸의 지혜는 생각으로는 접근할 수 없다. 느낌으로 다가가야 한다. 당신의 가슴, 직관은 (혹은 그 외의 어떤 이름으로 부르든 간에 어쨌든) 당신의 머리보다 훨씬 더 슬기롭다. 주로 앉아서 지내며 화면에 집중하는 문화에서는 목 위쪽만 굴리며 생활하는 게 일상적이라 몸이 전달하는 신호를 느끼고 '들으려면' 연습이 필요하다. 하지만 다른 모든 기술과 마찬가지로 이 또한 갈고닦을 수 있다.

두려움과 직관의 구별에 더 능숙해지는 데는 다음의 질문이 도움이 될 거다. 지혜는 당신의 몸 안에 깃들어 있음을 명심하고 내면으로 주의를 모으면서 다음 질문에 답해봐라.

- 나는 정말로 이 일을 하고 싶어할까?
- 여기에 그렇다고 답하는 상상을 할 때 활성화되는 느낌인가, 아니면 위축되는 느낌인가?
- 그렇다고 답할 때 반가운 느낌이 드는가, 무서운 느낌이 드는가?
- 즐겁고 신나는 느낌이 드는가?
- 통장에 2,000만 달러가 있다고 가정한다면, 그래도 여전히 이 일을 하고 싶은가?
- 이 사람과 같이 어울리는 게 (또는 이 기관이나 환경에서 지내는 게) 자신감과 능력을 더 키워주는 것 같은가, 아니면 더 떨어뜨리는 것 같은가?
- 이 사람과 만나고 나면 활력이 넘치는 느낌인가, 잃는 느낌인가?
- 나는 그 사람들을 신뢰하고 있는가?
- 안심이 되면서 이해받고 존경받는 느낌이 드는가?

스스로도 깜짝 놀라게 되더라도 자연스럽게 느껴지거나 불쑥 고개를 드는 첫 느낌에 주목해라.

실패에 대한 진실

언젠가 한 인터뷰에서 인생 최대의 실패에 대한 질문을 받은 적이 있다. 순간 나는 헉하고 숨이 막혔다. 자동차 헤드라이트 앞에 선 사슴처럼 몸이 얼어붙었다. 그 질문에 딱히 꼽을 만한 실패가 없었다. 다음 순간 황당하고 짜증이 났다. 나는 왜 이런 간단한 질문에 대답을 못하고 있을까? 내가 한 번도 실수를 저지른 적이 없는 것 같아서는 아니야. 늘 실수를 저지르고 있긴 하니까.

그러다 퍼뜩 드는 생각이 있었다. 사실 내 머릿속 서류함에는 영구적 실패를 모아둔 폴더가 없다. 나를 싫어하거나 자신을 특별하다고 생각하는 재수 없는 부류로 여길까 봐 미리 말해두지만 내 머릿속에 그런 폴더가 없는 이유는 20대 초반에 들었던 옛 격언 때문이다.

이기거나 배우는 거지 결코 패하는 게 아니다.

나는 이 말을 듣자마자 도움이 필요할 때 떠올리는 주문으로 삼았고, 이후 내 관점은 송두리째 바뀌었다. 이것에 대해 하느님께 감사드린다. 나도 한때는 내 실수를 머릿속에 철해놓길 좋아했으니까. 하지만 사실을 따져보면 내가 '잘못된' 행동이나 '서툰' 시도로 생각했던 과거의 일들은 하나도 빠짐없이 궁극적으로는 뭔가 바람직하고 유용한 결과로 이어졌다.

그래서 인터뷰 중 그 질문에 선뜻 대답하지 못한 거다. 인생이라는 숨이 턱 막히고 가슴이 터질 듯한 모험을 아무리 돌이켜봐도 실패가 없었다고 말할 만했기 때문이다. 내가 저질렀던 뼈저린 실수는 모두가 더 나은 나로 올라서기 위한 발판이었다.

이번엔 현실적인 얘기도 해보자. 나라고 해서 실수를 저지르던 중이거나 실수를 저지른 직후에 이따금씩 울면서 바보 멍청이가 된 기분이 들지 않을까? 나도 그럴 때가 있다. 막대한 시간이나 돈이나 에너지를 낭비하면 자책하지 않을까? 나도 자책을 한다. 하지만 곧바로 "이기거나 배우는 거지 결코 패하는 게 아니다"라는 격언을 떠올린다. 정신을 차리고 관점을 바로잡는다. 이런 망할 놈의 실수들이 (궁극적으로는) 어떤 식으로든 바람직한 결과로 이어질 거라고. 내가 성장하고 다음번에 더 잘하는 데 밑거름이 돼줄 거라고.

개념상의 실패는 너무 근시안적이다. 비유하자면 영화를 보다가 등장인물들이 갈등을 빚는 게 갑갑해서 중간에 그만 보는 것과 같다. 끝까지 보지 않으면 얘기가 어떻게 마무리되는지는 누구도 모른다. 이건 영화관의 대형 스크린 속에서나 변화무쌍하게 전개되는 인생이라는 모험에서나 마찬가지다. 죽은 후 저세상에 가서 걸어온 인생 여정을 살펴보지 않는 한 이 모든 길이 어디로 향하는지 알 도리가 없지 않은가.

지금 당장 당신의 지난 실패들을 떠올려봐라. 아무런 성과를 내지 못한 프로젝트나 무참히 실패한 일들, 갑작스럽게 틀어진 관계들, 논쟁을 불러일으킨 말이나 행동이나 결정. 이런 실패는 고통스러운 기억일 테지만 그 과정에서 유용한 뭔가를 배웠던 것 또한 사실 아닌가? 통찰이나 깨달음이나 값진 경험을 얻지 않았는가? 지금껏 겪은 좌절이나 실패 중에는 사실상 더 높은 단계로 이끌어준 것들도 있지 않은가?

〈마리TV〉에 초대 손님으로 출연했던 빅토리아 프랫(Victoria Pratt) 판사는 실패와 관련해 최고로 손꼽을 만한 통찰을 제시해준 바 있다. 간략히 소개하자면 프랫 판사는 징역형을 선고하는 대신 자기 성찰적 글을 써내도록 판결하는 등의 방식으로 뉴저지주 뉴어크의 형사 사법제도 개혁을 위해 노력해 세계적 찬사를 얻었는가 하면, 그녀가 운영하는 법정에는 오프브로드웨이(Off-Broadway, 미국 연극의 중심 역할을 해온 브로드웨이 연극이 대자본을 필요로 하는 상업연극으로 변모한 데 대한 반발로 제2차세계대전 후에 생겨난 소극장 또는 연극 경향-옮긴이) 공연에 비유될 정도로 뜨거운 박수갈채가 쏟아지기도 했다. 그런 프랫 판사가 내게 이런 통찰을 들려줬다.

실패는 하나의 사건일 뿐이에요. 특징이 아니에요.
사람은 실패할 수 없어요.

이 말의 의미를 음미하며 다시 읽어보자. 실패는 하나의 사건일 뿐이다. 특징이 아니다. 사람은 실패할 수 없다. 솔직히 우리는 누구나 개떡 같은 판단을 내린다. 하지만 당신의 실패는 사건이지 항구적인 성격적 특징이 아니다. 실패가 곧 당신인 건 아니다.

당신은 실패가 아니며 실패가 될 수도 없다.

'실패'라는 단어를 이런 식으로 생각해보자. 실패는 배우려는 충실한 시도라고. 배우려는 충실한 시도, 그게 전부다. 두려워할 일도 회피할 일도 아니다. 이런 관점에서 보면 실패는 해결 가능성의 여정에서 돌발 사고가 아니라 꼭 필요한 과정이 된다. 진부하게 들릴지 모르지만 배움과 성장을 멈추지 않는 한 당신이 정말로 실패할 일은 없다.

문제 해결을 위한
액션 플랜

○ 두려움에 정면으로 맞설 때마다 힘과 용기와 자신감이 길러진다.

엘리너 루스벨트(Eleanor Roosevelt)

1. 당신의 아이디어를 추진할 경우 일어날 수 있는 최악의, 최악의, 최악의 시나리오는 뭔가? 돈을 잃는 것? 바보처럼 보일 위험? 일자리를 잃거나 폐업할 위험? 가족이나 사랑하는 이들을 실망시킬 우려? 이번 목표는 당신의 머릿속 가장 깊이 자리한 두려움에까지 닿도록 낱낱이 적는 거다. 두려움의 밑바닥에 닿을 때까지 계속 적어나가면서 스스로에게 자문해야 한다. '좋아. 그런 일이 일어날 경우 발생할 만한 최악의 상황은 또 뭐가 있을까?' 두려움의 맨 아래에 이를 때까지 밀어붙여라.

2. 적어놓은 내용을 쭉 훑어봐라. 최악의 악몽이 실제로 일어날 가능성이 어느 정도나 될 것 같은가? 1은 가망성이 희박한 정도고 10은 확실한 정도를 기준으로 1~10까지의 숫자로 매겨봐라.

3. 이번엔 최악 중의 최악의 시나리오가 실제로 일어났을 때 다시 일어서기 위해 필요할 것 같은 조치들을 적어라. 그래야 할 필요가 생기면 어떤 식으로 다시 일어설 텐가?

4. 이제 종이를 뒤집어라. 최상의 시나리오는 뭔가? 진전시킬 경우에 얻게 될 만한 보상(좋은 면들)을 최대한 많이 생각해보고 모두 써라.

5. 두려움을 GPS로 삼아 탐색해봐라. 호기심을 갖고 당신의 두려움에 귀 기울여라. 두려움이 보내주고 있는 것 같은 유용하고 긍정적인 신호는 뭔가? 두려움이 어떤 생산적인 메시지를 전해주려 하고 있는가? 어느 방향을 가리키는가?

6. 언어를 잘 활용해볼 차례다. 겁나거나 스트레스가 쌓이거나 무섭거나 불안하거나 초조한 느낌이 든다는 식의 말을 할 때 꼼짝 못하게 되거나 주눅 드는 편이라면 그 감정에 새 이름을 지어줘라. '슈시'나 '누니'를 차용해 써도 되고 당신만의 새로운 이름을 지어내도 된다(힌트: 우습게 들리는 이름으로 지어볼 것).

7. '실패했던'(아니 더 정확히 말해 배우려는 충실한 시도를 벌였던) 특정 경험을 생각해봐라. 그 경험에서 황금을 캐내라. 그 경험의 결과로 일어난 바람직한 일 3가지를 대봐라. 어떤 교훈을 얻었는가? 그 경험이 없었다면 알지 못했을 법한 값진 깨우침은 뭔가?

나의 인생을 바꾼 성공 공식 everything = figure out

두려움은 사방팔방 제멋대로 뻗어나가는 녀석이다. 〈마리TV〉
무료 에피소드와 팟캐스트 수십 편을 통해 온갖 종류의 두려움
을 간단히 다뤄놨으니 참고하길 바란다. 다음 사이트에 방문하
면 성공에 대한 두려움, 대중 연설에 대한 두려움, 돈에 대한 두
려움, 자기 홍보에 대한 두려움, 기만당할까 봐 초조해하는 두
려움, 자신이 부족한 사람이라는 두려움 등등 다양한 두려움에
대해 알아볼 수 있다.

MarieForleo.com/MarieTV

EVERY THING IS FIGURE OUTABLE

모든 건 마음에 달려 있다.
모든 건 마음에서부터 시작된다.
가장 먼저 자신이 뭘 원하는지 알아야
그 원하는 바를 이룰 수 있다.

매 웨스트(Mae West)

5장

꿈은
분명해야
한다

"넌 커서 뭐가 되고 싶어?"

이 질문을 기억하는가? 어렸을 때 어른들이 툭하면 물어보던 말이다. 나는 이 질문에 하나만 딱 골라 대답할 수가 없었다.

"저는 작가, 화가, 댄서, 사업가, 만화가, 선생님, 가수, 패션 디자이너 그리고 또… 메이크업 아티스트가 되고 싶어요!"

이 꿈들은 학교에 다니면서 달라졌지만 가짓수가 무진장 많은 건 여전했다. 나는 대학이라는 곳이 연금술 같은 마법을 부려 내 모든 관심사들을 융합해주면서 졸업할 때는 딱 하나의 '희망' 분야를 품게 되는 줄 알았다. 물론 나만의 착각이었지만.

졸업 후 20대 중반이 됐을 무렵, 나는 지구상에서 인생 코치로는 가장 한심한 사람으로 전락한 기분이었다. 그즈음 자상하지만 나와는 잘 맞지 않았던 남자와의 약혼이 깨지면서 정서적으로 쓰라린 상처를 입은 데다 살 곳도 없었다. 절박한 마음에 다시 일어설 힘을 얻기 위해 뉴저지주의 부모님 댁으로 들어갔다(참, 부모님은 내가 8살 때 이혼하셨지만 몇 년 후에 재결합하셨다).

그렇게 2주가 지났을 때 엄마와 대판 말싸움을 벌였다. 더는 부모님 댁에서 같이 지낼 수 없다는 생각이 뼈저리게 들던 차에, 잡지사에 다닐 때 알고 지낸 맘씨 좋은 친구가 선뜻 자기 집에 들어와 살라고 해줬다. 나는 웨스트 빌리지에 있는 그녀의 아담하고 아늑한 아파트 거실에서 에어 매트리스를 깔고 잠을 잤다. 그렇게 같이 지내게 해주다니 정말 천사가 따로 없었다. (고마워요, 다나.)

나는 그곳에서 철저히 패배자가 된 기분에 몸부림치는 인생 코치로 하루하루를 보냈다. 저녁엔 칵테일을 만들며 손님들 시중을 들고 낮에는 내 사업을 꾸려나갔다. 하지만 삶은 너무 빨리 흘러가는데 그 시기쯤 목표했던 지점에 이르려면 아직 멀었다는 생각이 자꾸만 들었다. 아무리 해도 그 생각을 떨칠 수가 없었다.

코칭과 자기계발 분야에 대한 애정은 컸지만 여전히 어딘가 살짝 미진하다는 느낌이 들었다. 내 일과 생활의 퍼즐에 조각 하나가 (혹은 여러 개가) 빠져 있는 기분이었다. 마음 깊숙이에선 내가 세상에 전해줄 독자적인 뭔가를 갖고 있다는 믿음이 있었는데도 여전히 내가 어딘가 모자란 부적응자라는 기분이 떨쳐지지 않았다.

사람들이 "무슨 일을 하세요?"라고 질문하는 게 겁났다. 부끄러운 마음에 그 자리에서 사라져버리고 싶어졌다. 더군다나 스스로 '인생 코치'라고 내세우며 그 분야에만 전념하는 게 편협하고 제한된 삶을 사는 것 같았다. 힙합 댄스, 피트니스, 글쓰기 등 내 창의성의 또 다른 분야도 탐구해보고픈 바람이 억눌러지지 않았다. 걸음마 단계던 온라인 사업과 디지털 미디어의 세계에도 무지 관심이 갔다(당시는 아직 2002년경이었다). 그러다 보니 그 시절 일기에는 하느님께 드리는 간곡한 호소의 글이 가득했다.

저는 왜 다른 사람들처럼 하나만 골라 집중하지 못하는 걸까요?

저는 뭐가 문제일까요?

인생 코치 일이 제가 평생 직업으로 삼아야 할 유일한 일인지 어떻게 확인해야 하나요?

제가 지금 저의 다른 끼와 재능을 낭비하는 거면 어쩌죠?

저는 어딘가 모자란 사람일까요? 저란 사람은 정말 집중력이 없는 걸까요?

저는 정말 결함이 있는 사람일까요?

직업적으로 나는 여기저기에 관심이 많았다. 코칭에 애착이 있으면서도 그 일에만 전념하지 못했다. 나는 해답을 찾으려 애쓰다 직업, 사업, 성공과 관련된 고전을 닥치는 대로 읽기 시작했다. 대부분이 말만 달리한 똑같은 내용이었다.

"틈새를 장악해라."

"전문성을 키울수록 성공이 앞당겨진다."

머리로는 그런 조언이 타당하게 들렸다. 하지만 코칭이든 심지어 코칭의 세부 분야든 뭐든 '하나의 일을 선택'하려고 발버둥 칠 때마다 다리 하나를 잘라내는 기분이었다. 내면의 목소리가 자꾸만 슬쩍슬쩍 나를 자극했다. '너는 하나만 해서는 성에 차지 않는 사람이야, 마리. 억지로 끼워 맞추려 하지 마.'

당장 해보고 싶어 못 견딜 만큼 가장 강하게 끌린 분야는 춤과 피트니스였다. 문제는 두 분야 모두 정식 훈련을 받은 적이 없다는 거였다. 물론 10대 시절에 체격 좋고 섹시한 길라드(Gilad)라는 이름의 이스라엘 태생 트레이너가 나오는 TV 프로그램 〈바디 인 모션(Bodies in Motion)〉에 푹 빠져 있긴 했지만. 결국 얼마 지나지 않아 나는 나만의 독자적인 연습법을 구상하기 시작하면서 피트니스 체인 골드 짐(Gold's Gym) 회원으로 등록했다.

춤으로 말하자면, 나는 문워킹을 한답시고 엄마 집의 리놀륨 바닥을 쓸고 다니던 전력이 있었다. 힙합 프로그램 〈요! 엠티브이 랩(Yo! MTV Raps)〉과 VJ 다운타운 줄리 브라운(Downtown Julie Brown)이 나오는 댄스 프로그램 〈클럽 엠티브이(Club MTV)〉 같은 프로그램을 보며 동작을 배우기도 했다. 뉴저지주 시사이드 하이츠(Seaside Heights)에 있는 18세 이하가 출입 가능한 나이트클럽들이 공동 주최한 10대 댄스 대회에 나가 우승한 적도 몇 번이나 있었다. 이렇게 춤에 대한 열정은 늘 있었지만 실제로 강습을 받은 적은 한 번도 없었다. 댄스 기교도 없고 새내기 춤꾼이 되기엔 '늙은' 축에 속하는 25살이란 나이에 춤의 세계에 어떻게 들어서야 할지도 막막했다.

내게 첫 돌파구를 열어준 건 분노였다. 커리어와 관련해 한 우물만 파라는 식의 전통적인 조언을 들여다보다 보니 나중엔 맨땅에 헤딩 정신이 불타올랐다. 엿 먹으라고 해. 나도 적응해보려고 노력할 만큼 해봤다고. 그런데 지금 내 꼴을 봐. 빚은 산더미고 에어 매트리스에서 자고 있잖아. 실험을 못 할 건 뭐야? 어차피 잃을 것도 없잖아? *

● 엿 먹이는 순간(Fuck it moment): 명사. 남들의 시선을 신경 쓰며 자신을 끼워 맞추려는 노력을 그만두고 마침내 가슴이 시키는 대로 따르는 것. 대체로 긍정적인 일생일대 전환점이 돼줌.

뉴욕은 전설적인 댄스 학원 BDC(Broadway Dance Center)의 본거지다. 처음으로 본격적인 댄스 강습을 받을 작정이라면 프로급 교습소를 들어가는 게 나을 듯했다.

사실 겁이 나긴 했다. 내 발에 걸려 넘어지고 이리저리 사람들에게 부딪쳐대는 내 모습이 그려져 끔찍했다. 웃음거리가 되고 야유나 당하다 쫓겨나면 어쩌나 싶기도 했다. 어디 그뿐인가. 나는 다른 강습생들보다 나이가 10살 가까이 많았다. 다른 강습생들은 죄다 엄마 배 속에서 나오면서부터 춤을 배운 게 아닐까 싶게 실력도 뛰어날 터였다.

어찌 됐든 나는 나 자신을 밀어붙여 모던재즈 왕초보 과정에 수강 신청을 했다. 강습생 가운데 내 춤솜씨가 가장 형편없었다. 연습실 밖에 숨어서 앞 반이 마무리 연습하는 모습을 훔쳐봤더니 다들 대박 끼가 넘치고 대박 멋지고 대박 젊었다.

앞 반 강습생이 하나둘 연습실을 나가자 나는 슬며시 안으로 들어가 최대한 눈에 안 띄려고 노력했다. 다른 강습생들이 줄줄이 안으로 들어와 앉았다. 아, 앉아서 시작하는가 보구나. 이어 강사가 들어왔지만 아무 말도 없었고 누구에게도 아는 체하지 않았다. 잠시 쥐 죽은 듯한 침묵이 흐르다 쿵쿵 울리는 베이스 비트가 연습실을 가득 채웠다. 음악 소리가 내 몸 안 세포 하나하나를 뒤흔들었다. 모두들 (나만 빼고) 몸을 움직이며 음악에 딱딱 맞춰 스트레칭을 했다. 강사의 박수 소리에 따라 다음 스트레칭 동작을 척척 이어갔다.

음악이 나온 지 7초도 채 지나지 않아 울컥 눈물이 났다. 왜 눈물이 나는지는 나 자신도 몰랐지만 한번 나온 눈물은 그치지 않았다. 나는 앉아서 동작을 따라 하려고 노력하며 하염없이 울었다. 머리카락으로 얼굴을 가리면서 음악 소리가 커서 아무도 내 우는 소릴 듣지 못한다는 데 감사했다. 연습실 바닥이 집에 와 있는 듯 편안하게 느껴졌다. 그렇게 움직이고 있던 어느 순간 내 몸이 환성을 질렀다. "그래 이거야! 네가 이제야 내 말을 듣는구나."

우리가 우물쭈물하는 동안 (머릿속으로나 소리 내어) 생각을 떠들기만 하고 아무런 행동도 하지 않으며 낭비하는 시간과 에너지가 정말 어마어마하다는 생각을 하면 핵소름이다. 나만 해도 수년이나 내게 댄서가 될 만한 재능이 있을지를 붙들고 고민했다. '내가 할 수 있을까? 내가 그 분야에 잘 맞을까?' 실제로 해보면 어떨지 상상해보기도 했다. 하지만 행동으로 옮기지 않다가 한참이 지나서야 행동에 나섰다. 내 최대 실수가 뭐였는지 아는가? 가슴으로만 느낄 수 있는 답을 머리로 찾으려 했던 거다. 나는 그때 가슴으로 느끼며 얻은 교훈을 지금까지도 인생 지침으로 따르고 있다.

명확성은 생각으로 얻어지지 않는다.
직접 뛰어들어봐야 얻어진다.

위의 말을 직접 적어봐라. 머릿속에 외워둬라. 몸 안에 문신처럼 새겨라. 극혐스러운 우물쭈물함의 덫에 걸릴 때마다 가능한 한 빨리 뭔가 행동을 해라. 확실하고 실질적인 행동에 나서고 다음 단계를 귀띔해주는 값진 피드백을 보상으로 받아라.

지금의 파트너와 끝내야 할지를 놓고 75번째 고민 중인가? 단 며칠이라도 서로 떨어져 지내는 시간을 가져봐라. 누군가의 집 소파에서 잠을 자야 하더라도 망설이지 마라. 유능한 커플 심리 치료 전문가를 찾아가 치료를 받거나 나아질 다른 방법을 찾아라. 적극적으로 행동에 나서라.

직업을 바꾸고 싶다는 생각이 자꾸만 드는가? 강좌를 들어라. (당신의 나이를 따지지 말고) 인턴십에 지원해라. 주말에 무급으로 일해 봐라. 뭘 감수해야 하든 그 분야를 직접 겪어보는 거다. 적극적으로 행동에 나서라.

새로운 주나 심지어 다른 나라로의 이주를 꿈꾸고 있는가? 조사에 나서라. 이주비가 얼마나 들지, 그곳에서 어떻게 생계를 꾸릴지 알아봐라. 잠깐 그곳에 다녀오는 것으로 분위기를 슬쩍 느껴봐라. 적극적으로 행동에 나서라.

저녁 외식을 하며 글라스 와인을 마시고 싶은데 뭘 마실지 못 정하겠는가? 서빙 직원에게 당신이 제일 끌리는 와인 2가지를 한 모금씩만 맛보게 해달라고 부탁해라. 웬만해선 거절하는 곳이 없다. 적극적으로 행동에 나서고 정중히 인사해라!

우물쭈물함의 띠에 갇혀 제대로 생각하지 못할 때는 생각을 멈추고 행동에 나서자. 아무리 사소한 일이더라도 행동을 개시한다. 현실 세계에서 실험을 감행할 방법을 찾아라(아니면 만들어내거나). 행동은 명확성에 이르는 가장 빠른 직행열차다.

원하는 걸 이루기 위한 첫걸음

○ 자신이 정말로 원하는 바를 찾아야 끝 모를 혼란과 에너지 낭비가
줄어든다.

스튜어트 와일드(Stuart Wilde)

"뭐든 원하시는 걸 이루도록 제가 도움이 돼드릴 수는 있지만 우선
그 원하시는 게 뭔지 말씀해주셔야 해요." 첫 상담 중 1 대 1 면담
에서 내가 하는 말이다. 듣기엔 간단하지만, 간단하다고 해서 꼭 쉬
운 건 아니다.

우리 중 자신이 뭘 이루려 애쓰고 있는지를 아주 명쾌하게 아는
사람이 얼마나 될까? 솔직히 이렇게 말할 수 있는가? "그래, 이거
야. 이 _____(아이디어, 관계, 프로젝트, 영화, 책, 명분, 스타트업, 기술, 힐
링 여행, 습관, 목표 등)이 바로 지금 내 삶의 주안점이야. 이걸 실현하
기 위해서라면 무슨 일을 감수하더라도 밤낮으로, 또 주말에도 쉬
지 않고 기꺼이 일하겠어."

지금껏 나는 내 주안점이 확실하지 않을 때나 아니면 더 나쁜 경
우로 내가 원하는 걸 인정하기가 두려워질 때마다 어김없이 고통
이 뒤따랐다. 두통과 가슴 통증을 달고 다녔다. 진실은 무시한다고
해서 사라지지 않는다. 절망과 신체 이상 증상만 낳을 뿐이다.

확실하고 의미 있는 어떤 지향점을 가지고 있지 않으면 그 외에
도 여러 가지 문제를 겪기 쉽다.

- 방향 상실감. 지금쯤 와 있어야 할 곳에 있지 않고 길에서 벗어나 있는 것처럼 느껴지며 자꾸만 이런 생각이 고개를 든다. '이대로 괜찮을까? 내가 인생을 제대로 살고 있는 걸까?'
- 가장 중요한 일이 뭔지 또 경쟁을 어떻게 해나갈지 몰라 우선순위를 정하거나 일정을 짜는 데 애를 먹는다.
- 항상 '정신없이 바쁜'데도 의미 있는 성과를 내지 못한다. 활동과 성취를 혼동한다. '몸이 부서져라 일하는데도 뭐 하나 제대로 내세울 만한 게 없네.'
- 번아웃 직전에 놓인다. 지치고 짜증이 나서 이대로 달아나 뒤도 안 돌아보고 싶다는 공상에 빠진다.

이런 몸부림은 현실적이지만 또 한편으론 충분히 이해가 가기도 한다. 나는 꿈을 분명하게 세우는 수업을 받아본 적이 없다. 당신은 안 그런가? 우리 대다수는 우리가 삶에서 정말로 원하는 게 뭔지 분명히 정하고 해결할 방법을 거의 또는 아예 배우지 않았다. 그 점에서는 길을 잃었을 때 제자리를 찾는 방법도 마찬가지다.

실천하기를 다뤄보는 이번 장을 통해 당신은 가장 흥분되는 꿈이나 목표나 프로젝트나 인생 변화처럼 당신이 가장 해결하고 싶은 문제를 분명하게 내세우게 될 거다. 이미 답을 알고 있다면 정말 잘된 일이며 여기에서 당신의 결의와 동기를 굳게 다져보길 권한다. 아무 결과를 얻지 못하고 있거나 정말로 원하는 걸 인정하기 두려운 경우에도 이번 장이 아주 중요한 도움이 될 거다.

솔직히 말해두겠는데 이번 장은 실천하기가 만만치 않을 수도 있다. 하지만 어려운 일일수록 더 해야만 한다. 해결하고 싶은 게 뭔지 분명할수록 실제로 해낼 가능성이 높아진다. 명확성이 곧 힘이다.

이번 단계에서 필요한 건 첫 목적지다. 그저 배우고 성장하도록 도전 의식을 북돋워줄 만한 의미 있는 뭔가만 있으면 된다. 세계를 변화시키겠다는 거창한 목표는 필요 없다. 그런 목표는 부담감만 줄 뿐이다. 꿈을 이뤄낼 방법을 알 필요도 없다. 보이지 않는 과녁은 맞힐 수 없는 법이니 단지 확실한 표적이 필요할 뿐이다.

이번 단계에서 특히 흥분을 일으킬 만한 대목은 꿈을 명확히 알고 그 꿈에 전념하면 그러지 않았을 경우 여전히 잠들어 있었을 신비한 힘이 일어나기 시작한다는 거다. 그것도 우주적이면서 과학적이기도 한, 강력하고 기적 같은 힘이다. 스코틀랜드의 산악인 윌리엄 허치슨 머레이(William Hutchison Murray)는 1951년에 펴낸《스코틀랜드의 히말라야 탐험가(The Scottish Himalayan Expedition)》에서 이런 힘의 우주적인 특징을 누구보다 명확히 풀어놓은 바 있다.

제대로 전념하기 이전에는 쓸데없이 우물쭈물거릴 여지가 있다. 뒷걸음칠 가능성이 도사리고 있다는 얘기다. 진취성(그리고 창의성)에 따르는 행동은 본질적 특성상 무수한 아이디어와 훌륭한 계획을 고사시키는 우물쭈물함이라는 게 있을 수 없다. 사람이 전심전력을 다하면 그때는 신의 섭리도 움직인다. (중략) 이후 모든 일들은 이런 신의 섭리에 따라 온갖 방법으로 그 사람에게 유리하게 흘러가 그 어떤 인간도 자신에게 일어나리라고 꿈꾸지 못했던 생각지 않은 일들과 만남들과 물질적 원조가 잇따르게 된다.

현재 우리는 고도로 지능적이며 즉각 반응이 이뤄지는 세계에 살고 있다. 그 과정을 의식하든 의식하지 못하든 당신은 당신 자신이 매일 매시간 매분마다 선택하는 생각과 말과 행동을 통해 당신의 현실을 공동 창조해나가는 중이다. 당신 삶은 지속적인 창조 행위며 100퍼센트 당신 책임이다. 당신이 원하는 뭔가에 대해 확실하고 헌신적인 결정을 내리는 건 전화기를 들어 우주에 포장 주문을 넣는 것과 같다. 그러니 꿈을 최대한 단호하고 확실하고 구체적으로 만들기 위해 노력해야 한다. 미온적인 목표는 미온적인 결과로 돌아온다.

사람들이 원하는 꿈을 실현하지 못하는 주된 이유 중 하나는 원하는 꿈을 추구하기 두려워해서다. 자신에게 그 꿈을 실현하는 데 필요한 자질이 없을까 봐 겁낸다. 하지만 많은 사람이 간과하는 비밀이 있다.

당신에게 그 꿈을 실현하는 데
필요한 자질이 없었다면
애초에 그런 꿈을 품게 되지도 않았을 거다.

당신은 태어날 때부터 영혼의 요구에 답하는 데 필요한 모든 걸 갖추고 있었다. 이런 영혼의 요구는 당신이 가슴속에 품고 있는 직관적 열망, 창의적 프로젝트, 아이디어, 목표, 꿈에 이르기까지 광

대한 영역을 아우른다.

나 자신과 내 꿈에 충실하기

라번 콕스(Laverne Cox, 미국 배우이자 트랜스젠더 인권 운동가-옮긴이)는 어릴 때 앨라배마주 모빌(Mobile)에서 미혼모의 아이로 자라며 매일같이 집단 괴롭힘을 당했다. 학교에 가면 태어날 때 남자로 정해진 아이에게 기대되는 행동을 하지 않는다는 이유로 집까지 따라오며 때리는 아이들에게 시달렸다.

3학년 때는 현장학습을 갔다가 멋진 공작새 깃털에 홀딱 빠진 적이 있었는데[1] 그걸 본 담임교사가 그녀의 엄마에게 전화를 걸어 이렇게 말했다. "지금 당장 치료받지 않으면 아드님이 나중에 뉴올리언스에서 원피스를 입고 다니게 생겼어요."[2] 그 순간 콕스는 "엄청 수치스러웠다"고 한다.[3]

치료사는 콕스에게 테스토스테론 주사를 맞으라고 권했다.[4] 그녀의 엄마는 그 권고를 도저히 받아들이지 못하겠어서 당장 그녀를 끌고 나왔다. 2015년 〈텔레그라프(The Telegraph)〉와의 인터뷰에서 콕스는 이런 말을 했다. "어렸을 때 사람들은 모두 저한테 남자애라고 했지만 저는 저를 여자로 느꼈어요. 사춘기가 되면 바로 여자로 전환하겠다고 생각했죠."[5]

남자에게 끌리기 시작한 무렵이던 6학년 때는 더 이상 있는 그대로의 그녀 자신이 되고 싶지 않아진 데다 다른 사람이 될 방법도 모르겠어서 약병의 약을 모두 삼켰다. 사람들에게 있는 그대로의

자신이 '죄'이고 '문제'라는 말을 들으면서 살고 싶지 않았단다.[6]

그녀의 꿈은 연기자였다. 그래서 연기 수업을 받게 해달라고 엄마를 졸랐지만 가정형편상 그만한 여유가 없었다. 그러던 어느 날 그녀의 엄마가 불우 가정을 위한 예술 프로그램이 있다는 걸 알게 됐다. 〈텔레그라프〉와의 인터뷰에서 콕스는 그때를 이렇게 떠올렸다. "갑자기 그렇게 창의력을 분출할 곳이 생기자 푹 빠질 만한 대상과 함께 열망할 수 있는 뭔가도 생겼어요. 어린 시절을 떠올리면 행복했던 순간은 춤추고 창의력을 발산하고 연기하고 무대에 올랐을 때였어요."

콕스는 노력 끝에 앨라배마예술대학에 장학생으로 입학했고 이곳에서 여자 옷을 입고 다니는 실험을 감행했다. 집단 괴롭힘은 여전했지만 마침내 그녀 스스로 더 편안해지기 시작했다.

큰 꿈을 품은 연기자 대다수가 그렇듯 콕스도 수중에 달랑 몇 달러만을 쥐고 뉴욕으로 옮겨왔다. 그리고 생전 처음으로 있는 그대로의 그녀 모습으로 칭송받게 됐다. 뉴욕의 클럽에서는 독특한 외모가 강점으로 통했다. "길거리를 다닐 때는 여전히 외모 때문에 괴롭힘을 당했지만 밤에는 스타였어요."[7]

그녀는 연기 수업을 들으며 몇 편의 공연에 출연 계약을 맺을 수 있었다. 하지만 생계유지를 위해 웨이트리스 일도 하고 바에서 공연도 해야 했다. 그러던 중 2007년에 이르러 비로소 여배우 캔디스 케인(Candis Cayne)이 트랜스젠더 여성으로는 최초로 황금 시간대 TV 프로그램에서 고정 배역을 따냈다. 드디어 돌파구가 열렸다는 생각에 콕스는 혼잣말을 하며 기뻐했다. "드디어 때가 온 거야."[8]

콕스는 새롭게 의욕을 자극받아 캐스팅 감독들과 매니저들에게 자신의 홍보 문구를 담은 수백 통의 엽서를 보냈다. "라번 콕스는 여러분이 필요로 하는 그 어떤 연기에도 준비돼 있는 배우입니다." 이 500통의 엽서 중 상대에게 연락을 받고 직접 만나게 된 경우가 4건이었고 그중 한 만남에서 매니저를 얻게 됐다.

하지만 2012년 5월 무렵, 콕스는 거의 1년 동안 배역 계약을 못 하고 있었고 이제는 안 되겠다 싶어 다 그만두고 대학원에 들어갈 생각을 하기에 이르렀다. 친구에게 GRE(대학원 입학 자격시험) 대비 교재 몇 권을 사고 학교도 알아봤다. 그런데 엄마와 여행을 가는 길에 그 교재를 가져가서 훑어보고는 대학원이 자신에게는 맞지 않음을 깨달았다(명확성은 생각이 아니라 적극적인 행동에서 비롯된다!). 콕스는 다시 연기에 전념해 그해에 고정 배역을 잡겠다는 목표를 세웠다. 그리고 바로 그해에 넷플릭스 오리지널 시리즈의 오디션을 보러 오라는 전화를 받게 된다.

요즘 큰 인기를 끌고 있는 드라마 〈오렌지 이즈 더 뉴 블랙 (Orange Is the New Black)〉을 본 적이 있다면 당연히 눈치챘겠지만 그때 콕스는 출연 계약을 맺었다. 이후에는 에미상을 두 차례 수상하고 트랜스젠더로는 최초로 〈타임(Time)〉지 커버를 장식하기도 했다. 이쯤에서 콕스의 말을 들어보자.

"젊은 트랜스젠더들 중에는 배우를 꿈꾸면서도 트랜스젠더인 자 신에겐 불가능한 꿈일 거라고 생각하는 사람들이 많아요. 저도 포기 직전까지 갔었죠. 다행히 운 좋게 그러지 않았지만요. (중략) 하지만 전 '롤 모델'이라는 말을 좋아하지 않아요. '가능성 모델'이라는 말이 더 좋아요."

여기서 분명히 짚고 넘어갈 점이 있다. 콕스가 뉴욕으로 옮겨온 건 1993년이었고 〈오렌지 이즈 더 뉴 블랙〉을 촬영한 건 2012년이었다. 이 19년 사이에 그녀는 포기 직전까지 가긴 했지만 절대 꿈을 포기하지 않았다. 게다가 기회와 기반을 잡은 순간엔 받은 만큼 돌려주기 위해 목소리를 냈다. "뭔가 도움이 되는 활동을 해야 한다는 깨달음이 있었어요. 트랜스젠더라는 사실을 연기 활동의 결함이 아니라 나를 독특하고 특별하며 돋보이게 해주는 강점으로 삼아야 한다는 걸 깨달았고 그 순간부터 제 연기 인생이 바뀌었어요."[9]

콕스는 연기부터 인권 운동에 이르기까지 여러 활동을 통해 자신과 자신의 꿈을 꿋꿋이 따를 경우 얻게 되는 힘의 모범 사례를 몸소 보여주고 있다.

망상 활성계 채용하기

당신에게 24시간 7일 내내 당신을 이끌어주고 응원해주기 위해 일하는 신경 마술사 지니가 있다면 어떨 것 같은가? 지금부터는 당신이 원하는 게 뭔지를 확실하고 구체적으로 설정할 경우 그 바람을 이룰 길을 더 많이 찾아낼 수 있는 이유를 살펴보자.

뇌는 매일매일 매초마다 수십억 개의 정보에 폭격당한다. 당연히 이 모든 정보를 다 의식해서 처리하진 않지만 그렇게 끊임없이 자료가 밀려드는데도 과부하로 퓨즈가 끊어지는 일도 없다. 어째서일까? 뇌는 받아들일 정보와 무시할 정보를 어떻게 정하는 걸까? 답의 일부는 망상 활성계(Reticular Activating System, RAS)라는 복합적 신경망이 쥐고 있다. 망상 활성계는 다른 중요한 기능들 외에 주의력의 필터 역할도 담당하고 있다. 뇌에 들어오는 자료들을 자동으로 거르고 분류해서 의식적 인식의 대상으로 중요하지 않은 자료는 걸러내고 중요한 자료만 통과시킨다. 카페의 시끄러운 소음에는 귀 기울이지 않지만 누군가 당신의 이름을 부르면 그 소리는 재깍 알아듣는 것도 망상 활성계 덕분이다. 평소엔 드라이 브러싱(dry brushing, 물을 사용하지 않고 마른 빗질로 피부의 각질을 제거하는 피부 관리법-옮긴이)에 주목하거나 관심을 두지 않았다가 친구가 그 방법으로 피부가 달라졌다고 하면 나타나는 현상 역시 마찬가지다. 갑자기 드라이 브러싱과 관련된 정보, 기사, 대화 등이 자꾸만 눈에 들어오게 된다.

《정리하는 뇌》에서 저자 대니얼 J. 레비틴(Daniel J. Levitin)이 쓴 글을 읽어보자.

수백만 개의 뉴런이 끊임없이 환경을 관찰하면서 집중할 만한 가장 중요한 것들을 선별한다. 이 뉴런이 모두 모여 주의력의 필터를 이룬다. 뉴런들은 주로 이면에서, 즉 의식적 인식의 바깥에서 활동한다. 그래서 일상생활에서 일어나는 잡다한 파편의 지각들 대부분이 기억으로 새겨지지 않는 것이다. 몇 시간 동안 고속도로에서 차를 몰고 가면서도 휙휙 지나가는 경치의 상당 부분을 기억하지 않는 것 역시 마찬가지 이치다. 주의력 시스템이 그런 경치들이 중요하지 않다고 간주해 당신이 기억으로 기록하지 못하게 '막아주는' 것이다.

꿈을 명확히 세우는 것은 뇌에게 현재는 이 일이 중요하니 우선순위에 둬야 한다고 알려주는 행위다. 그 꿈의 실현을 촉진하기 위해 망상 활성계를 징집하는 거다. 그럼 망상 활성계는 당신이 중요한 목표로 선포한 것과 관련된 기회와 사람과 정보를 샅샅이 찾기 위해 주변을 꼼꼼히 살피기 시작한다. 여러 가지 아이디어를 처리하고 추려내 당신이 전적으로 의식하든 안 하든 당신에게 필요한 해결책으로 당신의 주의를 돌려준다.

이 책이 어떻게 당신 손에 쥐어졌다고 생각하나? 당신이 지금 이 내용을 읽고 있는 건 그저 우연이 아니다. 당신 내면의 더 깊숙하고 현명한 곳에서 당신을 이 책에게로 이끌어준 거다. 당신의 망상 활성계는 이미 맡은 책무를 수행 중이다. 당신 마음속 한구석에서 못 견디게 이루고 싶어하는 변화를 이끌어내기 위해 노력 중이다.

계속 주의를 기울여라. 눈과 귀와 가슴을 열어놔라. 라디오에서 흘러나오는 곡에서 생각지 못한 통찰을 얻게 될 수도 있다. 아니면 이번 주말에 보게 될 영화 줄거리나 온라인에서 우연히 본 기사가 통찰의 계기가 되거나, 마트에서 우연히 마주친 모르는 사람이 다음 단계로 이끌어줄지도 모를 일이다. 샤워 중이나 통근 길에 창의적인 직관이 퍼뜩 올지 또 어찌 알겠는가. 핵심은 이거다. 일단 중요한 목표를 인지적으로나 정서적으로 구별하고 나면 망상 활성계

나의 인생을 바꾼 성공 공식 everything = figure out

가 임무 수행을 위해 쉬지 않고 일한다는 것. 시간이 아무리 걸려도, 당신의 경로가 아무리 예측 불가능해도, 망상 활성계는 부지런하고 끈기 있게 임무를 이어간다. 날마다 막대한 자료와 정보를 분류해 당신이 다음번에 보거나 듣거나 주의를 기울여야 할 바로 그 대상으로 당신을 이끌어준다.

이제 알겠는가? 당신 머릿속에는 자신의 마력을 다해 당신의 바람이 잘 성취되도록 힘써줄 막강한 힘의 지니가 자리 잡고 있다. 이 지니가 요구하는 건 딱 하나, 당신이 당신의 바람을 확실하게 밝혀주는 것뿐이다.

성공 가능성을 42퍼센트 높이는 방법

예전에 쓴 일기와 노트를 다시 훑어보면 정신이 번쩍 나는 경우가 종종 있다. 나는 예전부터 끊임없이 이어지는 생각이나 꿈, 당시로선 가소롭게 여겨질 만한 단편적 아이디어 등을 글로 적어왔다. 사업을 막 시작한 초반 몇 년은 상징적인 기업가들에 대한 정보를 닥치는 대로 읽기도 했다. 그러던 중 우연히 리처드 브랜슨 경(Sir Richard Branson)과 그의 비영리 자선 재단 버진유나이트(Virgin Unite)의 활동을 보고 완전 반했다. 크게 성공한 영리기업인 버진그룹이 영리 목적과는 별개로 자사의 비영리 재단을 통해 박애주의 실천에도 헌신하는 모습이 마음에 들었다. 나는 리걸 패드(줄이 쳐진 노란색 노트)에 '버진유나이트'를 휘갈겨 써놓고는 그 뒤로 그 일을 까맣게 잊었다.

무려 9년이 지난 어느 날, 뉴욕의 한 행사에서 버진유나이트에서 일하는 한 사람을 만나게 됐다. 그 우연한 만남을 계기로 남아프리카공화국의 현지 스타트업 기업들에게 조언을 들려달라는 초청을 받았고… 그렇게 다른 사람도 아닌 바로 그 브랜슨 경과 함께하는 시간을 갖게 됐다. 그 뒤에는 버진유나이트와 함께 몇 개의 프로젝트를 더 진행하면서 작업을 같이한 팀과 아주 좋은 관계를 맺었다. 그렇게 몇 년이 지나 오래된 캐비닛을 정리하다가 '버진유나이트'를 휘갈겨 적었던 그 노란색 리걸 패드를 보게 됐다. 그러고 보니 그 당시엔 가망이 없어도 너무 없어 보였던 하나의 아이디어일 뿐이었는데 몇 년이 지나 그 아이디어가 내가 미처 예상치 못한 방식으로 실현된 셈이다.

놀랄 일이 아니다. 세간에서 자주 인용되기도 하는, 캘리포니아 도미니칸대학교(Dominican University of California)의 심리학 교수 게일 매튜스(Gail Matthews) 박사의 연구에 따르면 목표를 글로 적어놓으면 그 목표를 성취할 가능성이 42퍼센트 더 높아진다고 한다. 매튜스 박사의 연구에는 기업가, 교육자, 보건 전문가, 예술가, 법조인, 은행가 등등 전 세계 각계각층의 23~72세 연령대 남녀들이 표본 그룹으로 참여했다. 그녀는 이 참여자들을 두 그룹으로 나눠 한쪽 그룹은 목표를 글로 적어놓게 하고 다른 쪽 그룹은 적지 않게 했다. 그랬더니 연구 결과에서 뚜렷한 차이가 나타났다. 목표를 글로 적었던 사람들이 적지 않았던 사람들보다 바라던 목표의 성취도가 월등히 높았다.

얼핏 생각하면 아주 기본적인 일 같은데도 여전히 대다수 사람

나의 인생을 바꾼 성공 공식 everything = figure out

들은 자신에게 가장 중요한 바람을 글로 적어놓지 않는다. 만약 내가 내기를 하려고 하는데 당신이 그 내기 내용을 종이에 적어놓으면 내가 이길 가능성이 42퍼센트 더 높아진다고 말해준다면 어떨까? 나라면 기꺼이 종이에 적겠다! 어떤 의학적 치료를 앞두고 있는데 담당 의사가 "저기요, 글로 적어놓으면 치유될 가능성이 42퍼센트 높아지실 거예요"라고 말한다면 내가 그 말을 듣지 않을까? 어느 누가 그런 가능성을 원치 않겠는가?

이 연구가 아니더라도 자신의 바람을 글로 적어두는 일은 지극히 상식적이다. 지금과 같이 쉴 새 없이 몰입에 방해를 받고 할 일이 감당하기 힘들 만큼 과도한 시대에는 가장 중요한 일을 글로 적어놓는 것이야말로 집중력을 잃지 않기 위한, 언뜻 생각하기보다 더 쉬운 방법이다. 꿈을 글로 적어놓으면 당신이 바라는 게 확실하고 구체적이 될 수밖에 없다. 모호함은 성취의 적이다.

물론 꿈 이외에도 어떤 삶의 영역에서나 성과를 내고 싶을 때 우리가 자연스럽게 하는 행동이 바로 종이에 적기다. 주방을 리모델링할 때 무작정 큰 망치를 들고 싱크대로 직행할 사람은 없다. 먼저 종이에 리모델링 구상을 정리한다. 마트에 식료품을 사러 가야할 경우엔 또 어떤가? 장보기 목록을 쓴다. 완전 정복하고 싶은 새로운 과목이나 기술이 생기면? 짧게 메모를 해둔다. 여행을 떠날 계획이라면? 돌아다닐 곳들을 미리 계획해둔다. 그동안 참여했던 직업상의 프로젝트들을 생각해보면 공감할 테지만 프로젝트 진행에서도 계약서, 협의서, 발주서 등으로 매일매일의 생각을 실체화한다. 해결하고 싶은 일이 뭐든 확실한 점 하나는 종이에 적어두는 게 그 바람을 실현하는 기본 단계라는 거다.

단, 일기에 목표를 적어놓고 그것으로 끝내선 안 된다. 적어놓은 목표를 자주 봐야 한다. 매일매일 볼 수 있다면 더없이 이상적이다. 당신의 최고 우선순위에 가장 주의를 기울이게 되기 때문이다.

이번 액션 플랜은 앞의 과제들보다 더 길고 더 깊이 있는 과제다. 안전벨트를 꽉 매고 안전 바를 내리고 마음의 준비를 하길. 이제 당신의 가슴과 영혼 안쪽, 가장 깊숙한 곳으로 파고 들어갈 테니까. 장담하는데 지금 당신이 보여줄 집중력, 솔직함, 노력이 앞으로 10배의 보상으로 돌아올 거다.

1단계: 1년간 이루고픈 가장 큰 꿈들 적기

15분 타이머를 맞춰놓고 앞으로 1년 안에 해결하기 시작할 생각을 하면 가장 설레는, 최우선적인 꿈이나 목표나 프로젝트를 쭉 적어봐라. 해결해야 할 괴로운 문제도 괜찮고 당장이라도 실현하고 싶은 열망도 괜찮다. 바꾸거나 시작하거나 그만하거나 추구하거나 치유하거나 변신하거나 배우거나 경험하거나 탐구하거나 만들어내거나 거듭나거나 성취하고 싶은 걸 뭐든 생각나는 대로 다 적으면 된다.

※ **주의 사항:** 이 꿈들은 꼭 1년 안에 성취할 필요는 없지만 **지금 기꺼이 시작할 마음이 드는 것이어야 한다.** 해결하고 싶은 게 정확히 뭔지 분명해지면 재미 삼아 그 1년간의 꿈 목록을 보면서 새로운 아이디어를 생각해볼 수도 있고(당신의 대답에 깜짝 놀랄지

도 모른다!) 아니면 다음 단계로 바로 가도 된다.

도무지 생각이 안 나서 벌써부터 초조하더라도 걱정하지 마라. 자신이 원하는 게 뭔지 잘 모르는 현상은 당신 생각보다 흔한 일이다. 너무 오랫동안 다른 사람들을 기쁘게 하느라 자신의 꿈을 억누르다 보니 정작 내 열망이 뭔지 감을 잃게 되는 경우가 종종 있다. 다음 유도 질문을 마음껏 활용해 차분히 생각해봐라.

- 요술 지팡이를 휘둘러 당신 삶이나 세상의 뭔가를 하나만 바꿀 수 있다면 뭘 하겠는가?
- 삶이나 일이나 세계의 일 중에서 당신의 가슴을 찢어지게 하는 건 뭐가 있는가?
- 삶이나 일이나 세계의 일 중에서 당신을 빡치게 하는 건?
- 하루에 2시간이 더 생긴다면 그 시간에 뭘 하고 싶은가?
- 다음 문장을 완성해봐라: …라면 얼마나 좋을까. 예를 들어,
  - 금요일마다 일을 하지 않는다면
  - 배우자와 잠자리를 더 자주 가진다면
  - 전 세계 여성들이 더 많은 교육 기회를 누린다면
  - 비서로 두기에 나무랄 데 없는 인물을 찾을 수 있다면
  - 스페인어를 유창하게 할 수 있다면
  - 처방전 약들의 가격이 더 저렴해진다면
  - 6개월간 급전을 당겨쓸 수 있다면
  - 여름에 피렌체에 가서 지내다 온다면
  - 지금의 사이드 허슬(side hustle, 본인의 미래와 자아실현을 위해 직

장 밖에서 새로운 프로젝트에 도전하는 것-옮긴이)을 전업으로 전환
한다면

- 매일 1시간씩 짬이 생겨서 책을 쓸 여유가 있다면
- 모든 사람이 깨끗한 물을 이용할 수 있다면
- 내 몸을 사랑하고 있는 그대로의 내 모습에 자신감을 느낀다면
- 맨날 무기력과 외로움에 쩔쩔매지 않는다면

⋮

얼마나 좋을까!

이제는 생각이 잡혔을 거다.

직접 해봤으니 느꼈을 테지만 '…라면 얼마나 좋을까'라는 이 유
도문은 정말 신통방통하다. 우리 회사에서도 이 문장 채우기를 자
주 하는데, 실제로 그 덕분에 그동안 수백만 달러 가치의 돌파구가
여럿 열렸다. 처음 시작한 시기는 내 사업 규모가 훨씬 작고 팀 회
식을 나의 집 거실에서 하던 몇 년 전부터였다. 우리는 바닥에 빙
둘러앉아서 사업을 어떤 방향으로 어떻게 성장시킬지를 놓고 창
의적인 아이디어들을 내놨다. 한 사람씩 각자 '…라면 얼마나 좋을
까' 하는 문장을 채우면서 저마다 신나고 들떠 '정말 할 수 있으면
좋을 만한 프로젝트'를 제안했다.

때로는 이런 꿈을 소리 내서 말하는 것만으로도 기쁨의 탄성이
터지고 가능성의 지평이 확장된다. 우리 경우에도 우연히 승산 있는
아이디어를 발견하면 순간 방 안에 침묵이 내려앉으면서 모두들 소
름 끼쳐했다. 이때 중요한 규칙 하나는 '…라면 얼마나 좋을까'를 채
울 문장을 생각할 때는 어떤 아이디어도 황당하지 않다는 거다.

특히 새로운 아이디어를 생각할 때는 자신이 원하는 것에 대해 가차 없이 솔직해져야 한다. 자기 검열을 하거나 자신을 꾸며선 안 된다. 당신이 마땅히 원해야 한다고 여기는 것들을 적어서도 안 된다. 죄책감이나 의무감에서 비롯된 꿈도 안 된다. 처음부터 완벽하게 쓰려고 애쓰지도 마라. 새로운 아이디어를 생각하는 이 시간 중 황금이 발견되는 순간은 대개 아주 후반부다. 고쳐 쓰지 말고 눈으로만 훑어봐라. 아직도 아무 생각이 나지 않거나 정말로 바라는 걸 찾기 힘들다면 이번 장의 뒷부분으로 가서 더 심도 있는 꿈 캐기 연습인 '꿈 정하기 FAQ'를 참고해보자.

2단계: 꿈에 대한 진솔한 대화

써놓은 글을 다시 훑어보자. 그럼 아마도 두려움이나 흥분으로(아니면 두려움과 흥분으로!) 심장이 두근두근 뛰는 항목이 1~2개 있을 거다. 가장 마음이 끌리는 것 하나를 골라서 동그라미 표시를 해놓고 아래 질문에 답해봐라.

이 단계의 목표는 진실성 확인이다. 지금 현재 이 꿈이 당신에게 얼마나 중요한가? 아직 여러 개의 꿈을 놓고 갈등 중이라면 우선 첫 번째 꿈에 대해 모든 질문의 답을 한 다음 두 번째 꿈과 그다음 꿈도 이어서 답하면 된다. 냉정하게 대답해야 하며, 특히 다음의 첫 번째 항목에서는 더 그래야 한다. 대답은 피상적 유형(왜냐고? 그야 돈도 많이 벌고 유명해지고 싶으니까)부터 아주 감동적인 유형(왜냐고? 모든 여성이 마땅히 교육 기회를 보장받길 원해서지)에 이르기까지 어떤 식으로든 할 수 있다. 하고 싶은 대답을 종이에 모두 다 적어라. 단, 지금

이 글은 당신 말고는 아무에게도 보여줄 필요가 없는 글이라는 점을 명심할 것.

A. 중요성: 이 꿈이 당신에게 중요한 이유는? 이 꿈을 해결하면 당신의 삶이 어떻게 달라질 것 같은가? **이 꿈이 당신의 창의성과 정서와 신체와 재정에 어떤 영향을 미칠까?** 이 꿈을 해결할 경우 다른 이들 중 누구에게 긍정적인 영향을 미칠까? 지금까지의 답에 대한 이유를 최대한 많이 적어봐라. 그런 다음 답한 모든 이유를 하나씩 더 깊이 파헤치면서 이렇게 물어봐라. '그 이유가 왜 중요한가?' 이어서 한 번 더 물어봐라. '그 이유가 왜 중요한가?', '그 이유가 나와 다른 사람들에게 궁극적으로 어떤 도움이 되는가?' 이 꿈이 왜 중요하고, 꿈을 이룬 성과로 뭘 느끼거나 경험하거나 함께 나누고 싶은지 그 핵심에 닿을 때까지 파헤치고 또 파헤쳐 내려가라. 이 단계를 건너뛰면 안 된다. 목표는 끈기에 불을 지펴주는 연료다. 먼저 원인이 있어야 결과가 생긴다. 왜 이 꿈을 해결해야 하는지, 마음에서 우러난 진정성 있고 설득력 있는 이유가 겹겹이 쌓여 있지 않으면 결과가 유도되지 않는다.

위에서 알게 된 사실에 비춰볼 때 지금 이 꿈의 해결에 착수하는 게 당신에게 얼마나 중요한가?

1 = 안타깝게도 중요하지 않음.
10 = 당장 행동에 나서야 함!
1 → 2 → 3 → 4 → 5 → 6 → 7 → 8 → 9 → 10

물론 10이 나와야 바람직하다. 7에 미치지 못하면 진지하게 생각해봐야 한다. 5에도 못 미치면 단념해라. 새로운 아이디어 떠올리기 단계로 돌아가 지금 당장 시작해야 할 다른 꿈을 찾아라.

B. **난도**: 당신의 꿈을 보면서 자문해봐라. 인류 역사에서 이미 해결된 적이 있는 꿈인가? 정말 그럴 가능성이 있다. 우리 꿈 가운데 대다수는 이전에 실현된 것들이다. 딱히 실현된 적이 없다면 그와 근접한 꿈이 실현된 적이 있기 마련이다. 이를테면 빚 없이 살기, 그래미상 수상, 돈이 되는 사업체 운영, 물구나무서기 요령 터득, 예술을 하면서 생계유지하기, 결혼해서 오래오래 서로 사랑하며 살기, 학대·괴롭힘·살인을 용서해주기, 식당 개업, 천연두 치유, 지속 가능성 있는 비영리 단체 설립, 평등을 지지하는 방향으로의 법 개정, 달 위를 걷기, 빈곤 국가에 학교 세워주기, 차고에서 혁신적인 기술 개발하기 등등 모두가 인류 역사에서 이미 실현된 적이 있는 꿈이다. 그리고 적어도 한 사람이 어떤 문제를 해결해내면서 비로소 실현된 꿈들이기도 하다. 그들이 해냈다면 당신도 할 수 있다.

지금 당장 1~10의 숫자로 답해봐라. 1은 '수많은 사람들이 이뤄낸 꿈'이고 10은 '지구 역사를 통틀어 단 한 사람도 이 같은 꿈을 실현한 적이 없으며 더럽게 힘들 것 같은 꿈'이다. 당신의 꿈은 어디쯤에 속하는가?

$$1 \rightarrow 2 \rightarrow 3 \rightarrow 4 \rightarrow 5 \rightarrow 6 \rightarrow 7 \rightarrow 8 \rightarrow 9 \rightarrow 10$$

당신이 이루고 싶은 꿈이나 그와 비슷한 꿈을 수백 명이나 수천 명 심지어 수백만 명의 사람들이 이미 이뤘다면 쓸데없이 시간과 노력을 낭비해서도, 너무 어렵다고 구석에 틀어박혀 우는소리를 내서도 안 된다.

가치 있는 일은 모두 어렵다. 지독할 정도로 어렵다.

이 사실을 받아들여라. 귀담아들어둬라. 이제 곧 죽기 살기로 노력을 펼치게 될 테니 그게 아무리 별난 방법 같더라도 의미 있는 일에 피나는 노력을 쏟는 데서 즐거움을 끌어낼 방법을 찾아라. 그럼 강인함이 쌓이고 품성이 길러진다. 게다가 '불가능한' 꿈을 깨부수는 일은 그 중독성이 엄청나다.

비교적 낮은 난도의 꿈은 다른 사람들을 보고 배우면서 시간을 절약할 수 있다는 면에서 유리하다. 불필요하게 이성을 잃는 일을 줄일 수도 있다. 난도 점수가 높으면 더 힘들고 격렬한 여정에 앞서 정신적으로나 정서적으로 각오를 다지는 데 유용하다. 어떤 경우든 당신이 선택한 (그리고 다른 사람들이 당신보다 앞서서 해냈던) 꿈의 난도를 파악해두면 앞으로 필연적으로 직면할 좌절의 지뢰밭에서 자신을 지킬 수 있다.

C. **과거의 시도**: 이 꿈을 전에 시도했다가 실패했던 적이 있는가? 있다면 어디에서 잘못됐는지 생각해봐라. 이때는 자책하지 말고 최대한 객관적이 돼야 한다. 어떤 잘못을 발견하든 긍정적

인 사실로 받아들여라. 당신이 문제였다면 그건 당신이 해답이라는 의미도 된다. 잘 풀리지 않았던 문제점과 함께 그런 문제점을 미리 해결하기 위해 이번엔 무엇을 다르게 할지 적어봐라. 자기반성 시간은 과거의 노력을 좌절시켰던 값비싼 실패를 되풀이하지 않도록 예방해준다.

3단계: 하나만 선택하기

이제는 선택을 해야 한다. 의미 있는 꿈을 하나만 선택해야 한다. 7개나 3개가 아니라 딱 하나여야 한다.

이 꿈은 해결 가능성의 철학을 통달하기 위한 훈련장이 돼줄 거다. 집중해서 전념하는 능력을 키워야 한다. 그러다 보면 앞으로의 모든 목표를 성취하는 데 도움이 될 정신력, 정서 수양, 행동 습관도 쌓이게 된다. 의미 있는 꿈 여러 개를 동시에 해결할 수 있다는 생각은 머릿속에서 지우길 바란다. 이번 단계에서 여러 개의 과제를 시도하면 반드시 좌절하고 실패하게 돼 있다. 비유하자면 훈련도 전혀 안 한 상태에서 울트라 마라톤(정식 마라톤 경기의 풀코스인 42.195킬로미터보다 긴 거리를 달리는 마라톤-옮긴이) 코스 3개를 연이어 뛰겠다고 결심하는 격이다.

사실 의미 있는 꿈에는 의미 있는 도전이 따른다. 이 꿈이 중요한 꿈이라면 앞으로의 여정 내내 꽃길만 펼쳐지진 않을 거다. 인내력을 기르면서 이런 여정에 수반되는 공포, 좌절, 불편함, 불안함, 초조함 등등의 감정들을 헤쳐갈 능력을 키워야 한다. 따라서 지금 당장은 주된 꿈 하나를 선택해야 한다. 그 하나의 꿈을 정복하는

데도 당신의 모든 능력이 필요할 거다.

확실히 말해두지만 이때도 계속해서 해결 가능성의 근육을 가능한 한 자주 움직여줘야 한다. 나날의 삶은 훈련과 연습의 기회를 끊임없이 제공해준다. 물이 새는 변기를 고치는 일부터 직장에서 예상치 못하게 꼬여버린 문제를 해결하기, 꽉 막힌 도로에서 침착함 지키기에 이르기까지 이런저런 문제들 앞에 놓이면 '해결 불가능한 문제는 없다'고 말하며 정면으로 맞서 이겨내라.

4단계: 꿈을 잘게 쪼개기

모든 꿈은 일단 시작하려면 구체적으로 세분화해야 한다. 이번 단계에서 할 일이 바로 당신의 꿈을 구체적이고 측정 가능하고 실행 가능하게끔 전환하는 거다. 예를 들면 다음처럼 하면 된다.

- 건강한 몸매 만들기 → 최대한 20회를 목표로 30일 동안 팔굽혀펴기 하기. 혹은 앞으로 30일 동안 무슨 일이 있어도 1주일에 5일은 30분씩 운동하기.
- 새로운 커리어 찾기 → 사진 촬영 강습에 등록하고 가까운 곳에서 조언을 들어볼 사진가를 일요일까지 최소한 3명 찾아보기.
- 돈을 더 많이 벌기 → 앞으로 18개월 동안 신용카드 빚을 다 갚아 순자산을 높이기.
- 결혼 생활 개선하기 → 6주 안에 부부 전문 상담가를 최소한 3명 만나보고 《연애할 땐 Yes 결혼하면 No가 되는 이유》 읽어보기(참고로 이 책은 정말 신통한 마력이 있다).

- 금주하기 → 오늘 알코올의존자 모임에 나가기.
- 훌륭한 작가 되기 → 하루에 30분씩 글을 쓰면서 크리스마스까지 책의 초안 마치기.

꿈을 명시화할 때는 당신이나 다른 누군가가 측정할 수 있는 식으로 해라. 그래야 꿈을 확실히 실행 가능하게 세분화할 수 있다. 관건은 세세하고 꼼꼼한 계획 짜기가 아니다. 그저 분명한 걸음마를 떼면 된다. 그런 걸음마가 정신과 감정과 행동의 기강을 키워줄 거다. 기강 문제는 앞으로 이어지는 장에서 차차 얘기해보자.

5단계: 다음에 할 3가지 행동을 정해놓고 지금 시작하기

최종 목표의 해결에 점점 다가가기 위해 필요한 3가지 간단한 행동은 뭐가 있을지 생각해봐라. 10분 내에 할 수 있고, 지금 당장 우선적으로 실행할 수 있는 행동은 뭐가 있을까? 전화 걸기, 약속 잡기, 이메일 보내기, 팔굽혀펴기, 수강 신청 같은 소소하면서도 능동적인 행동 방법에 중점을 둬라. 정보 조사는 대찬성이지만 그게 오히려 안전지대 안에서 꾸물대며 벗어나지 않으려는 손쉬운 방법으로 전락하는 경우가 많으니 조심해야 한다. 뭔가를 조사해야 한다면 직접적인 방식을 생각해봐라. 기사를 찾아 읽는 대신 당신이 하고 싶은 그 일을 해본 사람 중에 이야기를 나눌 만한 사람을 찾아라. 온라인 강좌를 시청하기보다는 가까운 곳에서 하는 오프라인 강좌에 수강 신청해라. 이렇게 하기가 불가능한 경우도 있겠지만 안전지대를 벗어나 불편함을 헤쳐나가는 훈련을 해야 한다. 무섭고 주눅 드는 상황에 스스로 뛰어들어라. 그런 상황이 바로 해결 가능성의 마법이 펼쳐지는 무대다!

다음 장에서도 얘기해볼 테지만 "잠깐, 아직 준비가 안 됐어" 하고 말하는 버릇을 피해야 한다. 무슨 일이 있어도 오늘 바로 첫 번째 행동을 실행해라. 지금 당장 해야 한다는 얘기다. 읽고 있던 이쪽에 따로 표시를 해두고 첫 번째 행동을 실행해라. 그리고 달력에 두 번째와 세 번째 행동을 실행할 날짜도 표시해둬라.

마치고 올 때까지 기다릴 테니 지금 당장 하고 와라.

속담에도 있듯이 '언젠가(someday)'라는 요일은 없으니까.

● **보너스 조언: 당신이 통제할 수 있는 것에 집중하라!**

단순한 개념이지만 당신이 성공하는 데 아주 중요하다.

어떤 경우든 주의력, 에너지, 노력의 초점을 당신이 할 수 없는 일이 아니라 당신이 통제할 수 있는 일에 집중해라. 당신의 말, 행동, 태도, 관점, 집중력, 노력, 에너지는 언제든 당신의 통제권 안에 있다. 맘에 들건 안 들건 어쨌든 일어난 사건이나 상황에 어떻게 대응할 건지도 당신의 권한이다.

반면 당신의 통제권에 들지 않는 일들도 있다. 타인과 타인의 말, 행동, 태도, 관점, 집중력, 노력, 에너지다. 날씨, 불가항력, (중력같이) 인간의 존립을 지배하는 자연법칙 역시 당신이 통제할 수 없는 영역이다.

가령 당신에게 새 직장을 구하는 게 하나의 꿈이라고 쳐보자.

당신은 누군가가 당신을 고용하게 만들 수 없지만(그것은 당신의 통제권 밖이지만) 당신의 취업 성공을 좌우할 가장 중요한 요소들은 100퍼센트 당신의 통제권 안에 있다. 다음이 몇 가지 예다.

- 이력서를 내고 또 내면서 부지런히 취업 문 두드리기.
- 이력서를 최대한 경쟁력 있게 작성하기.
- 추천장 받기.
- 면접 기술 키우기.
- 해당 기업과 팀과 직위를 철저히 조사하고 준비하기.
- 시간 엄수, 에너지, 태도, 화술 등으로 보이는 인상에 신경 쓰기.
- 해당 기업에 당신이 쓸모 있는 인재임을 인상적으로 호소하기.
- 감사 편지, 시기적절한 의사소통력, 적절한 후속 조치.
- 배우면서 부족한 부분을 개선하기 위한 피드백 요구.
- 도전하거나 퇴짜 맞을 때마다 점점 발전하는 유형인지, 아니면 점점 분개심이 쌓이는 유형인지 여부.
- 먼 곳의 직장이나 새로운 지역으로의 이사를 고려하는지 여부.
- 직장을 구할 때까지 끊임없이 스스로를 발전시키려는 끈기.

어떤 꿈이든 어느 시점에 이르면 다른 사람들과 협력하거나 최소한 우호적 교류라도 나눠야 할 때가 생긴다. 사회 지능(사회성과 밀접한 개념으로 사회적 관계 혹은 인간관계에서 타인을 이해하고 동시에 그 관계 속에서 적절하게 대처하고 행동하는 능력-옮긴이) 기르기를 평생 노력해야 할 과제로 삼아라. 사회 지능을 기르려면 설득, 영향력, 마케팅, 영업 분야에도 관심을 가져야 한다. 모두 다 배워서 익힐 수 있는 기술이니 이런 기술 따위는 필요 없다고 생각해도 배워야 한다. 배워두면 써먹을 일이 있을 테니까. 이 기술들은 모두 깊이 있고 충실한 연구가 이뤄지고 있는 분야라 마음만 먹으면 관련 자료도 쉽게 구할 수 있다. 남들을 바꾸거나 통제할 수는 없지만 긍정적 호응의 가능성을 높이는 화술의 달인이 되는 요령은 윤리적 방법으로 익힐 수 있다.

이 순간부터는 당신이 해결해내려 마음먹은 게 뭐든 간에 당신이 할 수 없는 일이 아니라 당신이 통제할 수 있는 일에 집중해라. 이왕 시작한 김에 당신이 써놓은 꿈을 보면서 다음 질문에도 답을 써봐라.

이 실행 과정에서 내 통제권 안에 있는 부분은?
내가 발전시키고 습득할 만한 기술들은 뭐가 있을까?

당신이 내놓은 답은 이제 다음 행동들의 지속적인 동기부여가 돼줄 거다.

꿈 정하기 FAQ

Q 하지만 이번 1년 동안 성취하고 싶은 목표와 꿈과 프로젝트가 많다면?

A 아주 멋진 일이다. 모두 다 종이에 적어라. 다만 이 책을 최대한 활용해 '해결 불가능한 문제는 없다'는 인생관을 정복하려면 하나의 주된 목표에 집중하는 게 중요하다. 가장 시급하고 고무적

이고 중요한 하나를 선택해라. 당신의 마음을 사로잡고 있는 그 하나, 고통이나 두려움이나 흥분을 가장 크게 일으키는 하나를 골라라. 이건 당신이 삶의 결실을 얻게 해주려고 하는 애기다. 그러려면 기강, 집중력, 행동 편향(똑같은 결과 혹은 더 나쁜 결과가 나오더라도 가만히 있는 것보다 행동하는 편이 낫다는 믿음-옮긴이)을 키워야 한다. 해결 가능성의 결승선으로 이끌어줄 습관, 관점, 심적 모형(세상에서 일어날 수 있는 사건이나 상황을 묘사하는 마음의 표상-옮긴이)을 내면화해야 한다. 하나의 중요한 목표를 골라 내면의 팔랑귀를 제거해라. 그 후엔 어떻게든 하고 또 하고 또 반복하면 된다.

Q 내 꿈이 북극곰 구하기나 유방암 치유 같은 일과 상관없어도 괜찮을까? 내가 바라는 건 돈을 잔뜩 벌어놓고 나서 평생 일 안 하고 사는 것뿐인데.

A 돈 걱정 없이 사는 건 멋진 목표다. 나도 해결하고 싶은 문제로 삼았던 적이 있었고 그 경험을 감사히 여기고 있다. 그렇긴 해도 진정으로 풍요로운 삶은 뭔가에 기여하는 활동에서 비롯된다. 실제로 내가 아는 사람들 중에 (물려받은 게 아니라) 스스로 큰 부를 이룬 이들을 보면 다른 사람들에게 기여하는 걸 삶의 중심으로 삼고 있다. 해변에서 마르가리타를 홀짝이며 시간을 보내거나 클럽에서 돈을 물 쓰듯 쓰는 사람은 1명도 없다. 의욕적이고 적극적으로 나서서 더 배우고 더 일하고 더 베풀고 더 나은 사람이 되기 위해 끊임없이 새로운 일에 도전한다. 모두 자신의 일, 사업, 우정, 창의성, 박애주의 활동을 통해 세상에 크나큰 선

을 베풀고 있다. 그러니 어쨌든 목표한 돈을 벌되 이것만은 알아두길. 당신이 얻을 수 있는 게 아니라 당신이 베풀 수 있는 걸 마음에 품고 삶을 꾸려나갈 때, 말뜻 그대로 대박 난 사람으로 살게 될 거다.

이런 맥락에서 마지막으로 덧붙일 말이 있다. 모든 사람이 난관과 씨름하고 있다는 사실을 절대 잊지 마라. 이 문제에 있어서는 한 사람의 예외도 없다. 나는 내 직업 덕분에 세계적으로 알아줄 만큼 창의적이고 재능이 뛰어난 인물 몇 명을 코앞에서 마주하는 영광을 누려왔다. 그런 인물들 역시 재산이나 명성이나 인지도에도 불구하고 모두 나름의 개인적 난관과 씨름하고 있다. 우리는 누구나 약점과 불안감을 갖고 있다. 돈이 많다는 건 멋진 일이다. 하지만 돈이 모든 문제를 해결해주진 않는다. 인간에게는 성취하기 위해 노력할 의미 있는 과제가 필요하다. 사랑으로 강하게 이어진 관계가 필요하다. 아침에 눈을 뜰 이유가 있어야 한다. 타인과 유대를 맺고 타인을 위해 기여해야 한다. 그러지 않으면 타격이 생기고 만다. 못 믿겠으면 로또 당첨자들의 악몽 같은 삶과 자살 이야기를 읽어봐라. 은퇴자들 가운데 일을 그만둔 후 사망하거나 따분함과 우울함을 견디다 못해 다시 일을 시작한 이들이 얼마나 많은지도 살펴봐라.

Q 내 꿈이 그다지 크거나 원대하거나 장기적인 게 아니라면? 아주 시시한 거여도 괜찮을까?

A 규모는 주관적이다. 어떤 사람에겐 원대한 꿈이 또 다른 누군가

에겐 애들 장난처럼 여겨질 수도 있다. 우리는 저마다 가진 기량이나 삶에서의 성취 욕구가 다르다. 통념과는 달리 큰 꿈이 반드시 더 훌륭한 꿈인 건 아니다.

우선 큰 꿈은 무기력을 유발해 역효과를 낳을 우려가 있다. 특히 자신감에 타격을 입은 경우일수록 더하다. 심한 신체적·심리적·정서적 고통에 짓눌리는 경우에도 마찬가지다. 그런데 아침 기상이나 매일 산책하기, 심지어 친구에게 전화 걸기 같은 작은 꿈들을 통해 얻는 성공이 하늘과 땅 차이의 변화를 일으켜주기도 한다. 작은 꿈이라고 해서 얕봐선 안 된다.

우리 인간은 진보에 의지해 번영한다. 계기가 있어야 동기가 자극된다. 나는 언제나 비교적 큰 목표들을 당장 성취 가능한 과제로 세분화한다. 바로 지금도 이 책 전체가 아니라 이번 장을 끝내는 과제에 전념 중이다. 이런 식으로 작은 성공들이 쌓이고 쌓인다. 큰 꿈들은 모두 이렇게 이뤄진다. 작게 시작한다고 해서 작게 생각할 일은 아니라는 얘기다.

이어서 살펴볼 요점은 설령 고려되더라도 드물게 고려되는 사항으로, 크고 장기적인 목표에 힘쓰도록 자신을 억지로 밀어붙이면 오히려 역효과가 나기 쉽다는 사실이다. 3년이나 5년 혹은 10년 후에 당신이 뭘 하거나 어떤 사람이 돼 있을지의 운명은 아직 정해져 있지 않을지 모른다(이와 관련된 내 경험담이 궁금하다면 '7장 완벽함이 아닌 진전'을 참고하기 바란다). 그러니 마음속에 거대한 꿈을 그리며 그 경로에 스스로를 가두는 건 당신이 할 수 있는 최악의 시도가 될 수도 있다. 기껏 애써봐야 눈물과 좌절만 낳고 통찰력도 없는 패배자처럼 느껴지기 마련이다. 당신 자신을 장기적 꿈속으로 억지로 밀어 넣지 말고 관점을 바꿔라. 단기적으로 생각해라. 당장 눈앞에 있는 중요하고 작은 꿈에 초집중해라. 새로운 포토샵 기술을 완벽히 터득하든, 아니면 차고 청소, 아르바이트 하나 더 구하기, 피트니스 클럽에 다시 다니기, 첫 번째 단편소설 쓰기 등의 다른 뭘 하든 바로 지금 당신의 삶에서 절박한 꿈을 성취하면 집중력, 기강, 자신감이 더욱 커진다. 대체로 당장 눈앞의 작은 목표를 하나씩 정복하다 보면 앞으로의 큰 과제를 위한 추진력과 자신감이 길러진다.

마지막으로 한마디만 더하자면 당신 자신의 독자적인 꿈들을 존중하는 것의 효과를 과소평가해선 안 된다. 당신은 반복 불가능한 화학반응으로 태어나 대체 불가한 자질로 인코딩된 존재이므로 꿈의 크기와 범위도 그만큼 독자적이다. 똑같은 인생이란 없다. 당신의 인생 여정은 다른 누구와도 다르다. 지역 전문 대학의 조류 관찰 강좌에 등록하는 게 당신의 얼굴을 환하게 밝혀주는 일이라면 그렇게 해라. 당신의 가슴을 활활 타오르게 하면서 활기를 주는 거라면 그게 뭐든 관심을 기울여야 한다. 바로 지금 당신의 영혼이 들어주길 바라며 고함지르고 있다. 당신 삶이 진전되도록 인도해주는 게 바로 영혼의 역할이다. 영혼의 소리에 귀 기울여라. 그게 아무리 이해하기 어렵거나 시시해 보여도 당신만의 이색적인 그 기호를 따라라.

Q 내 꿈이 스스로 감당하지 못해 무기력에 빠질 만큼 너무 큰 꿈이면 어쩌지? 그 규모를 생각하는 것만으로도 얼어붙으면?

A 당신의 꿈 중에 세계 빈곤 문제 해결이나 성차별 근절이 있다면 우선 찬사를 보내고 싶다. 내가 이 책을 쓴 주된 이유 중 하나가 바로 당신 같은 사람이 많길 바라서다. 이런 큰 변화를 일으키기 위해서는 다양한 기술, 재능, 관점이 전면적으로 활성화돼야 한다. 거대한 꿈은 언뜻 보기엔 다다르기 불가능해 보인다. 하지만 현재 상황에서 현재 할 수 있는 일부터 일단 시작하면 실질적 가능성은 생각했던 것보다 높다. 이제껏 역사상 위대한 혁신들이 모두 그렇게 일어났다. 대대적인 문화의 변화는 단계적으로 일어난다는 사실도 받아들여야 한다. 우리가 살아 있는 동안 궁극적인 결승선을 넘지 못할 수도 있겠지만 그렇다고 그 과정에서 굉장한 진전을 이뤄 무수한 삶에 긍정적인 영향을 미치지 말라는 법도 없다. 한 예로 선구적인 페미니스트 사상가 메리 울스턴크래프트(Mary Wollstonecraft)가 《여성의 권리 옹호》를 쓴 건 1792년이었다. 하지만 그로부터 128년이 지난 1920년에 이르러서야 미국의 일부 여성들이 투표권을 얻었다. 그리고 1965년이 돼서야 투표권법(Voting Rights Act)에 의거해 흑인계 미국인의 투표권이 전면적으로 보호받게 됐다.

시간을 빠르게 되돌려 50년 전인 1970년으로 가보면 미국 법에 다음과 같은 내용이 아직도 남아 있다.

나의 인생을 바꾼 성공 공식 everything = figure out

- 대다수 주에서 임신한 여성을 합법적으로 해고할 수 있었다.
- 은행들은 신용 대출을 신청하는 여성에게 남편이 보증을 서주도록 요구할 수 있었다.
- 12개 주에서 아내를 강간한 죄로 남편을 기소할 수 없었다.

도무지 믿기 어렵지 않은가? 이 글을 쓰고 있는 현시대는 21세기를 훌쩍 지난 시점이지만 여전히 남녀 동일 임금을 위한 투쟁이 진행 중이다. 그렇다고 해서 울스턴크래프트의 노력이 헛된 것이었다고 말할 수는 없다. 울스턴크래프트가 살아생전에 성평등 문제를 '해결해내지' 못했다 해도 그녀의 노력은 성평등이라는 퍼즐에서 없어서는 안 될 중요한 조각이었다. 자신의 뒤를 이은 수 세대의 여성들을 위한 길을 닦는 데 이바지했다.

우리 사회의 가장 아픈 집단적 문제들 중에도 해결책을 마련하는 데 기나긴 시간이 걸릴 만한 문제들이 여럿 있다. 달 탐사 로켓 발사같이 단기간에 이뤄지기 힘든 꿈을 목표로 삼고 있다면 일단 지금 있는 곳에서 시작해야 한다. 마틴 루터 킹 주니어 목사가 우리에게 가르쳐줬다시피 믿음을 갖고 첫발을 떼라. 올라야 할 계단의 전체를 올려다보려 할 게 아니라 일단 첫발을 떼라.

내일 당장 세계를 구하지 않아도 된다. 우선 오늘 단 한 사람에게 변화를 일으켜주면 된다. 그다음에 또 한 사람 그리고 또 다른 한 사람에게 계속 변화를 일으켜주면 된다. 이 책의 모든 얘기는 당신에게도 해당된다. 미루지 말고 지금 시작해라.

Q 의욕이 자극되거나 흥분되거나 중요하게 여겨지는 게 아무것도 없다면 어쩌지? 내가 원하는 게 뭔지 정말 모르겠다면?

A 당신이 '꿈무기력증'이라면(이런 증상을 지닌 사람들이 실제로 있다) 다음의 연습이 당신이 정말로 원하는 게 뭔지 해결하는 데 유용할 거다. 게다가 그동안 왜 모르고 있었는지도 이해하게 될 거다. 해보면 눈이 확 떠지는 강렬한 경험이 될 테니 다음 지침대로 7일 동안 하루에 10~15분 정도씩 글을 써봐라. 손으로 직접 쓰면서 하길 적극 권한다.

먼저 '내가 정말로 원하는 건…'으로 시작하는 문장을 쓰면서 종이 한쪽을 다 채울 때까지 계속 써라. '내가 정말로 원하는 건…'이라는 유도문을 당신이 필요한 만큼 몇 번이고 다시 쓰면서 쭉 써봐라. 자신을 꾸미거나 검열하지 마라. 철자나 문법도 신경 쓰지 마라. 그 한쪽을 빼곡히 채우면 그날의 과제는 그것으로 끝이다. 아직은 다시 읽어보면 안 된다.

이어서 6일 동안 새 종이를 준비해 똑같이 한다. 7일째 되는 날에는 그동안 썼던 글을 모두 읽어보고 가장 많이 반복된 바람에 동그라미를 쳐봐라. 그다음엔 새 종이를 앞에 놓고 맨 위에 '해결 불가능한 문제는 없다'는 말을 적은 후 그 밑에 가장 많이 반복된 바람을 정리해 적고 나서 다음 문장을 완성해 적어라.

- 내가 정말 원하는 건 _____ (가장 자주 반복해서 썼던 바람으로 빈 칸을 채운다). 왜냐하면 … (이 바람이 당신에게 중요한 이유를 쓴다).
- 이 바람을 해결하면 그때는 기분이 … (그때 어떤 감정이 느껴질지를

쓴다).

- 내 생각엔 예전에 이 바람을 해결하지 못했던 이유가 ….
- 솔직히 고백해서 이 바람을 해결하기 위해 해야 할 일이었지만 의욕이 생기지 않았던 일이 뭐였냐면 ….
- 이제 이 바람을 해결하기 위해 기꺼이 할 마음이 생기는 일은 ….

다 쓰고 나면 다음 글로 마무리해라.

- 자, (당신 이름 써넣기)야, 해결 불가능한 문제는 없어.

솔직하고 열린 마음으로 글을 다 쓰고 나면 당신이 정말 원하는 것만이 아니라 그 바람을 해결하기 위해 나설 방법도 알게 될 거다.

휴! 드디어 다왔다.

이번 연습을 최선을 다해 마쳤다면 (혹은 최선을 다해 하고 있는 중이라면) 정말 잘했다! 당신은 지금 해결 가능성의 철학을 정복하기 위한 길을 걷는 중이다. 하지만 막 생각난 대답이 있거나 건성으로 대답했던 부분이 있다면 멈춰 서라.

앞으로 되돌아가 다시 대답해라.

종이를 집어서 대답을 써나가라. 지금 당장.

(다음 차례인 빠른 성과 달성을 위한 단순하지만 효율적인 전략을 위해서도 그 하나의 확실한 꿈이 필요하다.)

이 부부는 현상 유지에 만족하지 않고 런던과 뉴질랜드 사이에서 시간을 쪼개는 문제를 해결해냈다.

저희 부부 이름은 폴과 킴이에요. 뉴질랜드 출신으로 런던에 거주 중인데 말 그대로 고향 반대편에 살고 있는 셈이죠! 새로운 고향에서 서로 사랑하며 산 지 7년이 지나면서부터 가족과 너무 멀리 떨어져 있다는 사실을 점점 더 의식하게 됐어요. 특히 연로하시고 건강이 안 좋은 부모님, 친구들, 형제들, 조카들, 대자녀들이 그리웠어요.

저희는 머리를 맞대고 다음의 둘 중 하나를 선택하기로 했어요.

1. 우리 삶, 커리어, 아파트, 런던에서의 교류를 포기하고 뉴질랜드로 아주 돌아가기(정말 그러기 싫었어요!).
2. 휴일 수당과 모아놓은 돈을 탈탈 털어 해마다 뉴질랜드에 다녀오기(하지만 휴가 때 종종 유럽 여행도 다녀오지 못하면 런던에서 사는 묘미를 제대로 못 누리는 셈이잖아요? 또 1년에 1번 잠깐 보는 건 가족과 정말로 정 깊은 시간을 보내기엔 너무 빠듯하지 않을까 싶기도 했어요).

● **도전 과제:** 그동안 런던에서 쌓아온 모든 걸 희생시키지 않고도 뉴질랜드에서 더 많은 시간을 보낼 수 있도록 머무는 장소에 구애받지 않는 삶을 (더불어 장소에 구애받지 않는 직업까지 갖고!) 영위

해나갈 방법 찾기.

저희 부부는 두 번째 선택지를 실험해보며 뉴질랜드에서 1달을 보내기 위해 휴가 수당과 모은 돈을 모두 썼어요. 스트레스가 심했고 썩 만족스럽진 않았어요. 그러다 장거리를 자동차로 이동하던 중에 우리 삶에 대해 긴 시간 동안 감정을 터놓고 깊이 있는 대화를 나누게 됐어요. 저희는 뉴질랜드로 아주 돌아가고 싶진 않았지만 런던에서의 직장 생활 역시 언제까지나 보장된 건 아니었죠.

그런데 대화 중에 퍼뜩 묘안이 떠올랐어요! 함께 개인 사업을 시작해보자는 거였죠! 그럼 서로의 실력을 합해 장소에 구애 없이 일하면서 함께 더 많은 시간을 보낼 수 있을 것 같았어요! 그때 저희는 차를 타고 오클랜드의 남부 고속도로를 달리던 중이었는데 저는 그 자리에서 당장 휴대폰으로 경영대학원에 등록했어요! 그 뒤로 저희 부부는 각자 하나씩 2개의 사업을 시도해봤는데 저희가 끌린 상품 판매 분야는 수익성이 떨어진다는 걸 깨달았어요. 알고 보니 저희만이 아니라 다른 사람들도 그 분야에 많이들 매력을 느끼고 있더라고요.

그해에 우리가 자주 주문처럼 인용했던 말은 '해결 불가능한 문제는 없다'였어요. 방향을 잃은 느낌이 들거나 좌절감에 빠질 때마다 서로에게 이 말을 해주며 마음을 추스르고 계속 밀고 나갔어요. 그러다 2개의 프로젝트를 따로따로 진행하는 게 에너지를 분산시키고 있다는 결론에 이르렀죠.

하지만 17년간 부부로 살아온 것과 동료로서 호흡을 맞추는 일은 별개의 문제예요. 저희는 신중을 기하기 위해 그동안 피해왔던 일을 했어요. 시장 적격성 조사였어요. 조사를 해보니 목표했던 분야가 저희에게 꽤 잘 맞는 분야였어요. 서로의 재능을 합하기에 딱 그만이었죠.

그렇게 해서 같이하게 된 사업이 뭐냐면 기업들이 소비자의 잠재 욕구를 파악하도록 돕는 일이었어요. 1년 후인 현재 저희는 장소에 구애받지 않는 소규모 사업체를 운영하고 있어요. 지금 이 글은 햇빛이 반짝이는 뉴질랜드에서 쓰고 있어요. 3개월째 이곳에서 가족, 친구들과 어울려 지내며 4개 국가의 의뢰인에게 일을 받아 원격으로 일하고 있어요.

꿈이 실현된 겁니다! 저희는 런던에서의 삶을 포기하지 않고도 가족들과 화기애애한 시간을 갖고 있을 뿐만 아니라 다른 꿈들도 실현할 수 있었어요. 마음속에 품고만 있었을 뿐 실현할 방법이 없던 그런 꿈들을요….

1. 덤으로 이룬 꿈 하나: 캘리포니아에서 1개월을 보내다 영국으로 돌아갈 계획입니다. 전부터 캘리포니아에 가보고 싶었거든요. 그곳의 태양과 해변, 실리콘밸리, 요가, 녹색 주스 문화에 끌려서요. 드디어 직접 느껴보러 갑니다!

2. 덤으로 이룬 꿈 둘: 처음 런던으로 이주했을 때 저희가 꿈꿨던 일이 어디든 유럽 국가 중 한 곳에서 지내며 새로운 언어를 배우는 거였지만 그럴 만한 묘안이 없었어요. 그런데 이

나의 인생을 바꾼 성공 공식 everything = figure out

제는 그 꿈이 실현을 앞두고 있어요! 캘리포니아에 다녀온 후 2개월 동안 스페인에서 지내며 일도 하고 스페인어도 배울 예정이거든요! 올레!

'해결 불가능한 문제는 없다'가 가능한 최상의 방법으로 저희 삶을 완전히 바꿔줬어요. 부디 더 많은 사람들이 이 말을 듣고 용기를 얻어 가장 간절히 바라는 꿈을 이루기 위해 힘쓰길 바랍니다. 저희가 그랬던 것처럼 그게 비록 예전에 포기했던 꿈들이더라도 부디 용기를 얻길!

– 장소에 구애받지 않는 폴과 킴

EVERY THING IS FIGURE OUTABLE

"준비됐어?" 클라우스가 마침내 물었다.
"아니." 서니가 대답했다.
"준비 안 된 건 나도 마찬가지야." 바이올렛이 말했다.
"준비될 때까지 기다리다간 남은 평생을 기다리는 데
다 보내게 될 거야."

레모니 스니켓(Lemony Snicket), 《레모니 스니켓의 위험한 대결 6. 아찔한 엘리베이터》

6장

준비되기 전에
시작하라

나는 길 한복판에 서서 타임스퀘어의 바이어컴(Viacom, 미디어 기업) 빌딩을 올려다보고 있었다. 사방에서 밀려오는 관광객들과 바쁜 걸음의 실업가들이 나와 부딪치며 지나갔다. 손바닥에는 땀이 차올랐다. 현기증이 나면서 토할 것 같았다. 브로드웨이 45번가 모퉁이의 철제 쓰레기통으로 눈이 갔다. 지금 가서 토해버릴까, 아니면 안에 들어갈 때까지 참아볼까? 내가 완전 사기꾼 심보로 찾아온 기분이 들었다. 곧 하려는 그 일에 나는 전혀 자격이 갖춰져 있지 않다는 생각 때문이었다.

자초지종은 이랬다.

브로드웨이 댄스 센터에서 생애 처음 댄스 강습을 받다가 울었다고 했던 그 얘기를 기억하는가? 실제로 춤의 세계에 뛰어들기보다 춤에 대해 생각만 하며 그 많은 세월을 낭비했다는 사실이 믿기지 않았다던 것도? 사실 나는 그 강습을 가까스로 마쳤다. 안무를 따라가느라 애먹고 음악이나 댄스 스타일을 제대로 소화하지 못했지만 그 한 번의 강습만으로도 내 삶은 바뀌었다. 덕분에 내 안의 댄스 본능이 해방됐으니까. 당시만 해도 나는 아직 친구 아파트에 얹혀살며 공기를 불어넣어야 하는 에어 매트리스에서 잠을 잤고 빚에 쪼달리며 간신히 먹고살던 처지였다. 그러니 브로드웨이 댄스 센터에서 지속적으로 수업을 받는다는 건 어림없는 생각 같았다(1회당 20달러라 총비용이 만만치 않았다). 하지만 밀고 나갈 방법을 찾아야 했다. 다행히 내겐 크런치 피트니스 센터의 회원권이 있었는데, 이 센터는 혁신적인 그룹 피트니스 강습으로 유명했고 댄스 강사 인력도 탄탄히 갖춰져 있었다.

힙합은 내가 대박 좋아하는 장르였다(물론 지금도 그렇지만). 어릴 때부터 힙합을 들으며 자랐고 지금도 힙합을 들으면 활기가 느껴진다. 나는 코칭 일과 바텐더 일을 병행하면서 비는 시간에 힙합 댄스 피트니스 강습이 있으면 무조건 수업을 받았다. 그러느라 주택단지와 상업 지구와 도심 반대편까지 이곳저곳 가리지 않고 체인점을 옮겨 다녔다. 안무를 배운 적도 없는 채로 무턱대고 춤의 세계에 도전한 터라 콤비네이션을 익히는 게 느렸지만 끈기 있게 매달렸다. 부족한 기교와 경험을 노력으로 메웠다. 그렇게 여러 달이 지나는 사이에 나는 말 그대로 크런치 피트니스 센터 강습 중독자가 되다시피 했다. 수업에 일찌감치 나와서 앞자리를 차지하고 전력을 다해 춤추는 사람들을 가리켜 우리끼리 붙인 애칭처럼 '앞줄의 마피아'가 됐다. 비장한 표정을 짓고 격정적으로 머리카락을 휘날리며 열심히 춤췄다.

그러던 어느 날 생각지도 못했던 일이 일어났다. 강습이 끝나고 여전히 땀을 뚝뚝 흘리며 숨을 고르고 있는데 강사가 내게 다가와 말했다. "춤 실력이 좋네요. 에너지가 느껴져요. 혹시 가르쳐보고 싶다는 생각 해본 적 없어요?"

당연한 얘기지만 나는 제대로 들었나 싶어서 양쪽으로 고개를 돌려가며 뒤를 돌아봤다. "네? 저한테 하신 말씀이세요? 가르친다고요?" 머릿속이 혼란스러웠다. 이 여자분 지금 제정신으로 하는 소린가? 정식으로 훈련받은 적도 없고 기교도 없는 나한테? 뭣도 모르고 춤추는 나한테?

강사가 말을 이었다. "곧 강사 선발 오디션이 있어요. 꼭 참가해 봐요. 당신은 어딘가 좀 특별해요."

나는 정신이 멍하고 그 말이 믿기지 않았지만 한편으론 흥미가 일었다. 너무 오랫동안 자존감이 잔뜩 구겨져 있던 상태라 누군가 가 내게 소질이 좀 있다고 말해주니 용기가 일었다.

올바르게 미래를 걱정하는 방법: 10년 후 상상해보기

집에 돌아온 나는 에어 매트리스에 앉아 강사 오디션에 도전해볼 지 말지 갈등했다. 마음이 갈팡질팡했다. 당연히 강습에 나가 춤을 배우며 활기를 느끼는 건 너무 좋았다. 하지만 코칭 사업을 키우며 돈을 더 벌어 안정된 생활 터전을 마련해야 하는 절박한 시점에 이런 새로운 활동에 시간과 에너지를 쏟는 게 과연 책임 있는 행 동일까? 벌써 4년이 돼가도록 내세울 만한 번듯한 커리어도 못 쌓 고 있는 주제에? 가족과의 관계도 소원해졌고 친구 집에서 지내 는 것도 점점 눈치 보이는 마당에? 마음잡고 어른답게 살아야 한 다는 압박감이 엄청나기도 했다. 춤에 대한 꿈을 좇다가 더 뒤처 지게 될까 봐 두렵기도 했다. 이 결정이 내 미래를 더 위태롭게 하 는 거면 어쩌지? 바로 그 순간 나는 단순하면서 깨우침을 주는 질 문을 떠올렸다.

10년 뒤에 이 일을 하지 않은 걸
후회 안 할 자신 있어?

그러니까 35살이 돼서 25살의 나를 되돌아볼 때 춤과 피트니스
에 대한 열정을 더 진지하게 좇을 기회가 왔는데도 잡지 않았던 걸
후회하지 않을까?

내 대답은 이랬다.

당연히 후회하겠지.

나는 단박에 (그리고 본능적으로) 깨달았다. 35살의 마리가 현재의
마리를 타박할 게 뻔하다고. 그것도 아주 호되게.

미래를 걱정하느라 현재를 온전히 살아가지 못하는 건 사람들
사이에서 흔하게 나타나는 경향이다. 하지만 이런 경향을 전략적
으로 뒤바꿔보면 미래의 고통을 생각하며 괴로워하는 일이 변화를
위한 강력한 촉매제가 될 수도 있다. 나는 35살의 마리가 적어도
춤을 가르친다는 게 어떤 일인지 접해보려는 시도조차 안 한 걸 후
회하리라는 사실을 깨우치자마자 본격적으로 행동에 착수했다. 오
디션에 최대한 대비할 방법을 해결하는 데만 모든 관심을 쏟았다.
힘닿는 대로 많은 댄스 강사들을 찾아다니며 조언을 구했다. 또 단
순한 일련의 춤 동작을 짜내느라 필사적으로 매달렸다. 맞춰 출 음
악도 찾아봤다. 실전 연습을 몇 번이나 하고 또 했다.

어느새 오디션 날이 됐다. 나는 과도한 미소를 지으면서 한눈에

봐도 초조한 인상을 내보였다. 하지만 내 순서가 됐을 때 그럭저럭 준비해 간 동작을 다 마쳤다. 그렇게 마친 후엔 노력해서 개선해야 할 점들을 잔뜩 지적받았지만 정식으로 임시 강사에 등록됐다. 그 뒤부터는 댄스 수업, 피트니스 수업을 가리지 않고 내가 좋아하는 강사들을 그림자처럼 따라다니기 시작했다. 항상 작은 리걸 패드를 들고 다니며 강사가 어떤 감동적인 말이나 행동을 했다 하면 허리를 굽혀 급히 메모한 다음 다시 허리를 펴고 하던 동작을 이어서 했다. 많은 인원의 수업을 잘 이끌어가는 요령을 최대한 낱낱이 흡수하겠다는 결의로 임했다. 춤과 피트니스의 세계에 깊이 빠져들수록 편안함과 자신감도 늘어갔다. 작지만 의미 있는 이 진전은 내 코칭 활동에도 영향을 미쳐서 나는 어느 순간부터 더 확실하고 간단명료한 어투로 대화를 나누게 됐다. 에너지와 열정이 더욱 끌어올려졌다. 그러던 어느 날, 갑작스럽다 싶게 커리어의 신들로부터 간결하고 소중하고 영적인 메시지를 선물받았다. 두 마디의 짧은 메시지였다. 하지만 어떤 메시지인지 알려주기 전에 먼저 짚고 넘어갈 맥락이 있다.

불량 장난감 섬에서 얻은 영감

나는 스톱 모션 애니메이션 크리스마스 특집극을 완전 좋아했다. 그중에서도 1964년 제작된 〈루돌프 사슴코(Rudolph the Red-Nosed Reindeer)〉는 특히 더 좋아했다. 잘 모르는 독자를 위해 줄거리를 짧게 소개하면 이런 내용이다. 루돌프는 다른 사슴들과 다르다는 이유로 자신이 사는 순록 마을에서 따돌림당한다. 남달리 크고 붉고 빛나는 코 때문에 별종 취급을 받는다. 마음의 상처와 굴욕감을 견디다 못해 숲으로 도망친 루돌프는 자신처럼 무리에서 뛰쳐나온 요정 허미를 만난다. 허미는 장난감 만드는 일에 도무지 흥미가 일지 않아 산타의 작업실에서 도망쳐 나온 참이었다. 허미에게는 다른 꿈이 있었다. 너무 별나서 얘기했다가 비웃음을 샀던 꿈으로, 바로 치과 의사가 되는 것이었다. 루돌프와 허미는 같이 부적응자로 살기로 결심했고 마침내 불량 장난감 섬(Island of Misfit Toys, 'Misfit Toy'는 부적응자라는 뜻으로도 쓰임-옮긴이)에 이르게 됐다. 세계 곳곳의 사랑받지 못하거나 천대받는 장난감들이 모여 사는 섬이었다. 이곳에는 사각형 바퀴가 달린 귀여운 열차도 있고 타조를 타고 다니는 카우보이도 있다. 그중에서 내가 제일 좋아한 장난감은 잭인더박스(jack-in-the-box, 뚜껑을 열면 용수철에 달린 인형 등이 튀어나오게 돼 있음)였는데, 인형은 자기 이름은 찰리라며 울었다. "찰리인더박스를 사달라고 조르는 아이가 어디 있겠어?"

나는 스스로를 불량 장난감 섬의 명예주민으로 자처한다. 루돌프와 허미처럼 줄곧 부적응자라고 느껴왔으니까. 내가 내리는 선택은 정상적인 것과 어긋나 보이는 경우가 많았다. 그래서 커리어의 신들로부터 깜짝 선물을 받았을 때 정말 든든했다. 머릿속에서 이 두 단어를 처음 듣는 순간 다른 누군가가 내게 속삭여주는 것 같았다. 부적응자적인 그 길을 따라가라며 슬쩍 내 등을 떠밀어주기 위해 비밀 단서를 일러주는 것 같았다.

다중열정적

기업가형.

마리⋯

너는 다중열정적 기업가형이야.

내가 암시를 준 적도 없는 일을 붙들고 그만 좀 징징대!

이 짧은 두 마디는 그 시기 내 인생에 작지 않은 변화를 일으켰다. 그 순간 이후부터는 사람들이 무슨 일을 하느냐고 물으면 별 고민 없이 다중열정적 기업가라고 대답했다. 이제는 사회적으로 인정받을 만한 떳떳한 직업이 없다는 생각에 부끄럽다는 느낌이 들기보다 오히려 으스대는 것 같아 살짝 뜨끔한 느낌이 든다. 내가 '다중열정적 기업가'라고 대답할 때마다 사람들은 흥미를 보이며 그게 무슨 뜻이냐고 물었다. 그러면 나는 내가 생업으로 벌이는 온갖 활동에 대해 짧게 알려줬다. 코칭 활동, 어느 사진가의 개인 비서 일, 바텐더 일 그리고 막 시작한 춤과 피트니스 분야 활동까지. 그 두 마디 메시지는 나에게 새로운 맥락을 제시해줬고 그 맥락 속에서 나는 나 자신을 새로운 관점으로 보게 됐다. 그리고 그 당연한 결과로 새로운 기회가 열렸다.

우리 문화는 커리어, 직업, 생계와 관련해 구시대적 통념에 물들어 있다. 이 통념은 대체적으로 산업 시대의 유물과 전문화 요구로 요약된다. 우리 사회가 성인 역할을 하기 훨씬 전부터 우리에게 부과하는 사회적 기대는 이런 식이다. (보수가 좋은) 하나의 희망 직종을 선택해서 과도한 빚을 져가며 그 한 분야와 관련된 교육을 받고 그 뒤로 40년이 넘도록 그 선택 분야에서 한 우물을 파면서 어느 날 은퇴를 맞더라도 먹고살 만큼의 돈을 충분히 벌길 기도하며 죽을 때까지 파산하지 말고 살아야 한다고. 이런 개념은 철저히 구시대적일 뿐만 아니라 여러 이유에서 위험하기까지 하다. 위험한 이유를 대자면 한둘이 아니지만 우리 중에는 그런 식의 편협하고 장기적인 초점이 태생적으로 맞지 않는 사람들이 많다는 점에서도 위험하다.

물론 평생 한 분야에 전념하는 게 천성적으로 잘 맞고 만족스러운 사람들도 있다. 이들은 더러 어릴 때부터도 확신이 있고 열정적이다. '나는 꼭 _____(작가, 건축가, 음악가, 신경 과학자, 세일즈 부문 이사, 수학자, 엔지니어, 발명가, 변호사, 배우 등)이 될 거야.' 사회는 이런 유형의 사람들을 아주 좋아한다. 당신도 여기에 속하는 사람일 수도 있다.

하지만 태생적으로 이런 방식이 잘 맞지 않는 사람들도 있다. 이들은 다중열정적이고 창의적이다. 다양한 데다 대체로 공통점이 없어 보이는 이런저런 분야 사이에 점을 연결하며 수년, 심지어 수십 년을 보낸다. 그러다 결국엔 (그리고 대개의 경우 과거를 돌이켜볼 때) 아주 많은 기술, 경험, 아이디어를 엮어 다층적이고 다면적이고 독특한 짜임새의 커리어를 이뤄낸다.

이것 하나는 확실하다. 평생 직업 찾기에는 정해진 청사진이 없다. 우리는 저마다 전적으로 개별화된 모험 길을 걷고 있다. 당신의 가슴이 보내는 신호를 신뢰할 줄 아는 지혜와 자신만의 독자적 여정을 걸어갈 용기를 갖춰야 한다.

'다중열정적 기업가형'이라는 이 짧은 두 마디 덕분에 나는 마침

내 전통적인 커리어 틀에 나 자신을 끼워 맞추려고 낑낑대길 멈추면서 그 틀에 잘 맞지도 않는 날개를 쫙 펴고 나는 데 필요한 마음의 자유를 얻게 됐다.

심술궂게 당신의 발목을 잡는 그 작은 거짓말

내가 바이어컴 빌딩 밖 공용 쓰레기통으로 달려가기 직전의 이야기로 다시 돌아가보자. 불과 2주 전에 나는 크런치 피트니스 센터에서 힙합 수업을 막 맡게 됐다. 행운이라는 게 으레 그렇듯 그때 MTV의 프로듀서가 초창기 수업 수강생으로 들어와 있었다. 몸풀기 동작을 마쳤을 즈음 그녀가 다가오더니 자기소개를 했다. "안녕하세요. 어쩜 그렇게 음악 선곡이 좋고 에너지가 넘치세요! 저기, 제가 쇼 프로그램을 진행 중인데 안무가 겸 프로듀서 자리가 하나 비어 있거든요. 한번 오셔서 제 상사를 만나보시지 않을래요? 그 자리에 정말 잘 맞으실 것 같은데."

다시 말하자면 그때는 내가 아직 춤의 세계에서 완전 생초짜였을 때였다. 어쨌거나 나는 이제 막 내 수업을 맡은 데다 그 피트니스 센터는 전문 댄스 스튜디오도 아니었다. 브로드웨이 댄스 센터의 모던재즈 초보반 수업에 들어간 이후 불과 몇 개월밖에 지나지 않은 때였다. 그런 내가 MTV에 들어와보라는 면접 제안을 받게 되다니 머릿속에서 이렇게 외쳐댔다.

꿈 깨시지, 아직 그 정도로 준비되진 않았잖아! 이건 아니야. 좀 더 나중에 이런 기회가 왔다면 얼마나 좋아? 춤에 대해 뭘 좀 알게 됐을 때, 그러니까 경험이 더 쌓였을 때, 자신감이 더 생겼을 때 말야? 그러니까… 준비가 됐을 때 이런 기회가 왔어야 한다고.

하지만 내가 몇 번이나 거듭거듭 깨닫게 된 진실이 하나 있다.

하기로 마음먹은 중요한 일을 준비됐다고
느껴질 때까지 기다리다간 평생 못한다.

덜컥 겁이 났지만 딱 잘라 거절할 만한 변명거리를 찾을 수 없었다. 나는 MTV를 보며 자란 세대였다. MTV의 명성을 잘 알았다. 게다가 돈도 더 벌어야 하는 처지였다. 되든 안 되든 시도라도 해봐야 했다. 결국 나는 좋다고 대답하며 면접 약속을 잡았고 그런 사연으로 그날 그렇게 바이어컴 빌딩 밖에서 땀에 축축이 젖은 채 울렁거리는 속을 부여잡고 있었던 거다. 나는 심호흡을 몇 번 한 후 안으로 걸어 들어갔다. 경비원에게 출입 허가를 받고 엘리베이터에 탔다. 24층까지 올라가는 동안 머리를 단정히 매만졌다. 혼신의 힘을 쏟자고 다짐했다. 평생에 1번 있을까 말까 한 기회 아닌가. 이제는 더 이상 젊은 나이도 아니고 두려움에 발목 잡히고 말면 나중에 후회할 게 뻔했다.

더군다나 이번 일이 잘되면 내가 간절히 원했던 또 다른 바람이 이뤄질 수도 있었다. 그때는 배우는 속도를 몇 배속으로 높이고 싶던 시기였는데 MTV 같은 환경에서 일하다 보면 댄서와 안무가와

리더로서의 성장 속도가 좌충우돌하며 혼자서 터득하려 고군분투
하는 경우보다 10배에서 20배까지 더 빨라질 수밖에 없었다. 엘리
베이터가 24층에 도착하자 나는 복도로 나와 그 상사의 사무실로
향했다. 그녀의 사무실 문 앞에서 긴장을 풀기 위해 머리와 어깨를
흔들고 목을 휘 돌린 다음 노크했다. 여기까지가 간략히 줄인 그날
의 얘기다.

솔직히 말해서 그 일자리를 얻는 일이 더 겁이 난 이유는 생각도
못하고 있다가 갑자기 나보다도 몇 년이나 경험 많은 댄서들을 리드
하고 관리하면서 창의성을 북돋워줘야 했기 때문이다. 당시 나는 내
가 멋모르는 풋내기라는 사실을 절감할 때가 종종 있었다. 대화를
나누다 보면 공연은 말할 것도 없고 댄스와 관련해 내가 모르는 용
어들이 나와서 아무것도 모르는 바보가 된 기분을 걸핏하면 느꼈다.

하지만 제대로 '준비되려면' 한참 먼 시점에서 수락한 그 하나
의 결정을 계기로, 내 커리어에서 아주 흡족한 부분을 차지하게 된
완전 끝내주는 프로젝트를 연이어 벌이게 됐다. 이 하나의 결정 덕
분에 이후 직접 출연해 찍은 댄스 피트니스 비디오를 여러 개 내고
여러 건의 광고에서 안무를 맡고 나이키 엘리트 댄스 팀에 선발되
어 전 세계를 여행하게 됐으니 말이다.

준비되기 전에 일단 시작하기로 했던 이 단 하나의 결정은 내 사
업과 인생의 전체 항로에 크나큰 영향을 미쳤다. 단 하나의 행동
덕분에 쌓은 인맥, (훗날의 〈마리TV〉에 도움을 준) 촬영 관련 기술, 제작
경험이 어마어마했다. 뿐만 아니라 코칭 고객들과 여러 개의 바텐
터 교대 근무 일정도 잘 관리해나갔다. 다시 말해 시간과 에너지를

체계적이고 집중력 있게 관리하는 요령이 생겼다. 게다가 이후에도 '준비되기 전에 일단 시작하기' 전략을 쭉 활용하며 배움과 성장을 가속했다. 요즘엔 꺼려지는 프로젝트에도 도전하고 있는데 준비됐다고 느끼기 전에 일단 시작하는 전략을 써서 값진 성과를 내지 못한 적은 한 번도 없다.

나는 〈마리TV〉를 통해 창의성과 성취도에서 세계적으로 알아주는 인물들 몇 명과 인터뷰를 나눴는데 놀랍게도 거의 모두가 준비가 됐다고 느끼기 전에 시작했던 얘기를 털어놨다. 장담하는데 당신 인생에도 이런 전략을 입증해주는 일이 있었을 거다. "아직 준비가 안 됐어"라는 만연된 작은 거짓말을 어찌어찌해서 무시한 덕분에 더없이 값진 성장을 경험한 적이 없었는지 생각해봐라. 두려움, 주저함, 불확실성을 무릅쓰고 앞으로 나아간 덕분에 값진 성장을 경험한 적이 없었나? 내 예감으론 있었을 거다. 시대를 초월하는 다음의 진실 때문이다.

모든 진전은 용기 있는 결정에서 비롯된다.

개인적 진전이든 직업적 진전이든 집단적이고 사회적인 진전이든 모두가 한 사람이 행동하기로 마음먹는 그 결정에서 비롯된다. 대체로 성공이 보장되기 훨씬 전부터 이제는 일어서자고, 소리 내어 말하자고, 행동에 나서자고 마음먹으면서 비로소 진전이 시작된다. 행동부터 해야 행동하려는 용기가 생긴다. **행동이 용기를 낳는 거지 용기가 행동을 낳는 게 아니다.**

행동은 동기를 낳기도 한다. 동기가 자극되길 기다릴 게 아니라 행동으로 분발해라.

운동을 예로 생각해보자. 운동은 언제나 하고 싶어지는 그런 활동은 아니다. 수시로 하고 싶지 않은 마음이 든다. 운동할 기분이 아니야, 피곤해, 그냥 하기 싫어, 내일부터 시작하자. 하지만 운동화 끈을 질끈 매고 일단 몸을 움직이는 순간 뭔가 특별한 일이 일어난다. 더 강력한 또 다른 힘에 이끌린다. 몇 분 만에 더 많은 활력과 생기가 느껴진다. 동기가 더욱더 자극된다. 며칠 동안 꾸준히 운동을 이어가면 도미노 효과가 발동되기도 한다. 어느 순간부터 별노력 없이도 몸에 더 좋은 음식이 입에 당긴다. 물을 더 마시게 된다. 심지어 다음번 운동을 고대하기도 한다. 이와 같은 현상이 거의 모든 창의적 노력에서도 일어날 수 있다. 운동 중인 물체는 운동 상태를 계속 유지하려는 경향이 있다. 행동을 하면 행동을 계속 이어가려는 열망이 자극된다.

그런 이유로 '준비되기 전에 시작하는' 연습은 해결 가능성의 철학에서 필수 요소다. 준비되기 전에 일단 시작하면 타성을 제거하고 힘을 북돋워줄 추진력을 얻는다. 당신이 해결하고 싶은 문제라면 무엇에든 예외 없이 적용되는 얘기다. 추진력은 비밀 묘약이며 추진력을 얻기 위한 유일한 방법은 다음과 같다.

'아직 준비되지 않았어.'
머릿속에서 이런 목소리가 들려도
고분고분 들어선 안 된다.

왜 반항해야 하느냐고? 개소리기 때문이다. 그 목소리는 나태하고 징징거리고 했던 소리를 또 하며 인생을 축내는 찌질한 기생충이다. 당신이 얼마나 준비가 안 돼 있는지, 이런저런 일을 얼마나 하고 싶지 않은지, 능력과 자질이 아직 얼마나 부족한지 따위나 줄줄이 늘어놓는 못난 목소리다. 그 목소리는 당신이 아니며 그 목소리가 하는 말은 맞지도 않다. 그 목소리가 가진 힘은 당신이 부여해주는 관심과 권위뿐이다. 그 목소리는 잔꾀가 좋아 논리적이고 이성적인 거짓말로 당신을 꼼짝 못하게 가둬놓기 위해 별별 소리를 다 해댈 테니 방심해선 안 된다.

- 타이밍이 좋지 않아.
- 상황이 ____하게 될 때까지 기다려야 해.
- 지금 시작하면 너무 많은 실수를 저지를 거야.
- 제대로 아는 것도 없는 내가 뭘 해.
- 나한텐 아직 계획도 없잖아.
- 나는 _____이(가) 잘될지 확신이 들기 전엔 _____의 위험을 감수할 수 없어.

이 목소리는 잘하는 게 하나뿐이다. 그저 당신이 얼마나 무능한 사람인지 짚어대는 얘기만 지겹게 늘어놓고 싶어한다. 그런 꼬임에 넘어가면 안 된다. 그 목소리에 반항하려는 훈련이 빠를수록 뭐든 해결할 수 있는 능력이 더 빠르게 커진다.

준비되기 전에 시작하기 세부 사항

'준비되기 전에 시작하기' 전략은 말 그대로다. 생각은 그만하고 행동을 시작하면 된다. 행동에 나서면 된다. 이메일 보내기든 수강 신청이든, 전화기 집어 들기든, 약속을 잡든, 대화를 나누든, 뭐든 해야 한다.

내가 5장에서 꿈을 구체적이고 측정 가능하며 실행 가능하도록 정하라고 깐깐할 만큼 강조한 이유도 여기에 있다. '여행 더 많이 다니기'보다 '이번 여름에 코스타리카로 서핑 캠프 가기'가 시작하기 훨씬 더 쉬운 꿈이다. 꿈이 세분화되면 다음에 취할 단계가 그야말로 명백해진다. 다음의 몇 가지 요점을 참고하면 준비되기 전에 시작하기 전략을 정복하는 데 유용할 거다.

1. '조사와 계획'의 탈을 쓴 미루는 버릇 경계하기

준비되기 전에 시작하란다고 해서 무식하게 밀어붙이거나 무턱대고 해보라는 얘기는 아니다. 꿈의 특성이나 당신이 이미 갖추고 있는 지식 수준에 따라 어느 정도의 초기 조사와 계획이 필요한 경우도 있다. 예를 들어 '12개월 안에 스페인어 유창하게 말하기'라는 궁극적 꿈을 이루기 위해 스페인어 몰입 강의와 개인 강습이 있는지 조사하고 관련 앱을 다운받을 수도 있다. 그 정도는 괜찮다.

단, 주의해야 할 점이 있다. 대체로 지나친 조사와 계획은 아까운 시간을 질질 끌게 만드는 주범이다. 몇 주, 몇 달, 심지어 몇 년이 지나도록 실질적이고 확실한 진전도 없이 '준비만' 하며 시간을

나의 인생을 바꾼 성공 공식 everything = figure out

보내기 십상이다. 온라인 조사의 경우 특히 더 위험하다. 나만 해도 조사에 매달려 며칠 동안 몇 시간이고 쓸데없이 허비한 경우가 너무 많아 셀 수 없을 지경이다.

잊지 말길 바란다. 당신의 꿈에 대해 낱낱이 알아야 할 필요는 없다. 미리 모든 단계를 세밀히 계획해둘 필요도 없다. 책과 웹사이트 뒤에 숨지 마라. 그렇게 숨을 게 아니라 행동 편향을 키워야 한다. 약속을 잡거나 현실 공간에서 대화를 나눠라. 그럼 더 많이 배우고 더 빨리 성장하게 돼 있다. 준비되기 전에 시작해야 한다. 준비되기 전에 시작해라. 일단 시작해라, 준비되기 전에!

조사가 반드시 필요하다면 적정선을 지켜라. 인터넷은 주의력을 흩트리는 방해 요소가 지뢰처럼 널려 있어 경계하지 않으면 당신의 가장 귀한 자산인 시간과 에너지를 게걸스레 집어삼키려 든다. 어떤 경우든 다음 단계를 취하는 데 충분한 정보만 얻고 그 외에는 한눈팔지 않도록 의식해야 한다. 의지력에 기대지도 마라. 핫 링크, 광고, 공고, 이메일은 뿌리치기엔 너무 큰 유혹이다. 조사 목표를(배우거나 알아보거나 확인하거나 행동 지침으로 참고하려는 하나를) 확실히 잡아놓고 일정한 조사 시간을 정해야 한다. 그런 다음 타이머를 설정해놓고 필요한 정보를 얻고 나서 그 정보를 바탕으로 당장 행동에 나서라.

2. 위험 감수

시간, 돈 그리고(또는) 자존심을 걸 방법을 찾아라. 행동을 계속하지 않으면 실질적 고통이 뒤따르는 게임이 되게 해라. 인지심리학과 의사(意思)결정 이론에 따르면 인간에게는 손실 회피성이라는 게 있다. 부연하자면 이득의 획득보다 손실의 회피를 훨씬 더 좋아하는 경향이 있다는 거다. 당신의 호주머니에서 어쩌다 20달러짜리 지폐가 떨어져 그 돈을 잃었다고 쳐보자. 이때 느끼는 손실의 아픔은 길바닥에 떨어진 20달러를 발견한 경우 느낄 행복보다 훨씬 더 크기 마련이다.

위험을 감수하는 한 방법은 금전적 투자다. 나는 내 커리어를 쌓던 초반에 많은 사람 앞에서 말하는 일에 공포를 느꼈다. 하지만 대중 연설이 중요한 능력이라는 걸 잘 알았기 때문에 지역 토스트마스터즈(Toastmasters, 회원들의 대중 연설 능력과 리더십 능력 향상을 위한 교육 프로그램을 수행하는 국제 비영리 단체-옮긴이)에 가입했다. 회비가 50달러 정도였는데 있는 돈을 긁어모아 간신히 그 돈을 마련하고 보니 정말로 대중 연설 능력을 향상시키고 싶다는 마음 외에 그 돈을 헛되이 쓰고 싶지 않다는 마음도 들었다. 토스트마스터즈 모임에 더 적극적으로 참여하면서 다른 회원들과 친분을 맺었다. 그렇게 사회적 관계를 맺고 나니 또 한 겹의 '위험 감수'가 생겼다. 내가 모임에 빠지면 그걸 다들 알게 될 거라는 생각이 들자 안 나갔다가는 죄책감, 부끄러움, 머쓱함이 느껴질 것 같았다. 그래서 그 감정을 활용해 스스로를 계속 몰아붙일 동기를 끌어냈다.

찾아보면 위험 감수에 유용한 디지털 도구도 많이 나온다. 'account-ability apps'과 'the current year'로 온라인에서 검색하면 다양한 특징의 여러 가지 앱이 뜬다. 이 앱들의 기본 포맷은 목표를 설정하고(예: 1주일에 5일, 하루에 500단어씩 글쓰기) 제대로 지키

나의 인생을 바꾼 성공 공식 everything = figure out

지 않으면 낼 벌금을 정하는 식이다. 목표를 행동으로 옮기지 않으면 그 돈을 잃는다는 얘기다. 일부 앱은 당신이 잃는 그 돈이 어떻게 쓰일지 직접 정하게 해주기도 한다. 그 돈을 당신의 강적에게 보내거나 안티-자선(내가 싫어하는 정당이나 반대하는 활동을 돕는 데 쓰이게 하는 것-옮긴이)에 들어가도록 정할 수 있어서 용납하기 힘든 명분이나 체계를 세워놓기에 좋다. 손실 회피성을 한 차원 끌어올리는 셈이다.

어떤 방법을 활용하든 위험 감수는 질질 끄는 버릇을 떼어놓는 데 유용하다. 쓸데없는 일에 시간을 낭비하지 마라. 이건 당신의 인생이 걸린 일이다. 무슨 수를 써서라도 시작해라. 지금 당장.

3. 편안함과 확실성보다 성장과 배움을 중요시하기

혼자 힘으로 헤쳐나가는 기업가들 대다수가 그렇듯 나 역시 사업 초반 몇 년 동안 하나부터 열까지 혼자 다 처리했다. 마케팅, 서비스 제공, 일정 짜기, 청구서 보내기, 웹사이트 업데이트, 콘텐츠 기획, 이메일 업무, 고객 서비스 등등의 모든 일을 다 했다.

그러다 보니 결국 한계에 이르렀다. 모든 일을 처리할 만한 짬을 내기가 불가능했다. 일손을 구해야 한다는 건 알았지만 행동에 옮기기는 겁났다. 소득이 거의 없어서 직원 고용은 어림없을 것 같았다. 누군가의 상사가 돼본 경험도 없었다. 같이 일할 다른 사람을 어떻게 구인하거나 채용하거나 훈련하거나 다뤄야 하는지, 그 사람에게 일을 어떻게 지시해야 하는지 전혀 감이 없었다.

너무 부담스럽고 감도 없었지만 나는 중대한 선택의 기로에 놓였다. 하나의 선택지는 안전지대에 머물며 해왔던 대로 나 자신을 더 채찍질하는 거였다. 아니면 한 걸음 더 나아가 직원 채용 요령을 배우는 선택지도 있었다. 준비되기 전에 시작해서 문제를 해결해내는 방법이었다.

나는 직감적으로 느꼈다. 안전지대에서 너무 오래 시간을 끌다 간 내가 그동안 쏟아온 노력, 즉 내 사업체를 일으키는 일이 물거품이 될지 몰랐다. 그러자 다음에 취할 행동이 확실해졌다. 내 식대로 이름 붙인 그 '성장지대'로 옮겨 가야 할 때였다. 그러지 않으면 더 높은 단계로 올라갈 가망이 없어 보였다.

성장지대는 마법 세계 같긴 해도 무진장 겁나는 곳이다. 하지만 내가 상사가 돼 일을 맡기는 요령과 한 단계 도약해 사업체를 키울 요령을 배울 수 있는 유일한 곳이었다. 성장지대에 들어선다는 건 상황이 불확실해진다는 의미였다. 이제 마음 편히 지내긴 힘들다는 얘기였다. 완전히 실패할 가능성도 높았다. 그것도 폭망할.

그래서 어떻게 됐을까? 실패의 쓴맛을 봤다. 그야말로 대실패였다. 직무에 잘 맞을 만한 사람을 채용하지도 못했고 일을 맡기는 요령도 형편없었다. 숱한 날을 자기 회의와 불안감에 시달리며 많은 눈물을 쏟았다. 하지만 이미 성장지대에 발을 딛고 선 이상 포기하기 싫었다. 발길을 되돌린 순 없었다. 그렇게 버티다 보니 어느새 해결의 실마리가 보이기 시작했다.

우리 대다수가 너무 많은 시간을 보내고 있는 영역인 안전지대에서는 당연하겠지만 삶이 안전하게 느껴진다. 처한 상황에서 스트레스가 심한 경우에도 최소한 익숙한 상황이라는 사실에 안정감을 느낀다. 아무리 적응하지 못해도 그 패턴에 길들여진다. 익숙한 괴물과의 동거인 셈이다.

하지만 당신이 되고 싶거나 이루고 싶거나 해결하고 싶은 꿈은 뭐든 성장지대(또 다른 말로는 불안지대)에서 일어난다. 성장지대에 들어서면 반드시 각오해야 할 게 있다. 상처 입을 가능성에 노출되고 불안감이 들 테지만 성장을 위해 안도감과 안정감에 대한 욕구를 (적어도 일시적이나마) 놓아야 한다. 다른 무엇보다 성장과 배움을 중시하도록 스스로를 단련해야 한다.

성장지대에 들어서면 새로운 실력과 재능을 얻게 된다. 강인함과 전문성을 획득하고 새로운 성과를 거두게 된다. 성장지대에서 견딜 만큼 견뎌내면 믿을 수 없는 일이 일어나기도 한다. 그 성장지대가 당신의 새로운 안전지대가 되는 거다.

성장지대(또는 불안지대)

새롭게 확장된 안전지대

그럼 한때는 그렇게도 겁났던 모든 일들이 더는 무섭지 않아진다. 자신감이 늘어나 다음번 도전들에도 더 확신에 차서 대처하게 된다. 모든 배움에는 불확실성, 상처 입을 가능성, 때로 수치심이 뒤따르기 마련임을 예상하고 받아들일 줄 알게 된다. 이런 식의 순환은 해결 가능성의 철학을 정복하기 위한 중요한 토대다.

꿈을 실현하기 위해 거쳐야 하는 거의 모든 단계에서는 새로운 기술, 경험, 지식이 요구된다. 전에 해본 적 없는 일들을 해야 한다. 준비되기 전에 시작하기는 쉬운 일은 아니지만 변화를 원한다면 반드시 해야 하는 일이다.

1. **지금껏 살면서 선택에 의해서나 통제 불가능한 상황에 의해 일어난 여러 일들 가운데**(가령 취직, 실직, 부득이한 이사, 출생이나 사망, 이혼 등) 준비되기 전에 시작했다가 결과적으로 값진 성과를 얻은 경우를 적어도 하나만 떠올려봐라.

2. **아직 '준비'되지 않은 것 같아 질질 끌긴 했지만 일단 행동에 옮겨보니 '어라, 그렇게 나쁘지 않네. 진즉에 할 걸 그랬네' 하는 생각이 들었던 적은?**

3. **바로바로 대답해봐라:** 당신의 큰 꿈을 생각할 때, 준비되기 전에 시작하기 위해 꼭 취해야 할 행동 하나는 뭔가? 당신의 머리와 가슴에 바로 떠오르는 행동은 뭔가? 직감적으로 떠오른 그 겁나는 중대 행동이 진전을 일으켜줄 것 같지는 않은가? 종이에 답을 직접 적고 큰 소리로 읊어봐라.

4. **시간이나 돈을 투자하거나 사회적 책임**(즉, 긍정적 동료 압박이나 죄책감이나 창피함이나 무안함을 느낄까 봐 불안해하는 심리)**을 활용해 당신의 꿈을 크게 도약시킬 방법을 생각해봐라.** 그런 위험 감수로 지금 당장 행동에 나서라!

- **명심할 점: 10년 후 상상해보기는 해결 가능성의 유용한 도구 중 하나다.**

  당신의 미래나 꿈의 궁극적 성취 궤적에 중대한 영향을 미칠 만한 힘든 결정에 직면하면 언제든 10년 후를 상상해라(기간은 10년 대신 당신 상황에 가장 잘 맞을 것 같은 단위에 따라 5년, 15년, 20년 등으로 바꿔도 된다). 지금부터 10년 후에 이 일을 하지 않은 걸 후회하진 않을지 스스로에게 물어봐라.

  이성적이고 논리적인 머리로만 답을 찾으려고 스스로를 제약하는 사람들이 많다. 이런 실수는 저지르지 마라. 4장에서 두려움과 직관에 대해 처음 얘기했던 것처럼 느낌에 주목해라. 당신의 몸에는 문제 해결을 돕기 위한 지혜와 지력이 깃들어 있다. 이번 질문도 직관적이고 감정적으로 일어나는 반응에 주목해라.

해결 가능성 인증

그녀는 27살의 나이에 사기죄와 세금 문제로 난관에 빠졌던 가업을 다시 일으켜 매출을 3배로 늘려놨다. 그것도 내내 유방암으로 투병하면서.

3년 전에 저는 가업을 인수했습니다. 여전히 수입은 들어오고 있었지만 이전에 회사를 운영하던 가족의 부실 경영으로 사세가 급격히 기울고 있었죠. 부실 경영의 정도가 정말 심각했어요. 사기죄, 세금 문제, 판매원 임금 미지불, 고객 배상 미이행에 더해 어음 결제는 6개월이나 지연되고 예비 자금은 한 푼도 안 남아 있는 데다 분식회계까지 저질렀으니까요. 저는 그런 상황에서 가업을 인수하는 바람에 빠른 시간 내에 사업을 이끌기 위한 감을 잡아야 했어요(저는 마케팅과 브랜딩 분야에서 일했는데 가족이 운영하던 기업은 제조 및 엔지니어링 업체였어요).

제대로 된 데이터가 없어서 모든 게 엉망진창이라 굳이 따지자면 회사를 다시 설립하는 셈치고 재건해야 했어요. 그렇게 4개월이 지났을 때, 이번에는 27살의 나이에 유방암 진단을 받았어요. 청천벽력이 따로 없었죠! 온 가족의 생계가 걸린 회사를 경영하면서 동시에 유방암이라는 괴물과도 싸워야 했으니까요. 하지만 모든 문제는 해결 가능했어요. 저는 이것저것 조사한 끝에 능률화된 원격 시스템을 시행해 침대에 누워서나 병원에 입원해서도 일을 할 수 있도록 해놨어요. 책임을 위임하고 도와줄 만한 전문가를 채용하는 요령도 터득했어요. 꼭 해야 하는 일들을 모두 완수하기 위해 '공략 목록(ATTACK LIST)'(즉, 효과적인 일정표)을 짜기도 했어요.

해결 불가능한 문제는 없다는 걸 안 덕분에 그 신념이 정말로 필요한 시기에 안도의 한숨을 쉬게 됐어요. 모든 문제는 해결되기 마련이고 모든 문제에는 해결책이 있는 법이니 통찰을 얻기 위해 집중력을 잃지만 않으면 된다는 마음으로요. 저는 난관을 헤쳐나가 회사 매출을 3배로 늘리고 팀을 성장시켰어요. 유방암도 이겨냈고요.

– 텍사스주의 아만다

EVERY THING IS FIGURE OUTABLE

완벽함은 성취할 수 없는 꿈이다.
그저 허상이자 덫이며 당신을 죽도록 달리게
내모는 쳇바퀴다.

엘리자베스 길버트(Elizabeth Gilbert)

7장

완벽함이 아닌
진전

나는 좀 별종이다. 유난스럽고 다소 별난 기준들이 있다. 파스타 소스는 12시간이 좀 못 되게 뭉근히 끓여야 직성이 풀린다. 쿠션 모양을 예쁘게 잡아놓을 때는 가라데 손날 치기로 쳐야만 한다(해보기 전에는 수선 피운다고 트집 잡지 말았으면 한다). 천 냅킨은 꼭 특별하고 일정한 방식으로 접길 좋아한다(조시도 내가 자기 냅킨을 이런 식으로 다시 접어주면 마음에 들어한다). 우리 회사 크리에이티브 디렉터와 나는 똑같은 '병'이 있어서 서로 웃는다. 나무랄 데 없이 완벽한 디자인 프로젝트에서 1픽셀의 이탈을 알아보는 건 대체로 우리 둘뿐이다. "이렇게 눈에 확 띄는 데 정말 아무도 이 오류를 못 잡아냈단 말이에요?" 그래서 나는 계속 문질러 닦아대고 조금씩 위치를 매만져 바로잡으며 물건들을 아주아주 가지런히 정리해놓고 싶어하는 원초적 욕구를 이해한다.

하지만 유난스러운 기준을 세워놓고 지키는 것과 완벽주의는 다른 것이라는, 중요하고도 온전한 정신을 지키게 해주는 차이도 이해하게 됐다. 물론 둘 사이에 연관성이 없진 않지만 유난스러운 기준의 경우엔 건전하고 동기 유발적인 면이 있다. 완벽주의는 기껏해야 역기능을 낳고 최악의 경우엔 위험천만하기까지 하다. 완벽주의를 파고들어보면 그 핵심에는 유난스러운 기준이 아니라 두려움이 있다. 바보처럼 보일까 봐, 실수할까 봐, 트집 잡히고 손가락

질당하고 조롱당할까 봐 두려워하는 마음이 있다. 정말로 당신이 '부족한 사람'일까 봐 두려워하는 마음이 있다.

그런데 당신이 부족한 사람이라는 말은 명백히 틀린 말이다. 물론 당신은 꿈을 이루기 위해 기량과 힘을 길러야 할지 모른다. 과연 그렇지 않은 사람이 있을까? 하지만 당신에게 근본적으로 필요한 자질이 없다는 말은 거짓말이다. 그런 말을 속삭이는 당신의 머릿속 목소리는 앞 장에서 얘기했던 바로 그 똑같은 소리나 지겹게 늘어놓는 망할 놈의 험담꾼이다. 이제는 격렬히 반항하기로 했던 바로 그 목소리다.

이 점을 알아야 한다. 부족하다는 두려움은 누구에게나 있다. 모든 사람이, 정말로 모든 사람이 그런 두려움과 씨름을 벌인다. 문제는 이 두려움이 부풀어 올라 완벽주의로 변질될 때 벌어진다. 완벽주의는 사람을 꼼짝 못하게 내몰기 때문이다. 완벽주의는 계속해서 당신을 괴로움에 시달리게 하며 쳇바퀴를 돌리고 또 돌리게 한다. 하지만 완벽주의의 위험성은 여기서 그치지 않는다. 완벽주의란 녀석이 일단 당신의 창의적인 생명력을 목조르기 시작하면 그 숨통을 끊어놓기 위해 어떤 일도 서슴지 않는다.

완벽주의의 위험성

우리는 완벽하게 해내고 싶다는 바람이 지나친 나머지 새로운 뭔가를 하려다 마는 경우가 잦다(젠장 맞게도 시작부터 제대로 하고 싶어하다 그러고 만다). 우리는 세상 사람들에게 훌륭히 해낸 모습을 보여주고 싶어한다. 스스로에게 초보자가 돼볼 여지와 자비를 베풀어줄 만한 아량이 거의 없거나 아예 없다. 완벽주의는 빈틈없는 행동이 아니다. 당신 자신을 파괴하는 사고방식이다. 당신이 실수하면 (혹은 그러길 바라진 않지만 실패하기라도 하면) 당신의 행동만이 아니라 당신 자신에 대해서도 실망하게 된다.

다음은 완벽주의가 얼마나 파괴적일 수 있는지 보여주는 연구 사례다. 2003년부터 2006년에 걸쳐 일단의 연구진이 근래에 스스로 목숨을 끊은 사람들의 친구와 가족을 인터뷰한 결과 충격적인 사실이 밝혀졌다. 고인의 절반 이상이 사랑하는 주변인들로부터 '완벽주의자'로 통하던 이들이었다.[1] 또 다른 연구에서는 완벽주의자들이 비교적 조기에 사망하는 경향을 띠었던 반면 근면 성실한 낙천주의자들은 더 오래 사는 편으로 나타났다.[2] 폴 휴잇(Paul Hewitt) 박사와 동료 연구자 고든 플렛(Gordon Flett) 박사가 20년 넘게 이어온 연구에서는 완벽주의와 우울증, 불안감, 섭식장애 등의 정신 건강 문제 사이에 관련성이 있는 것으로 밝혀졌다.[3]

완벽주의는 치명적이다. 당신의 건강, 행복, 생산성을 해친다. 안타깝고도 아이러니한 반전이지만 완벽주의는 당신이 최고의 자신이 되거나 최고의 자신을 느끼지 못하게 방해하는 주된 차단막일 때가 많다. 완벽주의는 백해무익하다.

이번엔 반가운 소식이다. 완벽주의를 깨뜨릴 가능성은 100퍼센트다. 더군다나 완벽주의를 깨기 위해 당신의 기준을 낮출 필요도 없다. 사실 완벽주의라는 해로운 막을 제거하면 더 높은 수준의 성과를 낼 가능성이 높아지기도 한다. 게다가 완벽주의의 덫 안에 갇혀 있던 당신만의 고유한 잠재성이 당신 인생의 주 무대로 마구 튀어나오게 된다.

이건 협상의 문제가 아니다. 온갖 모습으로 변장하고 있는 완벽주의 박살 내기는 의무다. 해결 가능성의 철학을 정복하기 위해서는 살기 위해 산소가 필요한 것만큼이나 중요한 일이다. 자, 그럼 완벽주의를 박살 내러 가보자.

초라하고 형편없이 시작할 것

나는 처음 코칭 활동 여정을 시작하면서 언젠가는 다양한 사람들을 돕겠다는 꿈을 꿨다. 수천 명의 사람들이 모인 무대에 올라 연설하는 내 모습을 상상하기도 했다. 활동 중인 고수급 연설자들과 스승들을 보면서 저렇게 높은 수준에 도달하길 간절히 원했다. 생각만 해도 흥분되는 미래상이었지만 내 현실은 그 이상과는 달라도 크게 달랐다.

나는 이제 사업을 막 시작한 상태였다. 돈 내고 상담받는 고객이 거의 없었고 버는 돈의 대부분은 바텐더 일을 해서 번 돈이었다. 37제곱미터 넓이의 스튜디오에 살면서 툭하면 땅콩 버터와 잼을 바른 샌드위치로 끼니를 때웠다.

하지만 수련 중에 배우는 개념과 전략에 대한 열의는 엄청났다. 새롭게 알게 된 이 모든 지혜를 나 혼자만 알고 있다는 데 죄책감이 들었다. 학교에서는 왜 이런 내용을 가르쳐 주지 않을까? 정말로 자신의 인생을 바꿀 수 있다는 걸 더 많은 사람들이 알아야 하지 않을까? 이게 얼마나 효과적인데! 〈윌리 웡카와 초콜릿 공장 (Willy Wonka & The Chocolate Factory)〉의 바이올렛 뷰리가드가 된 기분이었다. 이런 개인적 성장의 주스를 얼른 밖으로 내보내지 않으면 블루베리처럼 몸이 부풀어 올라 터질 것 같았다! 그래서 당시 23살이던 나는 생애 최초의 공개 워크숍을 열어 이 좋은 얘기를 전하기로 마음먹었다.

친구인 클레어가 마음씨 좋게도 자기 집 지하실을 워크숍 장소로 내줬다. 나는 워크숍 명칭을 '마음에 쏙 드는 인생을 사는 방법'이라고 지었다. 마이크로소프트 워드로 정식 워크북을 제작해 정성 들여 삽화도 좀 오려 붙이고 집에서 쓰는 프린터로 인쇄해 스테이플러로 철했다. 마지막으로 참석자들이 내 설명을 잘 따라오게 하려고 큼직한 칠판걸이, 플립차트(강연 따위에서 쓰는 1장씩 넘길 수 있게 된 도해용 카드-옮긴이), 마커 몇 자루도 샀다. 이제는 우렁차게 강연할 일만 남아 있었다.

분명히 말해두지만 내가 연 첫 번째 공개 워크숍은 참석자 수가 형편없진 않았다…

그래도 5명은 됐으니까.

클레어, 클레어가 말 그대로 질질 끌고 온 이웃 사람 2명 그리고 부모님이었다(모두에게 하느님의 엄청난 은총이 있기를). 이 5명의 참석자들에게 직접 만들어서 스테이플러로 철한 워크북을 나눠주던 생각을 하니 지금도 손발이 오글거린다. 커다란 이젤 앞에 서서 (못해도 내 나이의 2배인) 그 어른들에게 워크북의 연습 문제에 답을 채워 넣으라고 시키던 순간의 기분을 떠올리니 쥐구멍이라도 찾아서 숨고 싶다. '쯧쯧. 딱하고 불쌍해서 못 봐주겠네.' 내 머릿속에서 흠잡기 좋아하는 못돼먹은 여자애가 내뱉던 그 목소리도 생각난다.

돌이켜보면 전혀 불쌍해할 일이 아니었다. 나는 어쨌든 뭔가 행동으로 옮겼다. 위험을 감수했다. 5명의 사람들을 모이게 했다. 최선을 다했다. 더군다나 내 커리어 최악의 사건을 치러낸 것일 가능성도 있었다. 자기야, 이제는 올라갈 일만 남았어! 그 지하실에서의 워크숍을 계기로 완벽주의 성향이 주제넘게 날 막아설 때마다 내가 활용하는 다음의 간결한 지침을 떠올리게 됐다. 좋은 말이니 종이에 한번 써봐라.

> 초라하고 형편없이 시작하는 게
> 계속해서 형편없는 모습으로 사는 것보다 훨씬 낫다.

첫 번째 워크숍을 치러낸 일은 2가지 의미에서 내게 중요한 경험이었다. 첫째, 나는 내 완벽주의를 완벽하게 깨부쉈다. 한번 해냈으니 다음번에도 또 해낼 수 있다는 마음을 먹게 됐다. 둘째, 언젠가 수천 명의 청중 앞에서 가르침을 전하고 싶다는 궁극적 꿈에 한 발짝 더 다가가게 됐다. 스스로에게 형편없이 실패할 여지와 자비를 베풀어주는 건 지금껏 내가 무슨 일이든 조금이라도 더 잘하게 되는 데 활용한 유일한 방법이다.

프로들도 모두 처음엔 아마추어로 시작했다. 정상급 예술가, 운동선수, 작가, 과학자, 건축가, 기업가, 프로그래머, 뮤지션, 도예가 중 그 분야에 들어설 때부터 정상급 실력자였던 사람은 아무도 없다. 그렇다고 해서 새로운 걸 시작하거나 배우려면 꼭 초보자가 돼야 한다는 얘기는 아니다. 아웃사이더에서 인사이더로 거듭나려해야 한다. 그 점을 인정하고 받아들이면서 기꺼이 형편없이 실패해봐라.

명심해라. 완벽주의는 독사와 같다. 창의성의 급소를 공격하는게 목적이다. 완벽주의의 가장 교활하고 치명적인 수단은 당신이 스스로를 성공한 대가들과 비교하도록 내모는 거다.

> 아무리 해봐야 (A라는 사람) 같은 실력자는
> 못 될 텐데 애써서 뭐 해?

이런 비교는 금물이다. 비교는 창의성을 망치는 독이다. 명심해라. 컴페어슐라거는 당신의 목숨을 앗아 갈 수도 있다.

당신의 창의성이 어떤 모습을 취하든 한꺼번에 당신의 모든 걸 쏟아낼 수 없을 거다. 당신이 지금 하고 있는 일에 정말로 재능이 있다면(또는 그 일을 정말로 하고 싶다면) 별 노력 없이도 창의성이 술술 쏟아져 나올 거라는 투의 몽상에 속지 마라. 일부 희귀한 사람들(아마도 사이보그들?)이라면 그럴 수도 있다. 하지만 우리 인간 대다수의 삶에서는 대업이라는 게 술술 이뤄지지 않는다. 피나는 노력을 하고 열심히 땀 흘려야 한다. 그 노력 과정은 생각처럼 멋지거나 시원시원하지 않으며 비법도 없다.

이제 막 노력하기 시작한 단계에서 수년간 각고의 노력을 쏟아

나의 인생을 바꾼 성공 공식 everything = figure out

온 누군가와 비교하는 순간, 당신은 완벽주의가 놓은 죽음의 덫에 걸려드는 셈이다. 이때 덫에서 빠져나올 마법의 주문이 있다. 다음을 큰 소리로 읽어봐라.

완벽함이 아닌 진전.

이 순간 이후부터는 완벽함이 아닌 진전을 위해 힘써야 한다. 카피쉬?[*] 완벽함이 아닌 진전은 당신이 제대로 가고 있는지 가늠해볼 잣대다. 진전의 문제에만 신경을 써야 한다. 진전을 이뤘는지 그리고 자신의 바람을 이뤄나가는 과정에서 배우고 성장하려는 노력을 기울였는지 자문해봐야 한다. 아무리 작은 진전이더라도 오로지 진전만을 추구해라.

이건 그동안 내가 5만 4,000명이 넘는 경영대학원 학생들의 가슴과 머리에 심어준 중요한 원칙 가운데 하나다. 한 여학생은 이 혁신적 원칙에 감동받아 주문처럼 팔뚝에 문신으로 새기기도 했다. 수만 명을 대상으로 설문 조사를 해본 결과에서도 자신의 가장 중요한 혁신적 돌파구로 '완벽함이 아닌 진전'을 꼽은 응답자들이 많았다. 이 원칙은 중요한 부분(배움과 성장)에만 집중하도록 방향을 잡아주면서 당신의 삶을 크게 변화시켜준다. 게다가 성급히 단념할 일인데도 단념해야 할지 여부를 놓고 고민하느라 정신적 고통

● Capisce: 뉴저지주 사람이 아닌 사람들을 위해 설명을 덧붙이자면 이 말은 이탈리아어로, 미국인들이 주로 '알았지?'나 '알아들었어?'라는 뜻으로 쓴다.

을 겪을 일도 없게 해준다.

제발 이 사실을 알아두길 바란다. 진전은 일직선으로 곧게 뻗어 있지 않다. 지그재그 형태로 이어진다. 전진과 후퇴를 오간다. 당신은 앞으로 전진했다 뒤로 후퇴하기도 하고, 올라갔다가 내려가기도 하고, 옆으로 빠졌다가 되돌아오기도 할 거다. 진전의 변덕스러운 리듬과 싸워봐야 헛수고다. 도중에 역행하고 비틀거리고 크게 넘어지기도 할 거다. 이런 과정은 필연적이며 당신이 진전을 이루는 중이라는 긍정적 징표기도 하다.

기복을 두려워하지 마라. 두려워할 게 아니라 창의적인 대처법을 준비하고 기복을 통해 배워라. 한 발짝 전진하다가 네 발짝 후퇴하는 기분이 들 때도 있을 거라고 각오해라. 무엇보다도 끈기를 길러야 한다. 끈기는 해결 가능성의 철학에서 가장 중요한 정신력에 속한다. 당신이 뭘 창조하거나 성취하거나 경험하고 싶어하든 당신의 기대보다 더 오래 걸릴 가능성이 크다.

경영대학원 학생이었던 몰리의 얘기가 좋은 사례다. 그녀는 끔찍한 직장 생활을 견디다 못해 처음으로 독립해서 회사를 차리자고 생각했다. 사업에 대한 감도 없고 회사를 잘 꾸려나가려면 어떻게 해야 할지도 알지 못했지만 내가 또 다른 대학원생과 찍은 동영상을 보고 나서 깊이 감명받았다며 이렇게 써 보냈다. "동영상에서 당신과 같이 얘기를 나눈 여성이 처음으로 월 매출 3만 달러를 올렸다는 얘기를 듣고 생각했어요. '대박이다. 나도 저렇게 하고 싶어. 해내고 말겠어!'"

몰리는 아이디어에 착안해 2년 동안 자기 회사를 꾸려나갔다.

나의 인생을 바꾼 성공 공식 everything = figure out

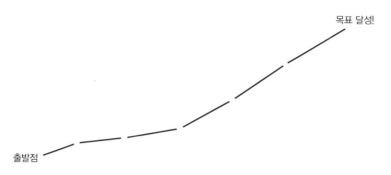

진전에 대한 오해:
대다수 사람들이 생각하는 진전의 형태

목표 달성!

출발점

진전의 현실:
실질적 진전의 형태

목표 달성!

출발점

하지만 별 주목을 받지는 못했다. 가슴이 너무 아팠고 망할 것 같
아 불안했다. 회사를 운영할 여유 자금도 없어서 단념하기 직전에
이르렀을 즈음 이메일을 통해 우리에게 연락을 해왔다. 우리는 코
칭을 해주면서 우리가 운영하는 비공개 커뮤니티에 들어와 그녀의
경험을 털어놓으라고 권유했다. 몰리는 용기 있게 자신의 역경을
밝혔다(엄청 흔한 역경이지만 본인이 직접 겪고 있을 때는 그게 자기에게만 닥
친 시련 같은, 그런 역경이었다). 얘기를 다 들은 사람들은 격려를 보내며
이런저런 아이디어와 건설적 피드백을 쏟아냈다. 용기를 얻은 몰

리는 노력과 에너지를 쏟아부으며 다시 집중했다. 그로부터 1년 후 몰리가 다음과 같은 내용의 이메일을 보내왔다.

알려드릴 게 있어서 이렇게 이메일을 쓰게 됐어요. 제가 이번 달에 지금까지 3만 1,255달러를 벌었어요(아직 17일인데도요!). 3년 전만 해도 정말 꿈에도 생각 못할 일을 해낸 거예요. 아직도 꿈인지 생시인지 실감이 안 나요. 일은 정말 힘들지만 매분 매초 보람을 느끼고 있어요.

당연히 우리는 그녀의 소식에 전율을 느꼈다. 그런데 며칠 후에 또 한 통의 이메일이 왔다.

팀원들과 마리에게 저희의 12월 최종 매출액이 6만 5,300달러를 기록했다고 전해주세요. 저희는 지금도 주문을 처리하느라 정신이 없어요!

몰리는 3년 전에 처음 의욕을 자극받고 세웠던 매출 목표를 넘어섰을 뿐만 아니라 몇 주 만에 그 매출액마저 2배로 끌어올렸다. 몰리가 2년간의 '실패'를 아무 진전도 내지 못한 것으로 받아들이며 포기했다면 어땠을까? 그 2년 동안 그녀 자신은 느끼지 못했더라도 사실 그녀는 앞으로 나아가고 있었다. 그 상황에서 몰리는 현명하게 처신했다. 뒤로 물러나 자신이 기울여온 노력을 찬찬히 검토해보고 건설적인 피드백을 요청했다. 그렇게 얻은 통찰을 활용해 상황을 조율하면서 계속 밀고 나갔다. 분명히 짚고 넘어가자면 몰리는 금전 면에서만 대성공한 게 아니었다. 한때는 불가능했던 꿈을 실현하기 위해 돼야 하는 모습 면에서도 대성공을 거뒀다. 완벽함이 아니라 진전에 집중하면서 문제를 해결해나가는 사람이 됐다. 그리고 이런 문제 해결 능력은 남은 평생 동안 그녀에게 유용한 도움을 줄 거다.

나는 사업, 예술, 영화제작, 집필, 스포츠, 인간관계, 건강 등을 아우르는 모든 영역에서 이런 얘기의 변형 버전을 수없이 들어왔다. 이루 다 셀 수도 없을 정도다. 가치 있는 일은 뭐든 다 시간이 필요하다. 우리의 조바심 내는 의식이 생각하는 것보다 훨씬 더.

당신이 지금 이루려는 꿈이(혹은 해결하려는 어떤 특별한 문제가) 여전히 중요하다고 확신한다면 끈기를 가져라. 고되고 단조로워도 꿋꿋이 밀고 나가라. 공자가 설파했던 것으로 추정되는 말마따나 멈추지 않는 한 속도가 아무리 느려도 상관없다.

실패를 너무 빠르게 단정 짓지 말 것

나는 춤을 향해 진지한 포부를 품고 BDC와 크런치 피트니스 센터에 드나들면서 댄서로 성공하려면 어떻게 해야 할지 감을 키워나갔다. 그러던 중 프로들이 오디션 참가에 대해 나누는 얘기를 우연히 듣고 이렇게 생각했다. '그래, 맞아. 진짜 춤꾼들은 저렇게 오디션을 보러 다니는구나. 앞으로도 이 일을 진지하게 해나갈 생각이라면 오디션에 참가할 방법을 찾아봐야겠어.'

그러던 얼마 후, 여성 래퍼 미시 엘리엇(Missy Elliott)이 새 뮤직비디오 촬영을 위해 댄서들을 구한다는 걸 알게 됐다. 기회가 왔다는 생각에 나는 미친 사람처럼 흥분했다. 오디션 장소는 맨해튼 중심부에 있었다. 지하철에서 내려 한달음에 밖으로 나왔더니 대기 댄서들의 기다란 줄이 뱀처럼 구불구불하게 이어져 있었다. 다들 서로 아는 사이처럼 정겹게 얘기를 주고받으며 인도에서 아무렇지도 않게 스트레칭을 하고 몸풀기 춤을 추고 있었다. 하지만 나는 울렁거리는 배를 부여잡고 서서 얼음처럼 굳어 있었다.

고문과도 같은 2시간이 지났을 때 드디어 건물 안으로 들어가 3층까지 걸어 올라갈 수 있었다. 나는 스테이플러로 박은 빈약한 이력서와 내 사진을 제출하고 나서 다음 오디션 그룹에 끼어 널찍한 스튜디오로 들어섰다. 안무가가 음악을 틀고 몇 가지 동작을 쓱 보여줬다. 그녀의 몸동작이 어찌나 빨랐던지 나는 처음 네 동작을 간신히 따라갔다. 하지만 다른 댄서들은 보자마자 처음 본 그 복잡한 안무를 척척 소화해냈다. 내 기억에 남은 그다음 일은 오디션이 시작됐고 머릿속이 하얘졌다는 것뿐이다. 도저히 따라 할 수가 없었다. 힘에 부쳤다고 말하는 것도 아주아주 순화된 표현이었다. 내 댄스 경력에서 최악의 악몽이 벌어지고 있었다. 몇 분 후 나는 너무 창피해 울면서 스튜디오를 뛰어나왔다.

정신이 멍한 채로 8번가를 걸었다.

'네 주제를 알아야지? 넌 재능이 없어. 훈련도 제대로 안 돼 있고. 나이도 너무 많아. 몸은 둔하고. 넌 절대 안 돼!'

며칠간 상처를 다독이고 난 후, 내키지 않았지만 억지로 수업에 다시 나갔다. 그리고 자연스럽게 깨달았다. 안무를 재빨리 따라 하는 능력은 타고나는 초능력이 아니라 기량이라고. 내가 노력하면 (아주) 천천히 길러질 수 있는 기량이라고. 나는 연습을 계속하면서 분발했다. 미시 엘리엇의 댄스 팀 선발 오디션에서 맛본 실패는 비록 망신스럽긴 했지만 그래도 내겐 진전이었다. 댄스 세계에서의 내 실력을 있는 그대로 받아들이고 스스로를 점검하도록 자극해 줬다. '내가 춤을 좋아하는 진짜 이유가 뭐지? 내 최종 목표는 뭐고 그 목표를 이루려면 어떻게 해야 할까?' 이런 자문을 하면서 추상적 이미지가 아닌 내 현생에서의 성공한 댄서 이미지를 진지하게 생각해본 게 획기적인 전환점이 됐다.

내 편협한 정의에 따르면 뮤지션들을 따라 줄줄이 잡힌 순회 공연을 다니느라 바빠야 그게 '성공한 댄서'였다. 그런 직업 생활은 삶을 길에서 보내다시피 하는 셈이었다. 하지만 당시는 바텐더 일에다 코칭 사업까지 병행하고 있었고 조시와도 사귄 지 얼마 되지 않은 시기였다. 내가 생각하는 전통적인 프로 댄서로서의 이상적인 목표와 꿈은 나의 다중열정형 자아에는 잘 맞지 않았다.

나는 계속해서 춤 실력을 단련했지만 가장 활력을 느끼게 해주는 쪽으로 에너지를 집중하게끔 나 자신을 자유롭게 풀어줬다. BDC에서의 수업도 무척 소중한 경험이었지만 크런치에서의 댄스 피트니스는 믿기 어려울 만큼 신났다. 그곳에서의 활동이 즐거움과 배움에 뿌리를 두고 있었던 덕분에 친구들도 더 쉽게 사귀었다. 외모와 나이와 계층이 저마다 다른 다양한 사람들과 함께 춤을 추는 게 더없이 좋았다. 함께 춤을 추다 보면 경쟁하는 게 아니라 서로가 돕고 돕는 느낌이 들어 성장의 시간이 더욱 흥겨웠다.

그러던 중 특별한 일들이 일어났다. 마침 전통적인 댄서의 강박에서 벗어나 있던 그때 운동 DVD 제작 제안이 들어오기 시작한 거다. 그것도 직접 출연해 운동을 지도해달라고 했다. 헬스 전문지 〈셰이프(Shape)〉와 〈프리벤션(Prevention)〉 같은 업체에서 파트너 제안도 왔다. 경험이 점점 쌓이고 인맥이 늘면서 음악 케이블 채널 VH1, 홈쇼핑 채널 홈쇼핑 네트워크(Home Shopping Network) 같은 대형 기업과 출연 예약도 잡았다. 그렇게 나는 전 세계 사람들이 보는 무대에서 가르침을 전하는 동시에 배우고 성장하고 춤추며 인생 최고의 순간을 보냈다. 댄서의 전통적 목표를 좇는 일을 그만두고 자유롭게 나만의 독자적 경로를 좇았다.

몇 년 후에는 가슴 설레는 기회가 찾아왔다. 나이키에서 나이키 록스타 워크아웃(Nike Rockstar Workout)이라는, 댄스에 피트니스를 접목한 새로운 프로그램을 개시하기로 한 거다. 글로벌 스포츠 기업이 그런 프로그램을 마련하는 건 처음이었다. 댄서이자 안무가이자 크리에이티브 디렉터인 제이미 킹(Jamie King)이 리한나, 마돈나, 브루노 마스 같은 스타들과 함께 이 프로그램의 선봉을 맡았다. 나이키와 킹은 이 프로젝트를 뉴욕에서 진행했고 어찌저찌해서 나는 세계 최초의 나이키 엘리트 댄스 애틀리츠의 일원이 됐다. 그 뒤로 수년간 전 세계를 돌며 나이키에서 지도 활동을 했다. 큰 무대에 올라 춤을 추고 수백 명의 강사들을 지도하면서 대박 신나는 또 하나의 활동을 펼쳤다.

생각해보면 정말 흥미롭다. 그 몇 년 전 미시 엘리엇의 댄서 선발 오디션을 말아먹었을 때만 해도 나이키 엘리트 댄스 애틀리츠는 세상에 존재하지도 않았다. 이전까지 아무도 한 적이 없던 활동이었으니 나로선 그런 독특한 목표를 꿈꿀 도리가 없었다! 아직 생겨나지도 않은 목표를 어떻게 꿈꾸겠는가.

하지만 미시 엘리엇 오디션 실패가 내게 꼭 필요했던 초점 변화를 자극해 나는 그 후 몇 년을 부지불식간에 힙합, 댄스, 피트니스가 접목된 바로 그 분야에서 기량을 단련하게 됐고 그 덕분에 마침내 나이키 록스타 워크아웃이 등장했을 때 나이키 엘리트 댄스 애틀리츠에 뽑힐 만한 실력을 갖추게 됐다!

실패를 너무 빨리 단정 짓지 마라. 실패는 더 좋고 더 큰 목표로 이끌어주기 위해 우주가 보낸 우회 신호일지 모른다. 때로는 미시 엘리엇이 즐겨 하는 말처럼 이렇게 물어봐야 한다. "해볼 만한 가치가 있을까? 그래, 어디 해보자고. 다르게 시도해보고 뒤집어도 보고 반대로도 해보는 거야."

진전과 완벽함의 차이

우수해지기 위해 힘쓰는 것과 완벽주의의 싱크홀로 빨려 들어가는 건 종이 1장 차이다. 다음을 읽어보며 자가 진단과 자가 교정에 활용해보길 권한다.

자신을 망가뜨리기 전에 스스로 점검해보기

완벽함	진전
이번 시도로 끝장을 보자. 해서 떨어지면/지면/거절당하면 그건 실패니까 그만둬야 해.	할 수 있을 때까지 최대한 해보자. 매번 시도할 때마다 배우는 게 있겠지. 더 강해지고 더 실력이 늘겠지.
전부를 얻지 못하면 소용없어. 지금 당장 내가 원하는 모든 걸 얻지 못하면 그게 무슨 소용이야?	지금은 일단 작고 간단한 일부터 시작 했다가 시간을 두고 되풀이하면서 차츰 진전시키자.
실패는 도무지 용납이 안 돼. 난 실패자야. 지금까지 항상 그래왔고 앞으로도 쭉 그럴 거야. **나는 뭘 해도 안 돼. 이번에도 무참히 깨질 거야.** 실패하면 끝장이야. 끝이라고!	**실패는 불가피한 과정이야.** 시도했다가 실패할 수도 있겠지만 그렇다고 실패자가 되는 건 아니야. **실패는 영구적이지도 않고, 개인의 문제도 아니야.** 실패는 하나의 사건일 뿐이지 그 사람의 특징이 아니야.
짜증 나. 그 애가 왜 나보다 훨씬 더 잘나가는 걸까? 내가 더 똑똑하고 더 진정성 있는데. 그게 아니면 나는 그렇게 잘난 사람이 아닌 걸까?	그 여자애를 보면 의욕이 엄청 자극돼. 정말 나를 분발시키는 어떤 기운이 있다니까. 걔가 할 수 있는 일이면 나도 할 수 있어.
당장 해내야 하는데. 가능한 한 빨리! 지름길/꿀팁/비결이 필요해. 쉽게 할 방법이 필요해. 난관에 부딪치면 감당할 자신이 없어. 실패할 거야.	장기적으로 바라보자. 위대한 일은 뭐든 시간이 걸리는 거야. 열심히 할 각오는 돼 있어. 과연 어떤 난관이 닥칠지 기대도 되고.
주눅이 들고 자신감이 안 생겨. 그건 내가 패배자라는 얘기야. 확신이 없고 불안하다는 건 내가 감당하기엔 벅찬 일이라는 신호니까 그만둬야 해.	**주눅이 들고 자신감이 안 생겨. 지금 내가 진전 중이라는 얘기야.** 확신이 없고 불안하다는 건 내가 새로운 영역에 들어섰다는 신호니까.
또다시 역행하는 건 견딜 수 없어. 난 너무 약한데 이번 일은 타격이 너무 커.	역행과 장애물에 맞닥뜨리면 어쩌지? 해보지 뭐. 힘든 일을 견디면 더 강해지는 거잖아.
아직 부족해. 완벽해질 때까지 누구한테도 보여줄 수 없어.	일단 해보는 게 완벽한 것보다 나아. 해보면서 실질적 피드백을 받으면 배우면서 실력을 향상시키는 데도 유용하고.
두려움 지향: 사람들이 나를 어떻게 생각할까? 다들 나에 대해 뭐라고 말할까?	호기심 지향: 이번 일로 뭘 배울 수 있을까? 어떻게 해야 실력을 향상시킬 수 있을까?

나의 인생을 바꾼 성공 공식 everything = figure out

틈 조심하기

나는 나이키에서 일하는 동안 교육과 행사차 유럽에 자주 갔다. 런던에서 지낼 때는 지하철에서 늘 "틈 조심하세요"라고 알려주는 사람들에게 고마움을 느꼈다. 이 말은 앞을 잘 보고 조심해서 내리라는 의미다. 열차 출입문과 승강장 사이의 틈에 발이 빠지지 않도록.

해결 가능성의 여정에서도 틈을 조심해야 한다. 완벽함보다 진전을 택하는 문제에서는 특히 더 주의가 필요하다. 우리가 이루고 싶은 변화를 느끼고, 보고, 마음으로 아는 것과 그 변화를 이뤄내는 능력 사이에는 큰 틈이 벌어져 있다. 그러니…

야심과 능력 사이의 틈을 조심해라.

이런 창조성에서의 틈을 가장 잘 설명하는 표현은 NPR 방송의 〈디스 아메리칸 라이프(This American Life)〉의 진행자이자 프로듀서인 아이라 글라스(Ira Glass)의 다음 말이다(볼드체는 강조를 위해 내가 별도로 표시한 것임).

아무도 초짜들에게 해주지 않는 말이 있습니다. 누군가가 제게 이 말을 해줬으면 정말 좋았을 거예요. 사실 창조적인 일을 하는 우리 모두가 (중략) 그 일에 빠져들어 시작하게 된 계기는 뛰어난 감각을 가지고 있기 때문입니다. 하지만 틈이 있는 것 같아요. 그 일에서 처음 2년 정도는 만들어내는 결과물이 좀 어설퍼요, 그

쵸? 별로 마음에 안 들어요. 참 별로예요. 잘하려고 나름 노력도 하고 잘하려는 의욕이 넘치는데도 잘 안 돼요. 하지만 그런 순간에도 당신의 감각은, 그러니까 애초에 그 일에 뛰어들게 했던 그 감각은 **여전히 끝내줍니다.** 감각이 뛰어나니까 당신이 만들어낸 결과물이 실망스러운 수준이라는 것도 알아보는 거 아니겠습니까? 무슨 말인지 감 잡히시죠?

많은 사람들이 그 단계를 넘어서지 못합니다. 그 시점에서 그만두고 맙니다. 제가 정말 정말 진심으로 해주고 싶은 말은 이겁니다. **제가 아는 사람들 중 지금은 흥미로운 분야의 창조적 일에 종사하는 사람들 거의 모두가 그런 단계를 몇 년간 겪었습니다.** 정말 뛰어난 감각을 갖고 있고 자신들이 만들어내는 결과물이 원하는 만큼 훌륭하지 못하다는 걸 잘 알았던 시절들이 있었죠. 만들어놓고 보면 **부족했어요. 사람들이 기대하는 특별한 뭔가가 빠져 있었죠.** 요점은 모든 사람이 **그런 단계를 겪는다는 겁니다.** 그리고 당신이 지금 그 단계를 겪고 있다면, 그 단계에서 이제 막 벗어나는 중이라면, 이걸 알아두세요. **그런 단계를 거치는 건 지극히 정상적인 일입니다.**

그리고 당신이 할 수 있는 일 중 가장 중요한 건 많이 해보는 겁니다. 무진장 많이 해보세요. 글을 쓴다면 데드라인을 정해서 의식적으로 매주 또는 매달 얘기 한 편을 마치세요. 실제로 많이 해봐야만 그 틈을 따라잡아 좁히게 되기 때문입니다. 그러면 당신의 작품이 당신의 포부에 걸맞게 훌륭해질 겁니다. 그러기까진 시간이 좀 걸립니다. **시간이 걸리게 마련입니다. 시간이 걸리는 게 정**

상입니다. 투혼을 발휘해 헤쳐나가야 합니다, 아시겠죠?[4]

영화감독 데이비드 시양 리우(David Shiyang Liu)가 글라스의 말로 제작한 자막 동영상을 적극 추천한다. 검색창에 'Ira Glass'와 'David Shiyang Liu'를 입력하면 찾을 수 있다. 이 진실이 세포 하나하나에 스며들 때까지 매일 보길 권한다.

문제를 해결하고 실질적 변화를 만들고 기량과 능력과 지식을 쌓으려면 시간과 노력이 필요하다. 사실상 모든 창작 예술과 관련된 모든 훈련이 그렇다. 당신이 어떤 사람이든 당신이 뭔가를 하고 싶거나 이루고 싶거나 경험하고 싶거나 해결하고 싶다면…

> 완벽함이 아닌 진전이
> 당신의 능력과 야심 사이의 틈을 건너는
> 유일한 방법이다.

나는 내 삶의 모든 측면에서 틈을 조심하려고 노력해왔다. 피트니스 센터에서 체력을 끌어올리는 일부터 집의 리모델링, 팀 구성, 구식 웹캠으로 편집도, 조명도, 현장 촬영팀도 없이 제작하기 시작했던 〈마리TV〉 개발에 이르기까지 전부 그랬다.

그러니 부디 창조적 과정에 순응해라. 억지로 밀어붙이지 마라. 틈을 조심해라.

매일매일 조금씩 서서히 완벽함이 아닌 진전에 집중하면 그 틈을 잘 넘게 될 거다.

생산적인 사고방식을 가질 것

○ 당신 생각의 주인은 바로 당신이다.
생각을 잘 사용하면 생각의 성장을 이끌 수 있다.

캐롤 드웩(Carol Dweck)

캐롤 드웩 박사는 이 주제와 관련해 내가 특히 좋아하는 저서의 저자다. 올바른 사고방식이 행동뿐 아니라 결과까지 변화시키는 이유를 증명해 보여줘 감명 깊게 읽었다. 스탠퍼드대학교의 심리학 교수인 드웩은 《마인드셋》을 통해 그녀가 이름 붙인 이른바 '고착형 사고방식'과 '성장형 사고방식'을 다음과 같이 비교해 제시했다.

우선 고착형 사고방식을 가진 사람은 노력을 하지 않아도 재능이 성공을 가져다준다고 믿는다. 재능은 타고나는 것이므로 재능을 변화시키기 위해 할 수 있는 일은 아무것도 없다는 식이다. 고착형 사고방식을 가지면 도전을 회피하고 비판을 거부하고 인정받기를 지향한다. 이런 식의 신념과 그 신념에서 비롯되는 행동은 자기 파괴적이다.

성장형 사고방식은 재능이나 지능 같은 가장 기본적 능력은 노력, 끈기, 경험을 통해 향상시킬 수 있다고 믿는다. 어떤 지능과 능력을 타고났든 출발점에 불과한 거다. 성장형 사고방식을 가진 사람들은 도전을 고대하고 건설적 비판을 기꺼이 받아들이며 역행을 배움의 기회로 여긴다. 열심히 노력하려는 열정과 성장에 목말라

하는 갈망을 키워간다. 실력이 향상되려면 과정을 거쳐야 하며 오랜 시간 적절한 태도와 헌신이 필요하다는 걸 잘 안다.

이 책에서 가장 마음에 와닿은 대목은 어떤 순간이든 당신은 당신의 사고방식을 선택할 수 있고 그 선택의 결과가 인생을 바꿔놓을 수도 있다는 거였다. 드웩 박사는 학업에 애를 먹는 지미라는 이름의 학생 얘기를 들려주는데, 이 학생은 "만성적으로 의욕이 없고 노력을 별로 안 하는 아이들" 중에서도 최고에 들었다고 한다. 그런데 고착형 사고방식과 성장형 사고방식에 대해 배우더니 "눈물이 그렁그렁한 눈으로 박사를 올려다보며 '정말로 제가 꼭 멍청이인 건 아니라는 거죠?'라고 말했다". 그 이후로 지미는 달라졌다. 밤늦게까지 숙제를 해서 일찍 제출하고 실력 향상을 위한 피드백을 얻는 데 열성을 보였다. 그에 대해 "열심히 노력하는 건 그 사람을 취약하게 만드는 무엇이 아니라 더 똑똑하게 만드는 거라고 믿었다"고 한다.[5]

드웩 박사는 서로 다른 이 2가지 사고방식이 우리가 영위하는 삶의 결과에 어떤 영향을 미치는지 잘 보여주는 수많은 실제 사례도 소개해준다. 양육부터 교육과 운동에 이르기까지 다양한 분야의 사례들이 부인할 수 없이 확실하게 증명해주듯 고착형 사고방식을 따르면 고통이 기다린다. 반면 성장형 사고방식을 따르면 배움의 열망과 회복력이 키워져 충족감과 비범한 성취로 이끌려간다.

바로 지금 당장 성장형 사고방식을 취할지 고착형 사고방식을 취할지 선택할 수 있다. 완벽함이 아닌 진전을 선택할 수 있는 것처럼, 둘 다 어느 쪽을 선택하느냐에 따라 극과 극의 결과가 뒤따른다. 한 선택이 고통스럽고 정체된 삶으로 이어진다면 또 다른 선택은 무한한 성장과 충족감으로 이어진다. 둘 중 어느 쪽을 선택할 텐가?

성장지대에 머물기 위한 6가지 실행 전략

완벽주의의 유혹이 당신을 진로에서 이탈시키려 할 때는 성장지대에 머물기 위한 다음 전략을 따라봐라.

1. 작은 걸음을 떼며 호들갑스러운 드라마 무시하기

완벽주의는 혼자 드라마 쓰기를 사랑한다. 차차 살펴볼 테지만 당신이 꿈의 성취를 향해 발걸음을 떼기도 전부터 끊임없는 지적질을 해댄다. '내 사업 구상이 정말 괜찮은 걸까? 이 구상이 잘 진행될까? 수십 명의 사람들을 어떻게 다루지? 만약 실패하면? 또 성공하면? 가족 사이에 금이 생길지 몰라. 다들 날 질투할 테니까. 그것 때문에 우정도 잃을 거야. 이혼당하고 남은 평생을 혼자 살게 되면 어쩌지…'

이런 드라마광의 잔소리를 받아주면 안 된다. 동요되지 말고 행동해라. 작은 걸음을 떼라. 걸음마라도 떼라. 매일매일 꾸준히 해라. 강습을 들으러 가거나 시제품을 만들거나 글을 몇 쪽 쓰거나 달리기를 하거나 설문지를 보내거나 1달러를 예금하거나 1시간 동안 술을 입에도 대지 않거나 당신의 꿈이 뭐든 매일매일의 단순한 진전을 이루는 데 매달려라. 그거면 된다.

　　나의 인생을 바꾼 성공 공식 everything = figure out

진전을 하려면 삶에 급격한 변화가 필요하다고 생각해 겁이 나어쩔 줄 모르겠다면 괜한 걱정이다. 진짜 변화는 거의 눈에 띄지 않게 일어난다. 요란하게 티를 내면서 일어나지 않는다. 의미 있는 진전은 딱히 흥분을 일으키지 않는다. 대부분의 날이 그냥 일을 하는 느낌이다. 할 일을 시작해서 (때로는 즐겁게 때로는 별 즐거움도 없이) 고되고 단조로운 일과를 반복하는 그런 나날의 연속이다.

그러니 원하는 걸 이루기 위해 끈기 있게 노력해라. 매일 작은 걸음을 떼면서 호들갑스러운 드라마는 멀리해라.

2. 문제 상황 예상하기

당신이 아무리 체계적이거나 의욕이 충만해도 이탈할 일들이 생기기 마련이다. 병부터 기계 고장이나 일상적 방해 요소에 이르기까지 도중에 수많은 장애물에 부딪치기 마련이다. 미리 그런 상황을 예상해서 해결하는 게 꾸준한 진전을 내는 열쇠다. 다음은 그 요령이다.

우선 사소한 사항들을 생각해라. '작업 시간을 방해할 만한 건 뭐가 있을까? 문자나 이메일 알림 켜놓기? 불필요한 전화받기? 냉장고에 먹을거리를 미리 챙겨놓지 않기?' 그다음엔 더 크게 생각할 차례다. '진행 중인 프로젝트 전체를 경로에서 이탈시킬 만한 요소는 뭐가 있을까? 기기 고장, 세부사항 점검 누락, 병, 날씨로 인한 지연?' 우리 회사에서는 디자인이나 개발과 관련된 지연 패턴에 주목했다. 그래서 정기적으로 새로운 프로젝트에 들어갈 때 최악의 시나리오를 점검하고 해결 방법에 대한 아이디어를 내놓으면서 미리 문제들을 예상해 해결하기 시작했다. 실패할 염려가 없는 체계는 아니지만 그래도 도움은 된다. 스스로에게 물어봐라. '발생할 만한 잠재적 문제점은 뭘까? (그것이 나 자신의 정서적 강인함의 문제더라도) 그 잠재적 문제의 부정적 영향을 감소시키기 위해 미리 해둘 수 있는 조치는 뭐가 있을까? 꾸준히 진전을 보이기 위해 지금 내가 해야 할 일은 뭘까?'

3. 자기 회의 각오하기(그리고 받아들이기)

새롭게 큰 꿈을 좇으며 일어났던 흥분이 조금 가라앉고 나면 자기 회의의 해일에 휩쓸릴 가능성이 있다. '내가 왜 이걸 하겠다고 했을까? 전부 잘못됐어. 난 못해. 너무 어려워. 내겐 자질이 없어. 그냥 관둬야 할까? 모조리 뜯어고쳐서 처음부터 시작해야 하나? 정말 싫다. 전부 다 싫어. 나 자신도 싫고!'

당신의 목표가 날씬한 몸매 가꾸기든, 상품 생산이든, 시나리오 쓰기든, 새로운 사업이나 커리어 착수든, 관계의 치유든, 사무실 운영이든 자기 회의가 당신의 복부를 가격할 거라고 각오해둬라.

아무리 강조해도 모자란 얘기지만 자기 회의는 정말로 빈번하게 일어난다. 자기 회의는 몇 번이고 일어나고 또 일어나는 게 보통이다. 큰 계획일수록 특히 더하다. 누구나 자신의 안전지대를 벗어나면 자기 회의가 밀려드는 경험을 한다. 하지만 기억해라. 이건 진전의 징표지 멈추라는 신호가 아니다.

(사람들이 너무 자주 까먹어서!) 재차 하는 말이지만 역행은 일어나기 마련이다. 그건 그만두라는 '우주의 신호'가 아니다. (단, 당신이 진심

나의 인생을 바꾼 성공 공식 everything = figure out

으로 이 꿈이나 목표를 더 이상 추구하고 싶지 않아한다는 깨달음이 들면 그때는 그만해라. 다른 꿈이나 목표로 방향을 돌려라.)

하지만 낙심한 거라면 숨을 깊이 들이쉬어라. 자기 회의가 드는 건 정상이라는 사실을 되새겨라. 당신이 아무리 크게 성공하거나 아무리 많은 경험을 쌓는다 해도 자기 회의가 완전히 사라지는 일은 없다. '이래봤자 무슨 소용이야?' 하고 푸념할 게 아니라 다음과 같이 자문해야 한다.

4. '다음의 적절한 행동은 뭘까?'를 묻기

역행을 겪은 후에는 이렇게 자문해라. '다음의 적절한 행동은 뭘까?' 그리고 그 대답에 귀를 기울여라. 그 대답은 '물 한 컵 마시자', '하룻밤 동안 곰곰이 생각해보자', '스낵칩이랑 후머스가 필요해. 음, 잔뜩 좀 먹어야겠어'처럼 단순할 수도 있다. 색다른 관점을 얻기 위해 좀 쉬는 게 적절한 다음 행동일 수도 있다. 아니면 달리기, 운동하기, 춤추기, 명상하기, 여유 갖기, 믿음이 가고 경험 많고 든든한 친구에게 전화하기 등이 되거나.

'이 경우 다음의 적절한 행동은 뭘까?'라는 자문에 이런 대답이 들려올지도 모른다. '그 피드백이 신랄하긴 하지만 맞는 말이야. 그 통찰을 활용해 더 발전해봐', '자책은 그만하고 이 빌어먹을 문단이나 마저 끝내', '그래, 데드라인을 또 한 번 미뤄야겠어. 하지만 그만둘 마음은 없어. 다시 집중해서 계속 밀고 나가자'.

'다음의 적절한 행동은 뭘까?'를 자문하면 머리와 가슴이 생산적 대답을 찾는 방향으로 초점을 맞춘다.

5. 긍정적 포기의 힘 활용하기

'포기하는 사람은 절대 승자가 못 되고 승리하는 사람은 절대 포기하는 법이 없다'는 옛 속담은 틀렸다. 패자처럼 보이기 두렵다는 이유만으로 어떤 일에 집착하는 건 끔찍한 생각이다. 경우에 따라서는 당신의 자아나 가치관과 더 이상 조율되지 못하는 계획이나 목표나 관계를 그만둘 용기를 내야 한다.

지금부터 내가 긍정적 포기의 힘을 알려주겠다. 긍정적 포기는 당신으로선 할 수 있는 한 멀리까지 갔다는 깨달음이 올 때 한다. 최선의 노력을 다했지만 이제는 당신의 가슴과 영혼으로부터 손실을 줄이고 다른 방향으로 관심을 돌리는 게 가장 현명하고 생산적인 다음 단계라는 확신이 드는 순간 이뤄진다.

나는 코칭 사업 초반에 비공개 온라인 회원 커뮤니티를 구축하는 데 수개월의 시간과 큰돈을 투자했다. 진이 빠지는 일이었고 금전적으로도 무리를 했다. 그렇게 공을 들인 끝에 커뮤니티를 출범했을 때는 짜릿한 흥분이 느껴졌다. 커뮤니티에 등록해 이용료를 낸 회원 수가 수백 명이나 됐다.

그런데 새 회원들이 로그인을 시작하는 순간 시스템이 완전히 무너져버렸다. 하나부터 열까지 먹통이 되면서 엉망진창이 됐다. 그 당시는 지원 팀도 없이 일하던 때였다. 나는 말도 못하게 당황했지만 그 심란한 와중에도 그런대로 마음을 진정시켜 뒤로 한발 물러나 상황을 평가하고 단호한 행동을 취했다.

나는 일단 전원을 차단했다. 당연히 고객들도 챙겼다. 무슨 문제가 발생했는지 정확히 설명하고 다른 안정적인 접속망으로 전환해

나의 인생을 바꾼 성공 공식 everything = figure out

주면서 약속했던 것보다 더 많은 서비스를 해줬다. 하지만 단지 내 문제 해결 능력을 증명하기 위해 더 많은 돈과 시간과 에너지를 이 고객 사이트에 투자할 생각은 없었다.

가끔은 프로젝트를 추진하는 과정에서 그게 실제로 당신이 원하던 일이 아니라는 깨달음이 올 때가 있다. 이 프로젝트가 꿋꿋이 밀고 나가고픈 일이 아니라는 확신이 드는 거다. 당신이 추진하는 프로젝트가 꼬여 잘못되지 않더라도 그쯤에서 됐다 싶으면 그런 이유로 그만둬도 된다. 뷔페처럼 생각해라. 뭔가 아주 큰 문제가 있다는 이유로 먹기를 중단하는 게 아니라 만족스러울 만큼 먹었으니 그만 먹는 거다.

나는 춤과 피트니스 분야에서 6년 정도 활동했을 무렵 온라인 사업에만 집중하고 싶다는 바람이 생겼다. 그래서 춤과 관련된 활동을 그만뒀다. 그쪽 활동에 무슨 문제가 있다거나 실패해서가 아니라 진전할 준비가 돼 있어서였다. 몇 년 후에는 연례 회의 주최를 그만두기로 결정했다. 100만 달러 이상의 수입이 발생하는 이 행사를 중단한 이유는 무슨 문제가 있어서가 아니라 이 정도면 됐다는 느낌이 들면서 다른 프로젝트에 착수하고 싶어져서였다.

인간관계든 커리어든 프로젝트든 뭔가에 종지부를 찍는다는 게 곧 실패를 의미하지는 않는다. 다른 방향으로 관심을 돌리는 건 포기와는 다르다. '완벽함이 아닌 진전'을 내세워 스스로를 벌하며 더 이상 당신에게 도움도 안 되는 꿈을 계속 좇지 마라. 어느 정도 시간이 지나서 돌아서야 할 때가 됐다고 느껴지면 그렇게 해라. 이런 결정을 내리는 데 미리 정해진 공식 같은 건 없지만 당신은 유용한 도구 2가지를 이미 배워서 가지고 있다.

- **도구 1. 10년 테스트.** 6장에서 처음 얘기했지만 이번 장에서 특히 유용한 도구다. 10년 후 당신을 상상하며 물어봐라. '지금 당장 이 일을 그만하면… 그때 가서 후회할까?'

  나는 큰돈을 들인 고객 사이트가 엉망이 됐을 때 10년 후에는 그 일을 거의 기억도 못 할 거라는 예감이 들었다. 그다지 큰 정이 들었던 일도 아니었다. 물론 속이 상했고 돈도 좀 잃었지만 영혼의 목표는 아니었다. 여러 가지 중요한 교훈을 가르쳐준 하나의 프로젝트일 뿐이었다.

- **도구 2.** 5장에서 배운 7일 동안의 글쓰기, **'내가 정말로 원하는 것'** 완성하기. 해보면서 명쾌함을 얻도록 이끌어주는 기적을 경험해봐라.

  5장의 '문제 해결을 위한 액션 플랜'을 다시 한 번 읽어볼 것도 권한다. 특히 '2단계: 꿈에 대한 진솔한 대화'를 더 주의 깊게 읽어보길. 이 목표를 추진하는 게 당신에게 중요한 이유를 모두 나열해봐라. 직관을 확인해봐라. 그 이유들이 여전히 유효하고 맞는가? 그렇다면 꿋꿋이 밀고 나가라. 아니라면 다른 방향으로 관심을 돌릴 준비가 된 걸지도 모른다. 꿈을 추진하기 위해서는 용기가 필요하지만 더 이상 추진할 가치가 없을 때 그 꿈을 그만두기 위해서는 훨씬 더 큰 용기가 필요할 수도 있다.

6. 다른 무엇보다, 끈기 기르기

Q 하지만, 마리, 제가 이 _____(사업, 연기, 집필, 음악, 조각, 요리법, 시나리오, 조사 등)을 해온 기간이 못해도 _____(3 주, 3개월, 3년 등)인데 아무 진전을 못 보고 있어요. 대체 뭐가 문제일까요? 대체 얼마나 걸릴까요?

A 걸릴 만큼 걸린다.

대중문화에 엄청난 파급력을 미친 《먹고 기도하고 사랑하라》 외에 지금까지 7권의 책을 더 펴낸 작가 엘리자베스 길버트는 집필 활동을 시작한 후 10년 동안은 글을 써서 번 돈이 한 푼도 없었다고 한다. (이미 3권의 책을 출간한 이후인) 그 뒤 10년 동안에도 빚을 지지 않고 살기 위해 여전히 글쓰기가 아닌 여러 직업에 의존해 살았다. 그렇게 20년의 세월이 지난 후에야 자신의 천직으로 생계를 유지하게 됐다. 〈마리TV〉와의 인터뷰 자리에서 그녀는 '어떻게 해서든 해내기'와 연관된 인상적인 관점을 밝혔다. 15살 때 자신의 창의성과 글쓰기에 엄숙한 약속을 했단다. "절대로 너희에게 금전적으로 부양해주길 요구하지 않을게. 언제나 내가 너희를 부양하겠어." 기본적인 생활비(식비, 집세 등)를 대기 위해 무슨 일이든 가리지 않고 해서 그녀의 창의성에게는 전기가 끊어질까 걱정하는 부담을 지우지 않겠다는 약속이었다.

무려 17권의 책을 써낸 스티븐 프레스필드는 글을 쓴 지 17년 만에 처음으로 작가로서 돈을 벌었다. 결국 영화화되지도 못한 시나리오의 고료로 받은 3,500달러였다. 첫 소설 《배거번스의 전설 (The Legend of Bagger Vance)》이 출간된 건 글을 쓴 지 27년 만이었고 그 긴 세월 동안 11개의 주를 떠돌며 21가지나 되는 일자리를 전전했다.

알다시피 나는 (정서적으로나 금전적으로) 내 사업의 소득에만 의존할 만큼의 자신감이 생기기 전까지 7년 동안 여러 가지 부업을 했다. 그동안 쭉 청구서를 지불할 돈을 벌기 위해 닥치는 대로 뭐든다 했다. 화장실 청소도 하고 이곳저곳을 돌며 바텐더로 교대 아르바이트도 하고 웨이트리스 일도 했다. 내 사업을 내 방식대로 운영하면서 지금 현재 하고 있는 바로 그런 일을 하고 싶었던 그때의 꿈이 너무 중요해서 얼마나 오래 걸리건 어떻게 해서든 이뤄내고 말겠다는 각오가 돼 있었다.

끈기를 길러라. '진짜' _____ (화가, 배우, 사회운동가, 과학자, 기업가 등) 이라면 그 일만으로 먹고살게 돼 있다는 허상을 믿지 마라. 언젠가는 그 일만으로 밥 먹고 살 날이 올지도 모른다. 하지만 아무리 열심히 한다 해도 모두 그렇게 되는 건 아니다. 창작자들 중에는 높이 평가받아 마땅한 실력자면서도 지도 활동, 계절 한정 일자리나 서비스 업종 종사, 임대료 수입 등의 갖가지 별개의 일로 밥벌이를 하는 사람들이 무수히 많다.

더군다나 보금자리를 갖기 위해 무슨 일이든 하는 건 부끄러운 일이 아니다. 성실히 일하는 걸 부끄러워하지 마라. 요즘 우리가 즉각적 만족 문화에서 살고 있다고 하는데 이는 지독하게 절제된 표현이다. 내 말을 오해하지는 말길. 나는 기술에 감사하는 사람이다.

하지만 어떤 이들에게는 이 기술이 끈기를 기르는 능력을 해치기만 할 뿐이다. 요즘은 스마트폰으로 언제든 거의 모든 형식의 오락물을 볼 수 있다. 지금도 어마어마하게 방대한 양인데 점점 더 늘고 있는 음악, 예술품, 문학, 교육 자료 등을 앉은자리에서 이용할 수도 있다.

하지만 기술의 편리함과 신속함이 실제 삶을 구상해주지는 않는다. 기량 쌓기, 신뢰 얻기, 작품 개발, 관계 진전, 전문지식 습득, 복잡한 문제 해결에는 부단한 불굴의 노력이 필요하다. 지름길은 없다. 오랜 시간(몇 달이 아니라 몇 년을 말함) 죽기 살기로 노력할 의지가 없다면 솔직히 인정해라. 그 일은 당신에게 중요하지 않다. 그래도 괜찮다. 그만두고 내면을 더 깊이 파헤쳐라. 시간이 얼마나 걸리든 꿋꿋이 매달려 노력을 쏟아부을 만한 뭔가를 찾아봐라.

문제 해결을 위한 액션 플랜

○ 작은 것이 모여 큰 것을 이룬다.

작자 미상

1. **지금까지 추구한 꿈이나 문제 중에 완벽하지 않으면 할 생각이 없다는 이유로 중간에 관둔 일을 하나 생각해봐라.** 아니면 다음의 문장을 채워봐도 좋다.

   완벽히 할 필요가 없었다면 그 꿈의 성취에 더 가까이 다가가기 위해 _____를 실행했을/시도했을/시작했을 것 같다.

2. **완벽함이 아닌 진전에 집중할 경우 당신은 어떤 사람이 될 것 같은가?** 또 어떤 일을 성취할 것 같은가? 뭘 배우고 어떤 강인함과 실력을 키우게 될까?

3. **문제점 예상하기**(그리고 **해결책 찾기**). 당신이 제대로 진전하지 못하도록 방해할 만한 전형적인 난관, 주의 산만, 집중 방해 요소, 암초 등을 쭉 생각해봐라. 소셜미디어, 인터넷 끊김, 그룹 채팅, 자기 회의의 소용돌이, 마감 기한 초과, 한창 일할 낮 시간대에 걸려오는 가족의 전화, 집에 먹을 게 떨어지는 일 등등.

예를 들어 그룹 채팅 메시지가 온종일 방해가 된다면 해결책 하나는 집중해야 할 시간 동안 스마트폰을 비행기 모드로 해놓거나 아예 꺼버리는 거다.

내면 문제든 외부 문제든 그 문제점들을 미리 예상해 적어보며 해결책을 세워라.

4. **피할 수 없는 자기 회의를 생산적인 자기 대화로 바꾸기.** 내면의 독백이 말도 안 되는 헛소리로 당신을 자기 회의의 싱크홀로 빠뜨리려는 게 감지될 때마다 이렇게 해봐라. 부정적이고 막다른 고착형 사고방식으로 몰고 가는 생각들의 끝에 '아직'이라는 말을 붙이는 거다. 내친김에 당신을 앞으로 나가지 못하게 막는 스스로의 부정적인 생각들을 모두 생각해봐라. 다음은 몇 가지 예다.

- 나는 돈 버는 재주가 없어.
- 나는 소설 쓰기에 대해 쥐뿔도 모르잖아.
- 나는 그녀가 없으면 내가 어떤 사람인지도 잘 모르겠어.
- 이런 식으로 해본 사람이 아무도 없잖아.
- 나는 사업 운영에는 완전 문외한이잖아.
- 나한테는 좋은 아이디어가 없잖아.

이렇게 바꿔서 말해라.

- 나는 돈 버는 재주가 없어, 아직은.

- 나는 소설 쓰기에 대해 쥐뿔도 모르잖아, 아직은.

- 나는 그녀가 없으면 내가 어떤 사람인지도 잘 모르겠어, 아직은.

- 이런 식으로 해본 사람이 아무도 없잖아, 아직은.

- 나는 사업 운영에는 완전 문외한이잖아, 아직은.

- 나한테는 좋은 아이디어가 없잖아, 아직은.

이 말을 머릿속으로 해도 되고 글로 적어도 된다. 어떤 식으로 하든 '아직은'이라는 단순한 세 글자가 당신이 성장과 배움과 진전의 사고방식으로 말하도록 유도해줄 테니까.

5. 종이 1장 가져다 놓고 다음을 써넣기.

이 계획을 진척시키기 위해 오늘 내가 할 수 있는 작은 일 5가지

1.

2.

3.

4.

5.

진전을 해내기 위해 오늘 할 수 있는 긍정적 일을 최소한 5가지 써봐라. 대단한 일이 아니어도 된다. 그냥 머리에 떠오르는 거라면 뭐든 써봐라. 5가지가 넘으면 그것도 아주 좋은 일이다. 다

썼으면 그 밑에 다음을 적어 넣어라.

지금 당장 할 수 있는 작은 일 1가지
1.

나열해 적은 것들 중 하나를 골라 큰 글씨로 적고 동그라미를 쳐라(동그라미 치기는 재미를 더하는 차원이다). 그 일을 크게 소리 내서 말해라. 그런 다음 행동으로 옮겨라! 꽉 막힌 수렁에서 빠져나와라. 뭔가를 해내는 비결은 뭔가를 하는 거다.
명심하길….
삶은 완벽함을 요구하지 않는다. 언제 어느 때든 두려움이 없거나 자신감이 있거나 자기 확신에 차 있길 요구하지도 않는다. 단지 계속해서 행동에 나서길 요구할 뿐이다.

EVERY
THING
IS FIGURE
OUTABLE

절대 포기하지 않는 사람은 누구도 못 이긴다.

베이브 루스(Babe Ruth)

8장

거부당하기를
거부하기

몇 년 전 나는 정말 힘든 상황을 겪었다. 사업은 아주 잘 풀리고 있었지만 사랑하는 조시와의 관계가 파탄 직전이었다. 우리는 내 문제로 부부 상담 치료를 받았다. 대다수 사람들이 심각한 상황이 아니면 상담 치료를 받지 않는데 우리도 그런 경우였다. 우리 사이의 가장 큰 다툼거리는 내가 일에 너무 많은 시간을 쏟는다는 거였다.

사정은 이랬다. 나는 내 일을 사랑하는 사람이다. 일을 내 DNA의 일부로 여길 만큼. 창의성을 발휘하면서 흥분과 충족감을 느끼게 해주는 이 일은, 내가 믿는, 지구상에 내가 존재하는 이유 중 큰 부분을 차지한다. 그런 만큼 우리의 다툼거리는 해결하기 힘든 문제였지만 나로서도 어떻게 반박할 수 없는 증거가 있었다. 당시에 조시와 나는 함께한 지 7년이 되도록 단 한 번도 함께 휴가를 떠난 적이 없었다. 물론 여행을 가긴 했지만 항상 강연, 회의, 워크숍에 맞춘 일과 관련된 여행이었다. 상담사 사무실에 앉아 있을 때 내 기분은 위축되고 화도 나고 혼란스러웠다. 내 관점에서 보면 내가 사랑하는 것들 중 하나(내 커리어)가 내가 사랑하는 남자와의 관계를 위협하고 있던 셈이니 말이다.

어느 날 오후였다. 나로선 기막힌 아이디어라고 여겨지는 생각이 떠올랐다. 그래, 그의 생일에 휴가를 떠나면 어떨까? 일과 상관없는 진짜 부부 휴가를 가보자. 달력을 보며 우리 둘의 스케줄을 따져보니 생일 휴가를 떠날 만한 좋은 날짜가 4일이라는 짧은 기간밖에 없었다. 나는 온라인 검색으로 가능한 여행지를 찾았다. 빨리 다녀올 수 있으면서도 흥미진진한 여행지로 바르셀로나를 낙점해 예약했다. 바르셀로나는 조시가 몇 년 전부터(정확히 말하면 7년 전부터) 얘기했지만 한 번도 못 다녀온 곳이었다. 그런 데다 우리는 드디어 그 정도의 여행을 다녀올 만한 금전적 여유도 생긴 참이었다.

휴가 예정일 당일, 나는 평상시처럼 떠나기 직전까지도 일정 변경이 불가능한 전화 상담으로 스케줄이 꽉 차 있었다. 시간을 계산해보니 공항에는 시간을 딱 맞춰 도착할 것 같았다. 내가 할 일을 다 마치자마자 우리는 후다닥 택시를 타고 서둘러 JFK 공항으로 갔다. 시간이 빠듯할 때 으레 그렇듯 하필이면 가는 길에 차가 막혔다. 나는 땀이 나기 시작했지만 그렇게 시간이 지체되는 상황에서도 아직은 괜찮다고 생각했다. 우리는 손에 여권을 쥐고 튕겨 나오듯 택시에서 내려 짐을 질질 끌고 탑승 수속을 밟으러 창구로 갔다.

"안녕하세요. 바르셀로나행 오후 5시 45분 비행기 탑승 수속 좀 부탁드려요…."

창구 직원은 우리 여권을 받고 키보드를 두드렸다. 그러더니 얼굴을 찡그리며 자신의 시계를 보다가 남자 직원을 끌어당겨 모니터를 보여주고는 다시 시계를 보며 말했다. "미즈 폴레오, 죄송하지만 아무래도 오후 5시 45분 비행기는 탑승 못하실 것 같아요."

"무슨 소리예요? 비행기가 아직 안 떠났잖아요. 이제 4시 50분밖에 안 됐는데요."

"죄송하지만 방금 수하물 탁송 마감 시간이 끝났어요. 안타깝게도 내일 비행 편도 빈 좌석이 없네요. 하지만 이틀 후에 출발하는 비행 편은 잡아드릴 수 있어요."

"이틀 후요? 그때는 저희 여행 기간이 거의 다 끝나는데!" 그렇게는 안 된다는 생각에 나는 사정했다. "제발 부탁드려요. 저희는 오늘 밤에 그 비행기를 꼭 타야 해요. 어떻게든 좀 해주세요."

"죄송합니다. 국제 편의 경우 최소한 출발 1시간 전에는 수하물 수속을 마치셔야 해요. 그리고 고객님의 탑승 게이트가 변경돼 해당 비행기가 지금 다른 터미널에서 출발 준비 중입니다. 정말 죄송하지만 탑승이 불가능합니다."

시간이 멈추고 심장이 내려앉았다. 눈물이 핑 돌았다.

"탑승이 불가능합니다"라는 말이 그 비행기보다 더 마음에 걸렸다. 뒤를 돌아보니 조시의 얼굴에 실망한 기색이 어려 있었다. 그래, 이건 단순한 여행 문제가 아니었다. 우리 두 사람 사이가 걸린 문제였다. 나는 그 상황이 믿기지 않아 잠시 가만히 서 있었다. 그때 내 안에서 어떤 생각이 퍼뜩 떠올랐다. 깊숙한 내면의 더 현명한 내 분신이 나다움을 일깨웠다.

해결 불가능한 문제는 없어.
해결 불가능한 문제는 없어.
해결 불가능한 문제는 없다고!

나는 조시에게로 돌아서며 말했다. "탑승권 가지고 있어. 나한테

나의 인생을 바꾼 성공 공식 everything = figure out

해결 방법이 있어."

내 바로 오른편에는 아래쪽 쇼핑 구역으로 이어진 계단이 있었다. 나는 계단을 달려 내려가 제일 먼저 여행 가방 매장을 찾고는 매장 안으로 달려 들어가 점원을 재촉했다. "제가 정말 급한데요, 기내 반입이 가능한 가장 큰 여행 가방 좀요. 어서요."

3분이 채 되지 않아 나는 새 더플백을 가지고 다시 계단을 뛰어 올라왔다.

조시는 우리 탑승권을 그대로 가지고 있었다. 공항 터미널 한복판에서 우리는 커다란 캐리어 안의 물건을 죄다 꺼내 새로 산 기내 반입이 가능한 가방 안에 최대한 많이 쑤셔 넣었다. 미친 듯이 짐을 옮기다 보니 소란을 좀 피우게 됐고 당연히 공항 직원 2명이 다가와 무슨 일이냐고 물었다.

"이번 비행기를 정말로 꼭 타야 해서 그래요. 수하물 수속 마감 시간을 놓쳐서 짐을 가지고 타는 것밖에는 방법이 없어서요."

"그런데 빈 캐리어를 공항 한가운데 두고 가시는 건 안 됩니다. 보안상 심각한 봉쇄가 유발될 소지가 있으니까요." 한 직원이 사무적으로 말했다. 이번엔 누구에게도 뒤지지 않는 문제 해결력의 소유자인 조시가 나서서 말했다. "자기는 계속 짐 싸고 있어. 내가 해결할게." 그리고 그 말대로 해결해냈다.

그사이 나는 있는 힘을 다해 더플백 안에 모든 짐을 꾹꾹 눌러 담았다. 더플백이 빌어먹을 소시지처럼 불룩해지도록. 이제 우리는 에어트레인(공항 터미널을 도는 순환 노선의 공항 철도-옮긴이) 쪽으로 달리기 시작했다. 조금 전 창구 직원과의 대화로 알고 있겠지만 우리 비행기가 이제는 완전히 다른 터미널에서 출발을 준비 중이었다. 달려가 에어트레인에 올라탄 것이 오후 5시 20분이었다. 비행기를 타려면 세 정거장을 가야 했다. 신경쇠약에 걸릴 지경이었다. 긍정적인 마음을 잃지 않으려고 애썼지만 솔직히 상황이 긍정적으로 보이지 않았다. 열차는 우리가 내려야 할 터미널에 오후 5시 30분에 도착했다. 다시 말해 우리에게 남은 시간은 15분뿐인데 아직 보안 검색대를 통과해 탑승 게이트까지 가는 난관이 남아 있었다.

에어트레인의 출입문이 열리자 다시 심장이 내려앉았다. 열차가 우리를 어떤 으스스한 주차장에 떨궈놓고 가버려서 터미널 안으로 들어가려면 길을 건너가야 하는 난관이 버티고 있었다. 이럴 때 꼭 그렇듯 우리 앞에는 7살짜리 축구팀 꼬맹이들이 부모들과 같이 떼를 지어 달팽이 기어가듯 느릿느릿 걸어가고 있었다. 나는 조시를 바라보며 말했다. "이 축구팀 스머프들이 보안 검색대 줄에 우리보다 먼저 가면 끝장이야." 그래서 우리 둘은 속이 터질 듯한 소시지를 들어 올려 (못해도 18킬로그램은 나가는 데다 바퀴도 안 달린 그녀석을 들고) 7살짜리 축구팀 무리를 빙 돌아 달리기 시작해 보안 검색대 줄 앞쪽에 가서 섰다.

이제 오후 5시 35분이었다. 비행기 이륙 10분 전이었다. 우리는 신발을 벗고 최대한 빠르게 컨베이어 벨트 위에 짐을 올려놨다. 금속 탐지기를 막 통과하려는데 다정한 인상의 나이 지긋한 미국 교통안전국(TSA) 보안 요원이 우리 앞으로 끼어들더니 두 손을 들어 올리며 말했다. "워워워… 잠시만요." 그는 긴가민가 하는 의혹의 눈빛으로 조시를 위아래로 훑어보았다. "그 사람 맞죠? 그래, 맞네.

TV에 나왔던 그 사람이네. 드라마 〈로 앤 오더(Law & Order)〉에서 봤어요. 어이, 조이, 조이! 이리 좀 와봐. 이 사람이 TV에 나온 그 사람이야. 와서 봐."

머리가 폭발하기 일보 직전이었다. 조시는 친절하게 대꾸해줬다. "예, 제가 그 사람 맞습니다. 정말 감사합니다. 그런데 무례하게 굴고 싶진 않지만 비행기 출발 시간이 10분밖에 남지 않아서요."

우리가 검색대를 나왔을 때는 5시 40분이 다 돼갔다. 아직 게이트까지 가야 하는 난관이 남아 있었다. 탑승권을 확인 받고 보니 아니나 다를까, 우리 탑승 게이트는 가장 멀리 떨어진 곳에 있었고 거기까지의 거리는 적어도 800미터는 돼 보였다. 나는 조시에게 말했다. "백팩 가지고 얼른 뛰어가. 우리가 타기 전에 비행기가 뜨지 못하게 붙잡아. 난 최대한 빨리 뒤따라갈게."

조시는 자기 백팩을 꽉 움켜쥐고는 그 긴 터미널 통로를 내달렸다. 나는 온 힘을 쥐어짜 18킬로그램의 터질 듯한 소시지 같은 가방을 두 손으로 들어 올리고 뛰기 시작했다. 금세 비 오듯 땀이 흘렀다. 이어서 울음이 터졌다. 콧물까지 줄줄 흘러나왔지만 소시지 같은 가방을 놓을 수가 없어서 얼굴을 닦지도 못했다. 두 다리가 불붙은 것처럼 화끈거렸고 심장이 터져버릴 것 같았다. 급기야 하느님과 아기 예수와 마리아를 찾기에 이르렀다. "주님, 제발… 제게 힘을 주세요! 이 다리를 계속 움직일 수 있도록, 제발 쯤 더 가게 해주우우세요!"

모퉁이를 도는 순간, 저 멀리에서 발을 동동 구르며 머리 위로 두 손을 흔들어대는 조그만 형체의 사람이 보였다. 조시였다! 그게 멈추라는 뜻인지 계속 오라는 뜻인지 분간이 안 돼 눈물이 더 왈칵 쏟아졌다. 그래서 걸음을 떼고 또 떼며 계속 갔다. 마침내 게이트까지 30걸음쯤 남았을 때 조시와 승무원이 내게 달려왔고 승무원은 나를 다독여줬다. "괜찮아요. 이제 괜찮아요, 고객님. 비행기에 타실 수 있으니까 이제 숨 좀 돌리세요." 우리는 혼미한 정신에 땀에 젖고 헝클어진 몰골로 비틀거리며 비행기에 탑승했다. 소시지 같은 가방을 머리 위 짐칸에 쑤셔넣고는 자리에 털썩 주저앉았다.

나는 조시의 손을 잡고 그의 얼굴을 쳐다보며 말했다. "자기야, 우린 잘 해낼 거야. 난 정말로 우리가 잘 해낼 거라고 생각해."

우리가 심호흡을 내뱉은 후 안전벨트를 매자 스피커에서 기장의 목소리가 흘러나왔다.

"안녕하십니까, 승객 여러분. 저희 1125편에 탑승하신 걸 환영합니다. 안타깝게도 심한 강풍이 부는 관계로 관제소의 지시에 따라 이곳 게이트에서 대기 중입니다. 적어도 1시간 정도 이륙이 지연될 것 같습니다. 그러니 긴장을 풀고 편안히 앉아 계시면 최대한 빠른 시간 내에 출발하도록 하겠습니다."

이후에 연결 항공 편을 1번 놓치고 렌트카로 7시간을 달려 스페인을 관통한 끝에 마침내 바르셀로나에 도착했다.

물론 이 개인사는 관계를 지키기 위해 할 수 있는 일은 뭐든 다 했던 사례다. 하지만 이 얘기의 요점은 따로 있다. 때로는 문제 해결을 위해 거부당하길 거부해야 할 때도 있다는 것. 다른 누군가(부모, 교사, 비판자, 친구, 사랑하는 사람, 승무원, 동료, 상사, 문화, 사회)가 "아니, 너는 못해", "아니, 그건 불가능해", "아니, 여기에서는 그런 식으로

는 안 돼" 따위의 말을 한다고 해서 그들 방식에 순순히 따를 필요
는 없다.

매번 승리하지는 못하겠지만 시도해보지 않으면 그게 정말 가능
한 일인지 영영 모른다. 규칙에 의문을 갖는 습관을 들여라. 거부당
하길 거부하다 보면 특정한 강점이나 능력이나 관점이 길러질지도
모를 일이다. 거부의 거부는 소소한 방식과 야심찬 방식으로 두루
두루 그리고 몇 번이고 거듭거듭 실천해야 하는 일이다. 우리 삶이
나 문화에 어떤 면에서든 지속적인 변화를 이뤄내려면 긴 게임을
벌여야 한다.

수많은 과학자들이 획기적 발견을 하기까지 수년에 걸쳐, 많은
경우 수십 년이나 수차례의 '실패한' 실험을 한다. 학생들은 성장하
고 배우는 과정에서 철자와 수학 문제를 틀리면서 실수를 거듭한
다. 예술가와 운동선수는 뛰어난 경지에 오르기 위해 노력하며 수
년간 거절과 패배와 씨름한다. 미국에서는 성 소수자를 위한 사회
운동가들이 마침내 연방 대법원으로부터 동성혼을 합헌적 권리로
판결받기까지 고통스러운 패배를 무수히 겪었다. 특히 사회적 평
등의 쟁점에서 바라볼 때 우리는 여전히 갈 길이 아주 멀다.

개인적 문제부터 세계적 문제에 이르기까지 어떤 문제의 해결이
당신에게 중요한 의미가 있다면 너무 빨리 포기하지 마라. 마가렛
대처가 했다는 말마따나 "승리하기 위해서는 한 번의 싸움만으로
는 안 될 수도 있다".

전쟁을 끝낸 여자들

○ 현실은 극복해야 할 대상이다.

라이자 미넬리(Liza Minnelli)

이번엔 리마 보위(Leymah Gbowee)라는 젊은 여성의 인생사를 잠깐 들여다보자. 보위는 1972년 라이베리아의 몬로비아에서 태어났다. 당시 몬로비아는 서아프리카에서 가장 활기차고 도회적인 도시로 손꼽히는 곳이었다. 그녀는 어린 시절 의사를 꿈꿨다. 하지만 고등학교 졸업 직후 참혹한 내전이 발발하고 말았다. 보위와 가족들은 어쩔 수 없이 피난길에 올라 가나의 난민 수용소로 들어갔고 이곳에서의 삶은 혼돈, 두려움, 상상 못할 고통의 연속이었다. 1991년 내전이 진정 국면에 들어서면서 간신히 몬로비아로 돌아왔지만 몇 년 후 보위는 아들을 낳게 되고 가정폭력의 악몽에 갇히게 됐다.

내전은 라이베리아의 모든 가정에 막대한 타격을 입혔지만 그중에서도 젊은 여자들과 아이들의 피해가 특히 컸다. 반란군, 정부군 가릴 것 없이 강간과 살인을 무기로 삼았다. 보위는 트라우마 치유 상담사 교육을 받으며 소년병 출신들을 돕게 됐다. 이 행동을 시작으로 이후로도 자신의 고통을 기여하는 행동으로 승화하는 여러 감동적인 행보를 이어갔다. 그녀는 자기 삶을 다시 일으켜 자신과 자신의 가족 그리고 더 나아가 자신의 지역사회를 위한 더 나은 미래를 이끌어낼 방법을 찾겠다고 맹세했다.

1차 내전 발발 이후 거의 10년이 지난 1999년에 2차 내전이 터

나의 인생을 바꾼 성공 공식 everything = figure out

졌다. 삶은 더욱 견디기 힘들어졌다, 또다시. 학대를 일삼는 남편은 더는 옆에 없었지만 보위는 여전히 상상조차 하기 힘든 끔찍한 공포에 직면해 있었다. 무장 군인들로 빼곡히 들어찬 트럭들, 벌건 대낮에 잡혀가 강제로 전투에 동원되는 아이들, 부상당해 손수레에 실려 임시 진료소로 옮겨지는 이웃들. 군인들이 다가오는 소리가 들렸다 하면 보위와 가족들은 겁에 질려 집 안으로 뛰어들어갔다. 다음은 그녀가 인상적인 저서《평화는 스스로 오지 않는다》에서 당시를 회고한 대목이다. "머리에 두건을 쓰고 포대같이 큰 청바지를 입은 남자애들이 여러 집을 거치며 재미를 보고 막 나와서는 총을 떠받쳐들고 우리를 위아래로 훑어보며 추파를 던졌다. '조만간 다시 와서 잡아먹어줄 테니까 기다려.'"

보위는 평화 건설 분야를 깊이 있게 공부하며 예수님, 마틴 루터 킹 주니어, 간디의 철학에 관심을 기울이기 시작했다. 이제는 절망 대신 결의와 분노가 내면을 채웠다. 2003년, 보위는 '평화를위한집단행동(Liberian Mass Action for Peace)'을 결성하고 이들을 앞장서 이끄는 데 힘을 보탰다. 평화를위한집단행동은 기독교도와 이슬람교도 여성들 수천 명을 한데 모아 평화를 위한 행진을 벌였다. 흰색 티셔츠에 흰색 두건을 두르고 몬로비아의 공터에 앉아 평화를 요구하며 연좌시위도 진행했다.

인간성의 밑바닥을 목격한 이들은 섹스 파업을 비롯해 상상 가능한 모든 전략이나 작전을 펼치며 지칠 줄 모르는 노력을 펼쳤고 이에 힘입어 절실히 필요하던 세계 언론의 주목과 세계적인 지지를 얻게 됐다. 매일매일 그리고 매주마다 여성들은 공터에 모여 연좌시위를 이어갔다. 보위는 몬로비아 공터에서의 그 시간을 다음과 같이 썼다(볼드체는 내가 표시한 것임).

어떤 날은 새벽부터 해가 질 때까지 찌는 듯이 더웠다. 무더운 날씨에 일을 보러 돌아다니는 것과 푹푹 찌는 뙤약볕 아래 꼼짝없이 앉아있는 건 또 다른 일이었다. 정말 고문 같았다. 나는 피부가 다시 시커멓게 탔고, 심한 발진이 생겨 고생하는 여자들도 수두룩했다. 하지만 그 고통 속에는 의지를 불태우는 뭔가가 있기도 했다. 몸은 기진맥진했지만 **그 일이 큰 뜻이 담긴 행동인 까닭**에 마음은 한곳에 모여 평온했다. 또 어떤 날은 새벽부터 저녁까지 비가 내렸다. 라이베리아는 지구상에서 가장 비가 많이 오는 나라에 속했고 비가 내렸다 하면 소방관 호스에서 뿜어져 나오는 물줄기처럼 세차게 퍼붓는다. 광장의 모래흙을 흥건히 적시는 그 빗줄기 속에서 우리는 비참한 몰골로 앉아 있었다. (중략) 우리는 매일 시위장으로 나갔다. 정말 '날마다' 시위를 벌이며 **포기하려 하지 않았다.** 우리의 고통을 숨긴 채 참고 살길 거부했다. **처음에 사람들은 우리를 대수롭지 않게 여겼지만 우리의 끈기 앞에서 서서히 호의적이 돼갔다.**

마침내 보위와 그녀가 이끈 평화 시위자들은 라이베리아의 대통령 찰스 테일러와 면담을 가졌다. 처음엔 그 면담이 진전의 신호 같았으나 아무것도 달라지지 않았다. 오히려 폭력은 더욱 심해졌다. 어느 날, 또 한 차례의 포격과 야만적 살인이 덮친 이후 보위의 내면에서 어떤 감정이 복받쳤다. 그때껏 느껴왔던 것과는 차원이 다른 격분이 일었다. 그녀는 그 폭발적 에너지를 행동으로 전환해 기독교도와 이슬람교도 여성 수백 명을 모아 가나로 향했다. 이들은 근래에 또 한 차례 교착상태에 빠진 채 평화 협상이 열리고 있던 호텔 주위를 에워쌌다. 200명에 가까운 여성들이 점심시간이 되길 기다렸다가 건물 안으로 우루루 들어가 인간 바리케이드를 치고 남자들에게 평화협정을 이루기 전까지는 못 나갈 줄 알라며 앞을 막아섰다.

보안 요원이 보위를 체포하려 했으나 그녀는 필요할 경우를 대비해 준비해둔 카드를 꺼내 들었다. 옷을 벗겠다고 으름장을 놓은 거다. 속설에 의하면 그건 남자들에게 저주를 불러오는 행동이었으므로 역시나 효과가 있었다. 몇 주 후 라이베리아의 내전은 종식됐다. 테일러 대통령은 망명을 떠났고 보위의 용기는 엘런 존슨 설리프(Ellen Johnson Sirleaf)가 아프리카 최초의 여성 국가수반에 오르는 길을 닦아줬다. 보위는 2011년 라이베리아의 내전 종식에 이바지한 공로를 인정받아 노벨 평화상을 수상했다.

이루 헤아릴 수 없는 강인함, 끈기, 용기, 헌신, 회복력, 창의성, 결의와 교훈 가득한 보위의 얘기는 어떻게든 해내려는 의지가 일으키는 초자연적 힘을 잘 보여준다. 무슨 일이 있어도 해결해내려는 의지, 거부당하길 거부하는 의지의 훌륭한 사례다. 우리는 이 얘기를 통해 한 사람이 어떤 위험이든 무릅쓰며 어떤 경우에도 단념하지 않으려는 의지를 발휘할 때 기적이 일어날 수 있음을 똑똑히 봤다. 이 용맹한 여성들이 전쟁을 끝내는 기적을 봤다.

혹시나 마지막 문장을 대충 읽고 넘어갔을까 봐 노파심에서 다시 한 번 얘기하는데 이 용맹한 여성들이 전쟁을 끝냈다. 무기도 없이 이런 일을 해냈다. '공식적인' 정치적 힘도, 폭력도 없이. 그야말로 해결 불가능한 문제는 없음을 증명해주는 사례라고 할 만하다. 보위는 이렇게 말했다. "나는 믿고, 또 확신한다. 같은 여자들에 대해 그리고 변화 가능성에 대해 확고한 신념을 품고 있다면 못할 일이 없을 것이라고."

끈기 있게 저항하라

○ 아무런 위험을 감수하지 않으면 더 큰 위험을 감수하게 된다.

에리카 종(Erica Jong)

우리 회사에서는 스트레스 일지라는 걸 쓴다. 반복되는 스트레스 요소들을 쭉 적는 간단한 일이다. 그렇게 적은 후엔 쭉 훑어보면서 스트레스의 근원을 제거하거나 변화시킬 체계나 해결책을 최대한 짜본다(〈마리TV〉에 이와 관련된 에피소드도 있다. 'Marie Forleo'와 'Stress Log'로 검색해보면 볼 수 있다). 언젠가 한번은 관리 팀에서 공동 스트레스 일지를 썼다가 우리 회사 내의 큰 스트레스 요소가 〈마리TV〉 촬영 장소 예약이라는 사실을 알게 됐다. 새로운 에피소드를 찍고 싶을 때마다 우리는 스튜디오 한 곳을 물색해 빌린 다음 촬영 세트를 옮겨와 설치했다가 장비를 모두 해체해 다음 촬영까지 보관해야 했다. 가상 기업(내외부의 협력을 통해 현재 자신이 갖고 있는 것보다 더 많은 자원을 이용할 수 있는 기업-옮긴이)으로서 그건 시간과 자원을 상당히 유출하는 일이었다. 우리는 자체 스튜디오를 마련해 스트레스를 줄이는 동시에 더 나은 영상을 제작할 기회를 높이기로 했다.

나는 이미 뉴욕 생활을 좀 해본 사람이라 이 해결책을 실행하는 게 얼마나 어렵고 많은 비용이 드는 일인지 잘 알았다. 더군다나 상업용 부동산을 임대해본 경험이 없는 데다 주변에 그런 경험을 가진 사람도 없었다. 하지만 우리는 해결 불가능한 문제는 없다는 자세로 뛰어들었다. 상업용 부동산 중개인을 찾아 여러 곳을 보러 다니기 시작했다. 몇 곳을 둘러보다 보니 역시나 걱정했던 대로였다. 우리 예산 안에서는 선택 가능한 곳이 많지 않았다. 가서 보면 내부는 칙칙하고 그에 비해 가격은 너무 비쌌다. 끈기 있게 찾아보며 몇 주째 수십 군데나 돌아다녔지만 마땅한 곳이 없었다. 우리는 슬슬 희망을 잃어갔다.

그러던 어느 날, 이메일로 새로 나온 부동산 정보를 받았다. 사진상으로는 괜찮아 보였다. 아니! 완전 괜찮았다. 내가 사는 아파트에서 도보로 이동 가능한 거리기도 했다. 무엇보다도 내가 즐겨 찾는 가라오케에서 모퉁이만 돌면 나오는 곳이었다(나로선 이 부분이 쩌는 매력 포인트였다). 중개인과 그 건물에 가봤을 때 내 몸 어딘가에서 외침이 들려왔다. '그래! 여기야. 바로 여기라고.' 건물 관리인인 패트릭이라는 이름의 상냥한 남자가 우리를 안내했다. 우리 팀이 이 공간에서 촬영하는 모습을 머릿속으로 그려보니 순간순간 설렘이 커졌다. 그렇게 한창 들떠 있는데 패트릭이 다른 회사 몇 군데도 이 사무실 공간 임대에 관심을 보이고 있다는 말로 내 조급증을 자극했다.

건물을 나오자마자 나는 중개인에게 적극적인 임대 제안을 넣어 달라고 밝혔다. 여기가 우리 스튜디오로 딱이라는 직감이 들었다. 금요일 오전의 일이었다. 그런데 며칠이 가도록 아무 소식이 없었다. 그때는 몰랐지만 맨해튼의 상업용 부동산 시장은 거래가 신속하게 이뤄진다. 며칠 동안 연락이 없다는 건 긍정적인 신호가 아니었다. 그다음 주 중반쯤에 마침내 중개인에게 연락이 왔다. 건물주가 내 임대 제안을 거절하고 어떤 IT 기업을 선택해 이미 계약 조건을 협상 중이라고 했다. 다 끝났다는 얘기다. 내가 밀린 거다. 다른 곳을 알아봐야 했다.

하지만 그럴 수가 없었다. 내 마음 한구석에 버리지 못한 미련이 남아 있었다. 나는 중개인에게 내가 퇴짜 맞은 이유를 물어봤다. 내가 그 IT 기업에 밀린 이유가 뭐고 우리 측에서 더 좋은 제안을 할 여지는 없는지 알고 싶었다. 그가 털어놓은 대답은 사람을 머쓱하게 했다. 내 제안은 괜찮았지만 건물주가 우리 회사가 정확히 뭘 하는 곳인지 이해하지 못했다는 거였다. 들어보니 건물주는 내가 '안정된' 사업을 운영 중이라는 믿음이 가지 않은 모양이었다(어쨌든 그쪽에 아직 내 재정 상태를 보여주지 않은 건 분명했으니까). 그 IT 업체 친구들을 더 '신뢰'했다는 말도 들었다. 그 얘기를 듣는 순간 저지 마리(나의 또 다른 자아)가 한마디 내뱉었다. '이런, 빌어먹을. 안 돼. 이런 식으로 질 순 없어.' 그래서 건물주에게 편지를 쓰기로 마음먹었다. 내 회사의 13년 역사, 우리가 하는 일, 주요 고객층, 우리가 도움을 준 사람들이 이뤄낸 성과, 그 공간의 구체적 사용 계획을 자세하고 분명하게 밝힐 셈이었다. 나는 설득력을 더하기 위해 온 마음을 쏟고 머리를 최대한 쥐어짜내 편지를 썼다. 그리고 그렇게 쓴 편지를 직접 전달하기 위해 다시 그 건물을 찾아갔다.

그곳에 도착하니 패트릭이 밖에 나와 서 있었다. 나를 보더니 온화하면서도 뜻밖이라는 뉘앙스의 미소를 지어 보였다.

"절 기억하실지 모르겠지만 지난주 금요일에 중개인과 함께 임대로 나온 사무실을 보러 왔던 사람이에요. 그 사무실을 정말 임대하고 싶었는데 건물주께서 이미 IT 스타트업 업체와 협상 중이라고 들었어요. 임대 계약이 성사되기 전에 제가 이 편지를 건물주께 전해드려야겠는데 좀 도와주실 수 없을까요?"

"어… 지금은 여기 안 계시는데." 패트릭은 예기치 못한 부탁에 당황하면서 내 단도직입적 태도를 조금 거북해하는 눈치였다.

"제발요, 패트릭. 전화번호는 알고 계실 거 아니에요. 어서 빨리 전화 좀 해주세요. 2분이면 되잖아요. 저한텐 정말 중요한 일이라 이 편지를 최대한 빨리 전해야 해서 그래요. 선생님 말고는 제가 기댈 곳이 없어요."

패트릭은 마지못해 휴대폰을 꺼내 건물주에게 전화를 걸었다. 패트릭이 난처해하는 말투로 어떤 여자가 아주 중요한 편지를 가능한 한 빨리 전해야 한다고 찾아온 상황을 설명하는 동안 나는 그 자리에 가만히 서 있었다. 패트릭이 전화기 저편의 얘기에 응대하는 모습으로 미뤄봤을 때 건물주는 이 뜬금없는 전화를 탐탁지 않아하는 것 같았다.

그래도 패트릭은 내 편지를 받아 전달해주기로 했다. 나는 도와줘서 감사하다는 인사를 재차 한 후 그 자리를 떠났다. 4일이 지나

가도록 아무런 응답이 오지 않았다. 주말이 되자 체념이 돼 이번 싸움에서 졌다는 사실을 인정하기로 했다. 실망스럽긴 했지만 나로선 할 만큼 했다는 만족감도 느꼈다. 각별한 노력을 기울여 내가 할 수 있는 모든 일을 했으니 됐다고. 훨씬 좋은 임대 공간이 있을 거라고 믿으며 어떻게든 찾아내겠다고 결심했다. 그런데 월요일 아침, 자고 일어났더니 중개인에게 이메일이 와 있었다.

안녕하세요, 마리.

방금 건물주 대리인에게 연락을 받았습니다. 건물주가 당신의 편지를 읽고 나서 만나고 싶어 하신답니다. 현재 진행 중인 협상에 무슨 문제가 있는지 어떤지는 잘 모르겠지만 아직 기회가 있다는 의미일 수도 있으니 저희에겐 정말 반가운 소식입니다. (중략) 이 기회를 잘 이용해봅시다!

깜짝 희소식이었다!

당장 건물주와 만날 약속을 잡았다. 알고 보니 IT 업체는 처음 생각했던 것만큼 '안정적'이지 않았다고 한다. 나는 건물주와의 미팅 자리에서 솔직함과 적극적 열의를 보이며 탄탄한 재정 상태를 보여주기도 하고 임대 공간을 잘 관리하며 쓰겠다고 약속도 했다. 결론만 간단히 밝히자면 우리는 그 임대 계약을 체결했다.

결국 그 일은 우리 팀에게 일대 전환점이 됐다. 고달픈 스트레스 요인을 해결했을 뿐만 아니라 그곳에 마련된 촬영 스튜디오는 즐

나의 인생을 바꾼 성공 공식 everything = figure out

겁고 창의적이고 혁신적 활동을 펼치는 장이 됐다. 지금까지 이 스튜디오에서 〈마리TV〉 에피소드, 팟캐스트, 실시간 방송, 웨비나(인터넷상의 세미나), 훈련 프로그램 수백 편을 촬영했다. 그리고 그 일을 계기로 우리는 더 넓게 생각하고 이전까지 불가능했던 방식의 창의성을 발휘하게 됐다. 또 패트릭이 우리가 가장 아끼는 동료가 되기도 했다.

나는 저항 앞에서 끈기가 중요하다는 사실을 잘 알지만 아직도 그 습관을 들이느라 노력 중이다(쪽팔리게도 내가 바로 지금 당신에게 가르치려는 건데도 말이다!). 요즘에도 여전히 머릿속의 부정적 목소리를 잠재우기 위해 씨름해야 한다. '넌 그거 못해. 네게 너무 버거워, 마리', '넌 너무 _____(다음과 같은 온갖 얘기들)'.

- 직선적이야.
- 까다로워.
- 저돌적이야.
- 자기주장이 강해.
- 별나.
- 튀어.
- 노골적이야.
- 부주의해.
- 괴짜야.
- 감정적이야.

  등등

이럴 땐 고맙게도 나의 더 현명한 분신이(흠흠, 그러니까 저지 마리가) 불쑥 끼어들어 설득해낼 때가 많다. 그녀가 자주 보이는 반응은 이렇다. '뭐래! 그딴 개소린 죄다 잊어버려. 네가 원하는 대로 해.'

나는 모든 사람이 규칙에 의문을 갖고 현상(現狀)에 도전해야 한다고 믿지만 이런 태도는 특히 여성들에게 중요하다. 우리 여성은 여자에게 수치심과 침묵, 억제를 강요해온 문화와 천년 동안 싸우고 있다. 태어나면서부터 자신이 가진 열정을 참고 강인함을 억누르고 힘을 숨기고 감정을 부정하며 '얌전히' 살도록 길들여진 여자들도 많다.

하지만 당신은 억제하도록 만들어지지 않았다. 창조와 개선과 변화를 일구기 위해 세상에 태어났다. 변명 뒤에 숨지 마라. 파란을 일으키지 않고는 변화를 이룰 수 없다.

개소리는 최고의 연료

○ 내가 어떤 자리를 맡든 내 자질이나 능력을 불신하는 회의론자들이 꼭 있었다. 그래서 나는 그들이 틀렸다는 걸 증명해야 한다는 각별한 책임 의식을 느낀다.

소니아 소토마요르(Sonia Sotomayor, 최초의 히스패닉계 미국 대법관-옮긴이)

혹시 누군가 당신의 목표나 계획이나 아이디어에 대해 듣기 불쾌한 말을 내뱉은 적은 없는가? 복부를 한 방 얻어맞은 것처럼 충격받아 '어떻게 저런 심한 말을 하지?' 하는 생각이 들었던 적이 없었

나의 인생을 바꾼 성공 공식 everything = figure out

나? 나는 있다. 아주 많았다. 지금도 여전하다.

새로운 길을 개척하며 변화를 유도할 때는 끊임없는 비난과 손가락질, 심지어 조롱까지도 각오해야 한다. 비방의 주체는 당신 자신이 될 수도 있고 사랑하는 사람, 친구, 스승, 동료, 전혀 모르는 사람들, 인터넷상의 익명인들이 될 수도 있다. 그리고 다음 3가지를 자각해야 한다. 첫째, '악플'은 으레 있는 통상적인 일이다. 둘째, 당신에게는 그걸 다룰 능력이 차고도 넘친다. 셋째, 때로는 비방이 당신의 열의를 더 불태워줄 최고의 연료가 되기도 한다.

이쯤에서 내가 큰 규모의 경영 컨퍼런스에서 겪은 흥미로운 일을 들려주고 싶다. 불과 몇 달 뒤면 내가 주력하던 경영대학원 공부를 시작하려는 때였다. 새로운 사람들을 만나고 새로운 아이디어를 배울 생각에 눈을 반짝거리며 들떠 있었다. 나는 컨퍼런스 참석자 명찰을 목에 두르고 큼지막한 플라스틱 바인더를 꽉 쥐고는 내가 하는 일을 홍보할 파트너를 찾아 새로운 인생 경로를 전하려 온 힘을 쏟고 있었다.

행사 첫날, 에스컬레이터를 타고 호텔 대연회장으로 올라가던 중에 (역시 컨퍼런스 참석자였던) 한 남자가 자기소개를 하며 내게 무슨 일을 하느냐고 물었다. 나는 드디어 내 일을 알리게 돼 전율이 일었다. 그래서 새로 시작한 사업 프로그램 얘기를 꺼내며 창작 활동 종사자들과 소기업 대표들에게 온라인을 통한 진정성 있는 마케팅과 판매에 필요한 기술을 알려주는 게 이 일의 취지라고 말했다. 그런 기업 교육은 온정과 애정을 바탕으로 삼은 즐거운 일이자 재미까지 더해주면서도 엄청난 성과를 이뤄낼 거라는 생각도 밝혔다.

남자는 비웃었다. "정말입니까? 정말 그런 사업을 하세요? 그게 실제로 돈벌이가 됩니까? 에이, 그냥 취미 활동이겠죠, 아니에요? 툭 터놓고 말해봐요. 돈을 대주는 부자 남자 친구나 남편이 있죠?"

나는 황당해서 잠시 말문이 막혔다. 이 머저리가 저걸 말이라고 하는 건가? 지금 내가 악몽처럼 끔찍한 타임머신에 갇히기라도 한 건가? 아니지, 내가 마지막으로 날짜를 확인했을 때는 1909년이 아니라 2009년이었는데. 마음 같아선 남자의 멱살을 잡고 에스컬레이터 밖으로 내던지고 싶었지만 꾹 참았다.

그 말은 그 순간엔 내 마음을 상하게 했지만 사실은 감사한 경험이었다. 나는 그 남자가 나나 내 아이디어에 대한 불신을 나타낸 데 감사했다. 덕분에 내 의욕이 불타올라 경영대학원에서 훨씬 더 좋은 성과를 거두게 됐으니까. 그의 노골적인 무시는 기업 대표들(특히 여성들)의 재정적 운명의 통제를 도우려는 내 사명이 얼마나 중요한 일인지 재확인해주기도 했다. 나는 그 컨퍼런스에서 더 열심히 분발했다. 이미 열의에 차 있었지만 그런 대화를 나눈 후에는 그 무엇도 나를 막아 세우지 못할 정도로 의욕에 불이 붙었다.

사람들이 당신의 꿈에 대해 개소리를 하면 연금술사가 돼 부정적인 말을 이로운 황금으로 바꿔라. 개소리를 좋은 비료로 삼아라. 재수 없는 연료로 삼아라. 물론 사람들이 틀렸다는 걸 증명하고 싶다는 바람은 동기를 유발하는 장기적 원천으로서 건선하시 않다는 건 나도 안다. 하지만 그 순간엔 자신이 가진 것으로 노력해야 한다. 거부당하기를 거부하는 건 곧 당신 자신을 지지하고 꿈을 지키는 일이다.

나의 인생을 바꾼 성공 공식 everything = figure out

분명히 말하지만, 그렇다고 해서 너무 예민하게 굴어 배움과 성장과 진전을 위해 정말 중요한 의견을 구하지 못할 정도가 돼서는 안 된다. 방어적으로 구는 것과 결연해지는 건 엄연히 다르다. 중요한 건 성숙함과 식별력 그리고 무엇보다도 당신의 근원을 검토하는 일이다.

비판도 비판 나름

○ 증오자들은 다른 모든 사람들이 당신을 좋아하는 이유를 이해하지 못한 채 혼란에 빠져 있는 찬양자들이다.

파울로 코엘료(Paulo Coelho)

창의성이 존재하는 한 비판은 나오기 마련이다.

나는 20년 동안 내 활동을 공개적으로 공유하다 보니 사람들이 더러 투척하는 증오와 부정적 반응에 아주 익숙해졌다. 비난에 대한 두려움에 대처하는 요령이 뭔지 무수한 독자들에게 질문을 받기도 했다. 당신도 다음의 하소연이 남 얘기 같지 않은가?

• 저는 비판과 평가가 너무 두려워서 아이디어를 내지 못하겠어요. 제가 하는 일의 성과와 자아를 따로 분리하는 게 잘 안 돼요.

• 사람들이 제가 엉터리라는 걸 알까 봐, 지금 하는 일을 멋모르고 하는 줄 알까 봐 겁나요.

• 사람에게는 누구나 자신의 의견을 가질 권리가 있다는 건 알지만

어떻게 해야 부정적이고 상처받는 반응을 얻지 않고 의견을 밝힐 수 있을까요?

- 마리, 당신은 비난에 어떻게 대처하나요? 당신도 언제나 일부러 애를 써야 하나요!

속담에도 있듯 "비판이 싫다면 아무 말도 하지 말고 아무 일도 하지 말고 아무것도 되지 마라". 하지만 이 속담도 전체 그림은 놓치고 있다. 아무것도 하지 않는 사람도 비판을 받는다. 아무짝에도 쓸모없는 게으름뱅이라고 호된 손가락질을 받는다. 비판과 판단은 삶의 자연스러운 일부다. 그 사실을 거부하지 말고 받아들여라.

명심할 사실:
당신은 지금도 이미 평가당하고 있다.

정말이다. 지금도 낯선 사람들이 당신을 평가하고 있다. 당신을 거의 모르는 사람들이 당신을 평가하고 있다. 당신을 진정으로 사랑하는 사람들이 당신을 평가하고 있다. 사람들은 당신의 외모를 평가하고 당신이 먹는 것과 먹지 않는 걸 두고 평가를 내린다. 당신이 입고 있는 옷, 당신이 듣는 음악, 당신의 정치관과 개인적 신념, 당신의 소비 성향, 당신의 자녀 양육 방식, 당신이 놀고 나니는 차, 당신이 사는 집, 당신이 존경하는 사람, 당신이 사랑하는 사람 등도 평가 대상이 된다.

솔직히 당신 역시 당신 스스로를 평가한다. 당신은 자신에게 자주 험한 말을 해댄다(넌 너무 느려, 너무 나이가 많아, 너무 어려, 너무 뚱뚱해, 너무 소심해, 너무 숫기가 없어 등등). 당신 역시 남들을 평가하고 비판한다. 심지어 그럴 의도 없이도 그런다. 인간은 기계적으로 비판하는 존재다. 우리 비판은 대체로 편향적이고 매우 부정확하다. 그럼 도대체 어떻게 해야 할까? 비결은 유머 감각을 갖는 거다. 비판을 감정적으로 받아들이거나 내내 곱씹거나 탐닉해서는 안 된다.

명심할 사실:
당신이 애정을 갖는 모든 게
다른 누군가에겐 경멸 대상이다.

영화, 책, 음식, 코미디언, TV 프로그램 등등 이 세상에서 당신이 특별하게 여기는 건 전부 다 다른 누군가는 싫어한다. 따라서 대부분의 비판은 건설적이지 않거나 심지어 들을 가치도 없다. 누군가의 의견에 불과하다. 그런 의견은 웃기는 소리다. 누구나 그런 의견을 갖고 있고 대부분은 아무 쓸모도 없는 소리다.

가령 당신은 초콜릿을 세상에서 제일 좋아하는데 초콜릿이라면 질색하는 친구가 있다고 치자. 그렇다고 해서 초콜릿이 형편없는 물건이 될까? 아니다. 어떤 한 사람이 초콜릿을 좋아하지 않는다는 의미일 뿐이다. 초콜릿 제조사들도 그런 일에 크게 신경 쓰거나 초콜릿 혐오자들을 전향시키려는 캠페인을 벌이지도 않는다. 그저 초콜릿 애호가들에게 온 관심을 쏟는다.

세스 고딘(Seth Godin)이 지적한 것처럼 아마존에서 《해리 포터와 마법사의 돌》에 달린 2만 1,000개 이상의 서평 중 12퍼센트는 별을 1개나 2개밖에 주지 않았다.[1] 적어도 2,500명은 세계적으로 선풍적 인기를 끈 이 책을 형편없다고 생각한다는 얘기다. 그런데 조앤. K. 롤링이 혹된 서평을 보고 눈물을 흘릴까? 그럴 리 없다. 자신의 재능으로 수십억 명에게 영감을 주느라 (그리고 수십억을 버느라) 너무 바빠서 그럴 틈도 없다.

사람은 누구나 자신의 의견을 가질 권리가 있다. 하지만 의견은 주관적이다. 당신이 좋아하는 걸 누군가가 싫어한다는 이유민으로 다른 사람은 아무도 그걸 좋아하지 않는다는 의미가 되진 않는다. 한 사람의 의견은 진리가 아니다. 그 사람의 진리일 뿐이다. 잘 모르는 사이거나 존중을 보이지 않거나 도움이 되지 않는 사람들의 비판에 시간과 감정 에너지를 허비하는 건 어리석은 일이다.

내 책은 확실히 누군가에겐 잘 맞지 않다. 당신처럼 창의적이고 저돌적인 사람들에게만 잘 맞는다.

명심할 사실:
남들이 생각하는 것에 신경 쓸수록
남들에게 그만큼의 주도권을 내주는 꼴이 된다.

왜 다른 누군가의 생각에 따라 내 감정이 쇼우돼야 하는가?
당신의 감정 통제권을 누구에게도 내주지 마라. 그 상대가 부모님이나 배우자라도, 형제나 친구나 직장 동료나 심지어 자식들이라도, 지지하는 정치인이라도 마찬가지며 누군지도 모르는 인터넷상 익명인들에는 특히 내주면 안 된다. 사람들은 자기가 하고 싶은 말은 뭐든 할 수 있지만 그 말에 휘둘려 당신의 하루를 망칠 필요는 없다. 엘리너 루스벨트가 기가 막히게 지적했듯 "당신의 동의 없이는 누구도 당신에게 열등감을 일으키지 못한다".

당신이 이 지구상에서 보내는 시간은 귀중하다. 당신은 귀중한 존재다. 이런 식으로 생각해라. 누군가가 당신 집으로 들어와서는 당신 거실 카펫 위에 쪼그려 앉아 뜨끈뜨끈 김이 올라오는 대변을 봐놓고 나가버려 당신이 그 똥을 치워야 하는 어처구니없는 상황이 벌어지도록 방치할 텐가? 아니길 바란다. 고약하고 근거 없는 비판을 들으면 무시해라. 거부해라. '아니, 당신은 나를 쓰러뜨리지 못해. 내가 그럴 힘을 주지 않을 테니까. 누구든 내 거실에 똥을 싸게 내버려두지 않아!'

명심할 사실:
도움이 되는 말만 새겨듣고 나머지는 버려라.

비판적 피드백에 관한 한 너무 여린 마음을 먹다가 배움과 실력 향상에 도움이 될 만한 정보를 놓쳐서는 안 된다. 그 비판에서 새겨들을 만한 부분이 있는지 가려낼 수 있을 만큼은 강해져라. 다음과 같은 의문을 품어보면 유용하다.

- 이 비판에서 타당한 대목은 뭘까?
- 성장하고 실력을 향상시키는 데 도움이 될 만한 부분은 없을까?

지원을 아끼지 않고 배려심 있는 사람들은 당신이 의견을 구한 이후에도 대개 개인적인 조언을 해준다. 그때도 당신을 위축시키는 식이 아니라 당신의 성장을 뒷받침해주는 식으로 조언한다. 나와 아주 가까이 지내는 사람들이 내게 바로 그런 관심을 보인다. 나는 그런 관심에 감사하며 나도 그들에게 똑같이 해주려고 노력한다.

실천 전략 3가지

1. 언제나 근본을 따지기

나는 내가 존경하거나 공경하는 사람들에게서 마음에 상처를 입을 만한 통렬한 비판을 들은 적이 없다. 성공한 사람들은 대부분 변화를 일구며 자신의 삶을 살기에도 너무 바빠 남들을 혹독하게 비판할 만한 여유가 없다.

혹독하기 그지없는 비판자들 중에는 불안정하고 내세울 만한 성취도 없는 겁쟁이들이 많다. 이런 사람들은 삶의 방관자로 살며 아무 위험도 감수하지 않고 아무것도 창조하지 않는다. 소설가 척 팔라닉(Chuck Palahniuk)의 말마따나 "창작 행위를 공격하고 허물어뜨리는 건 쉬운 일이다. 오히려 창작 행위를 수행하는 게 훨씬 더 어렵다". 명심해라. 한 걸음 물러나 근본적 판단을 해야 한다. 당신을 비난하는 그 사람에게 당신이 높이 평가할 만한 성과가 있는가? 그 비난자들이 당신이 진심으로 존경하는 사람인가? 그렇지 않다면 그 사람들의 의견을 가슴 깊이 담아두기 전에 신중하게 생각해 볼 일이다.

나의 인생을 바꾼 성공 공식 everything = figure out

2. 약 올라하지 말고 가여워하기

그렇게 비겁하게 시간을 보내는 사람의 삶이 얼마나 괴롭고 비참할지 상상해봐라. 사람들이 남들을 비방할 때는 자신에 대해 다음과 같이 광고하는 거나 다름없다.

- 공감력, 연민, 감성 지능이 빈약하다.
- 시간이 남아돈다. 다시 말해 별 활약을 펼치지 못하며 살고 있다.
- 관심에 굶주려 있다.
- 삶이 상처와 고통에 찌들어 있다.

이런 사람들에게 약 올라할 게 아니라 가여워해라. 그리고 절대로 그들의 공격에 당신의 창작 활동이 휘둘리게 해선 안 된다.

3. 한바탕 크게 웃기

다음은 사람들이 자기들 따름엔 내 활동 중 가장 중요하고 중대한 면으로 여기는 한 부분을 놓고 열띠고 시시콜콜한 토론을 벌인 장면을 담은 화면 캡처다.

> **마리의 모발 중 가짜 머리가 얼마나 되는지 아는 사람 없나요? 내가 보기엔 어깨를 넘어가는 머리카락의 70퍼센트는 붙임 머리인 것 같은데.**
>
> marielaporte: 땅, 땅, 땅!

난 80퍼센트 정도는 된다고 봐요. 그녀의 풍성한 가짜 머리를 볼 때마다 자꾸 눈이 그리로 가요. 그리고 거의 전체가 붙임 머리인 게 확실한데 사람들이 머리가 예쁘다고 칭찬하는 걸 보면 어처구니가 없다니까요. 그녀의 자연 모발은 얼굴 주변 부분뿐이에요. 그 부분 머리카락은 어깨에서 살짝 아래보다 더 긴 걸 본 적이 없어요.

그녀의 자연 모발은 가늘어요. 그걸 커버하려고 가능한 한 두피가 보이지 않을 만큼 머리를 거꾸로 빗질해서 더 풍성해 보이게 하는 거예요(붙임 머리를 하지 않았을 때의 모습을 봐도 확실히 그렇다니까요).

이보세요, 혐오자분들. 뉴스 속보를 전하죠. 제 머리는 전부 자연산이랍니다. 사람들이 서로를 깎아내리느라, 특히 외모를 놓고 비방하느라 시간과 에너지를 쓰다니 재수 없는 일이지만 우리는 내 모발이 '진짜냐' 문제를 내 프로그램에서 농담거리로 삼기로 결정하고 넘어갔다. 물론 그보다 더 심한 험담도 들어봤지만 이럴 땐 악플러들의 쪼잔함을 부각하고 웃음으로 그 고약한 심보를 무색하게 만드는 게 훨씬 재밌다.●

황금률:
화나거나 감정이 북받치거나 빡친 상태에서는
대꾸하지 않기

● 물론 온라인상의 이런 고약한 악플은 해코지나 폭력이나 죽음을 암시하는 심각한 위협과는 다르다. 누군가 당신에게 그런 위협을 가한다면 당장 사법 당국에 신고하길.

소셜미디어 시대 초기의 어느 날 밤(그러니까 2008년 말쯤에) 나는 오후 9시부터 시작하는 기업가 트위터 채팅에 게스트로 나가기로 예정돼 있었다. 그날 이른 저녁에는 한 네트워킹 행사에 참석해 멋진 카베르네 소비뇽 와인 1잔을 즐겼다. 아파트로 돌아와보니 서둘러 트위터에 접속해야 할 시간이었다. 어둠 속에서 책상 앞에 앉자 오후 9시에 일을 다시 시작하다니 기분이 정말 이상하다는 생각이 들었다. 처음 7분은 순탄하게 흘러갔다. 나는 내가 가진 자원을 공유하고 명쾌한 답변을 해주고 농담도 좀 하면서 즐거운 시간을 보내고 있었다. 그러던 중 한 악플러가 그 토론에 끼어들었다.

낮 시간대고 술도 마시지 않은 맨정신의 마리였다면 악플러에게 휘둘리지 않을 만큼의 지각이 있었을 거다. 평상시였다면 균형 있는 관점을 갖고 연민과 절제력을 발휘했을 거다. 하지만 겨우 와인 1잔에 그런 자질이 내팽개쳐지고 말았다. 저지 마리가 치고 나와 그녀 특유의 원색적이고 거침없는 태도로 답변을 달았다. 악담으로의 응수는 그 순간엔 재밌었지만 찌질한 짓이었다. 확실히 내 최고의 자아를 돌아보지 않은 부주의한 행동이었다. 다음 날 아침, 그 일을 떠올리자 잘못했다는 후회가 밀려왔다. 그래서 다시는 화나거나 지나치게 감정적인 상태에서 대꾸하지 말자고 다짐했다. 그리고 한 모금이라도 술을 마셨을 경우엔 절대 키보드를 두드리지 말자고. 그게 10년도 더 전의 일인데 이후로 한 번도 그 다짐을 깬 적이 없다. 현대 문화에서는 당신이 올리는 트위터 글, 댓글, 게시물 하나하나가 당신의 역사가 된다.

거부당하기를 거부하기의 궁극적 비밀

○ 할 일이 아주 많은 세계에서는 틀림없이 뭔가 내가 할 일이 있을 거라는 느낌이 강하게 든다.

도로시아 딕스(Dorothea Dix)

보위가 전쟁을 끝내기 위해 나선 건 개인의 영광을 위한 게 아니었다. 노벨 평화상도 그녀 개인의 삶으로 받은 게 아니었디. 가족과 공동체와 미래 세대에게 더 나은 삶을 이끌어주기 위해 어림없는 가능성에 맞서 끝까지 싸워낸 공로를 인정받은 것이었다. 내가 스튜디오 공간을 얻었던 이유는 우리 회사를 근사해 보이도록 꾸미려는 생각 때문이 아니라 우리 팀이 스트레스받는 걸 더는 그냥 보고 있을 수가 없어서였다. 게다가 우리는 우리 프로그램 시청자들에게 더 나은 서비스를 제공할 만한 창의적 아이디어가 아주 많았는데 전용 스튜디오가 마련되면 아이디어를 실행하는 데도 유용할 것 같았다. 기억할 테지만 나는 에스컬레이터에서 그 비호감남을 대면하고 나서 열의에 불이 확 붙었다. 그때도 나의 개인적 문제 때문은 아니었다. 어딜 가나 과소평가받아온 여자들을 대표해 뭔가 보여줘야 한다는 책임 의식이 있었다. JFK 공항에서도 나를 분발시킨 근원적 동기는 여행이 아니었다. 조시와 우리 두 사람의 사랑을 위해 온 마음을 다하려는 열의였다.

어떤 역행이나 장애물이 가로막아도 끈기를 발휘할 수 있는 능력을 확실히 갖추고 싶은가? 당신의 꿈이 당신 자신을 넘어서는 뭔가와 맞닿게 하면 된다. 최고의 자신이 되기 위해 힘쓰는 것도 의미 있는 일이지만 이타적인 동기를 가지고 최선을 다할 때는 사실상 그 무엇도 당신을 막아 세우지 못한다. 개인적 이득을 넘어서는 더 크고 원대한 목표는 우리 삶에 의미를 부여해준다. 목표는 끈기에 불을 붙여주는 연료다. 동기가 중요하다.

당신의 꿈이 명예나 돈이나 권력 같은 개인적 이득에만 관련돼 있다면 언젠가는 활력이 다하게 돼 있다. 당신의 목표를 어떻게든 이뤄내더라도 그 승리는 피상적으로 느껴질 거다. 이게 끝이야? 정말 이게 끝이라고? 우리 삶의 척도는 스스로를 위해 성취한 것에 따라 결정되지 않는다. 우리가 남들에게 나눠주고 베풀고 기여하는 것에 따라 결정된다. 당신의 꿈이 당신 자신을 넘어서서 기여 의식과 이어진다면, 가족이나 동료나 공동체나 당신이 깊은 신념을 가진 명분과 연결된다면, 이제껏 자신에게 있는 줄도 몰랐던 강인함, 지구력, 용기의 원천이 열리게 된다. 그리고 다른 무엇보다 더 큰 의미와 충족감도 누리게 된다.

분명히 말해두지만 당신 자신을 위한 꿈을 갖는 건 중대한 일이다. 우리 모두 거기에서부터 시작한다. 다만 거기에서 멈추지 마라. 당신의 꿈을 더 큰 가치와 연결해라. 그게 당신의 영혼에 양식이 돼주고 거부당하길 거부하기 위해 필요한 정서적 강인함을 갖춰줄 테니 말이다.

○ 충분한 끈기를 갖고 매달리면 원하는 일을 뭐든 해낼 수 있다.

헬렌 켈러(Helen Keller)

1. 거부당하길 거부하며 그 과정에서 한계를 해결할 방법을 찾아낸 사례는 뭐가 있을까? 어떤 사례든 너무 시시하거나 하찮은 건 없다. 생각나는 대로 최대한 많은 사례와 거부당하길 거부하면서 배운 점들을 쭉 나열해봐라.

2. 큰 꿈을 향해 나아가던 중에 거부당했던 적이 이미 있는가? 그때 뭘 했는가? 그 거부를 되돌아보며 문제 해결 방법 7가지를 생각해보고 계속 밀고 나가라!

3. 현재보다 딱 10퍼센트만 더 권위에 도전하거나 규칙에 의문을 제기하거나 패배를 거부할 경우 어떤 긍정적 결과가 나타날 것 같은가?

4. 실제로 일어날까 봐 두려운 비평을 상상해봐라. 그 비평을 잘 다룰 만한 건설적이고 건전한 방법 3가지는 뭐가 있을까? 당신의 가장 고매한 최고의 자아는 어떻게 대응할 것 같은가? 아예

대응 자체를 안 할 것 같진 않은가? 화가 나 있을 때는 (또는 술을 마신 이후라면) 무대응 규칙을 택해도 된다. 지금 냉철한 계획을 세워서 나중에 괴롭거나 후회할 일을 미연에 방지해둬라.

5. 비평이나 평가가 전혀 두렵지 않다면 무슨 일을 하고 싶을지 10가지만 써봐라. 다 썼으면 그중 하나만 골라서 실행해라.

6. 당신의 꿈이나 목표를 당신 자신을 넘어서는 뭔가와 어떻게 연결해볼 수 있을까? 가족 일원이나 공동체나 당신이 공헌할 만한 대의가 혹시 없는가? 이유는 결과를 이끌어내는 동력이다.

EVERY THING IS FIGURE OUTABLE

세상에는 당신을 통해 행동으로 전환돼 표현되는
활력, 생명력, 태동이 있으며 모든 시대를 아울러
당신은 한 사람뿐이므로 그런 표현은 유일무이하다.
따라서 당신이 그것이 표현되지 못하게 막으면
다른 어떤 매개를 통해서도 존재하지 못해 사라지고 만다.
세상은 그 표현을 갖지 못하게 되는 것이다.
당신이 할 일은 그 표현이 얼마나 뛰어난지,
다른 표현과 비교해서 어떤지를 판단하는 것이 아니다.
확실하고 직접적으로 표현하면서
그 통로를 열어놓는 것이다.

마사 그레이엄(Martha Graham)

9장

이 세상에는
당신의 특별한
재능이 필요하다

우리가 같이 살기 시작한 초반에 조시는 일 때문에 출장을 갔다가 집에 돌아오면 쓰레기통에 꽉 차 있는 셰프 보야디의 빈 깡통들과 크래프트 맥앤치즈의 빈 상자들을 볼 수 있었다. 보다 못한 조시는 내게 비타민 보충제를 먹으라고 권하며 주스를 갈아 마시자고 제안했다.

"어떻게 그래. 난 지금 일을 4개나 하고 있잖아. 여윳돈이라곤 한 푼도 없고 자기의 그래놀라 애호 식생활에 익숙해질 시간도 없어."

조시는 집요하리만큼 다정히 권했고 나는 집요하리만큼 고집을 부렸다.

"싫어. 돈이 너무 많이 들어. 너무 유난스러워. 정말 싫다고. 제발 맥앤치즈 좀 먹게 놔둬."

그로부터 몇 년 후에 나는 암을 이겨낸 사람이자 건강의 상징인 크리스 카(Kris Carr)와 친구가 됐는데 이 친구가 주스 마시기, 슈퍼 푸드, 야채 위주 식습관이 몸에 좋다며 입에 침이 마르도록 권유했다.

"조시! 나 말이야, 대단한 여자를 만나고 왔어. 정말 끝내주는 여자야. 글쎄 이 베스트셀러 건강서들을 쓴 사람이라니까. 여기에 나와 있는 스무디와 녹색 주스와 샐러드 만드는 법 좀 봐봐. 우리도 이 주서 사자. 그녀가 그러는데 이런 영양 보충제도 먹어야 한대.

있잖아, 몇 년 전부터 진즉에 먹었어야 했대.”

당연히 그럴 만했지만 순간 조시는 황당하다는 표정을 지었다.

“마리, 지금 나랑 장난해? 그건 내가 몇 년 전부터 해왔던 말이잖아. **내가 말할 때는 듣지도 않더니?**”

바로 이 대목이 내가 이 일화를 꺼낸 요점이다.

당신의 꿈을 해결해내는 데 가장 큰 걸림돌 하나는 ‘전부터 이미 행해진 일’이라고 잘못 넘겨짚는 거다. 그래서 당신 자신이 독창적이거나 값지거나 뭔가에 공헌할 만한 사람이 못 된다고 여긴다거나 남들이 해놓은 일에 괜히 끼어들어 목소리를 보탤 만큼 당신이 특별하거나 재능 있는 사람이 아니라고 생각하게 된다.

이제는 오해를 바로잡아야 한다.

당신이 생각하는 아이디어나 창작물이 그동안 세상에 아무리 많이 공유돼온 것들이더라도 때로는 그 한 사람이 그런 아이디어나 창작물을 적절한 때와 적절한 장소에서 자신만의 독자적인 목소리로 표현해야 하는 경우가 있다. 그래야 실제로 변화가 일어나는 그런 경우 말이다.

누군가에게는 바로 당신이 그 한 사람이다.

당신보다 앞서 했던 사람들이 아무리 많아도 문제 될 게 없다. 당신이 생각하는 바로 그 일이 더 재능 있거나 자질 있거나 유명한 사람들을 통해 다양한 형식으로 이미 존재했거나 행해졌더라도 문제없다. 그런 건 신경 쓸 필요 없다. 지구상 인구는 77억 명이 넘으니 다양한 조합의 필요성, 관점, 문제, 성향, 욕망, 기호를 가진 사람들이 차고 넘친다. 언제라도 더 행해질 만한 기회가 있다. 언제라도 당신에게 기회가 있다.

당신이 이 세상에 태어난 데는 다 이유가 있다

○ 모든 개개인이 중요하다. 모든 개개인에게는 해야 할 역할이 있다.
모든 개개인이 변화를 일으킨다.

제인 구달(Jane Goodall)

하느님 또는 당신이 믿는 그 외의 뛰어난 지력을 갖춘 창조주는 그
냥 재미로 더 많은 사람들을 만들어낸 게 아니다. 당신이 가진 재
능, 강인함, 관점, 재주의 독자적인 조합을 가진 사람은 지금까지도
없었고 앞으로도 없을 거다. 명심해라. 당신은 우주에서 딱 한 번
일어나는 중대 사건이다.

그런 당신을 형편없이 허비하지 마라.

당신은 당신 삶과 타인의 삶 모두에 변화를 일으킬 수 있는 창조
력을 타고났다. 이 힘은 당신 외부에 있는 게 아니며 돈을 주고 사
거나 빌릴 수 있는 것도 아니다. 바로 지금 당신 내면에 이미 깃들
어 있다.

그 내면의 힘이 당신을 이 책에게 이끌어준 거라고 나는 믿는다.
지금 당신이 이 글을 읽고 있는 이유는 당신이 삶에 뭔가를 일으키
고 싶어하기 때문이다.

다시 말해 다음을 꼭 깨달아야 한다. 당신에게 당신 자신이나 타
인에게 이로울 만한 아이디어나 가능성이나 아주 작으나마 꿈이

나의 인생을 바꾼 성공 공식 everything = figure out

있는데도 그런 아이디어나 가능성이나 꿈을 실현하기 위해 할 수 있는 일을 아무것도 하지 않는다면…

> 당신은 당신을 가장 필요로 하는 사람들에게서
> 당신을 도둑질을 하고 있는 거다.

다시 한 번 말하지만…

그건 도둑질이나 다름없다.

당신이, 오로지 당신만이 베풀러 온 재능을 필요로 하는 사람들이 세상에는 무수히 많다. 꾸물거리기만 하면서 가슴이 채근하는 일들을 하지 않으면 세상은 말 그대로 그 무엇으로도 대체할 수 없는 뭔가를 잃게 된다.

> 바로 당신을.

세상은 당신이라는 고유한 목소리를 잃게 된다. 당신의 고유한 에너지, 고유한 아이디어와 얘기와 관점들까지도. 당신이 망설이며 소심하게 굴면 무수한 사람들에게서 오로지 당신의 고유한 기여만이 선사할 수 있는 이로움과 즐거움과 치유와 성장을 훔치는 거다.

지금 당신은 당신이 꿈으로 품어온 바로 그 ____(책, 노래, 얘기, 영화, 소설, 스탠드업 코미디, 연설, 비영리 단체, 교육 플랫폼, 파스타 요리, 티셔츠, 앱 등)을 기다리고 있는 미래의 소비자나 팬에게서 도둑질하고 있을 수도 있다.

당신의 아이들이나 사랑하는 이들이나 동료들이 진정한 당신, 그러니까 당신이 할 수 있는 한 가장 생기 넘치고 쾌활하고 자신감 있고 강하고 정겨운 당신을 만나지 못하도록 도둑질하고 있는 걸 수도 있다.

우리 중 누구라도 자신의 재능을 억누르거나 과소평가하면 그 재능은 상해서 해로운 독이 된다. 이 독은 안쪽에서부터 우리를 산 채로 잡아먹는다. 병이 나고 무기력해지는가 하면 표독스럽고 냉소적이고 다혈질에 중독적이고 트집을 잘 잡는 성향이 생겨난다.

지금까지 살아오면서 당신에게 가치나 즐거움이나 성장을 안겨줬던 모든 것들을 떠올려봐라. 고개가 절로 까닥거렸던 모든 노래, 당신을 웃기거나 울렸거나 시야를 넓혀줬던 모든 영화, 의욕을 북돋웠던 모든 운동선수와 예술가, 당신의 삶을 더욱 편리하게 해준 모든 발명품, 음식을 보고 흐뭇함의 탄성이 터졌던 모든 음식점, 또 다른 세상에 눈을 뜨게 해준 모든 책, 말이나 행동이나 리더십으로 길잡이가 돼준 모든 교사, 멘토, 이웃, 친구, 어떤 식으로든 당신 삶의 질을 높여준 기술(예: 전기, 와이파이, 카메라).

이 모두와 관련된 훌륭한 이들이 영혼의 부름을 따르지 않았다면, 자신의 꿈을 '해결해내' 창작하고 기여하고 공유하지 않았다면 어땠을까? 내가 〈마리TV〉의 모든 에피소드 마지막에 하는 말이 있는데 지금 당신에게도 말해주고 싶다.

> 세상은 오로지 당신만이 가진 그 특별한
> 재능을 필요로 한다.

정말 그렇다. 그리고 당신도 이미 알고 있다. 꼬맹이 때부터 알고 있었다. 이미 당신 내면에 특별한 뭔가가 있다는 걸 감지하고 있었다. 당신이, 오로지 당신만이 창작하고 표현하기 위해 타고난 특출나고 남다른 뭔가가 있다는 걸. 그 감을 믿어라. 그 뭔가가 바로 당신의 생명력이다. 당신의 천재성이다. 실현하라고 애타게 부르짖고 있는 당신의 운명이다.

당신의 재능을 발견하고 키우고 나눠주는 것, 그게 당신이 이 지구에 태어난 이유의 전부다. 나는 우리 모두가 오로지 그런 이유로 이 세상에 왔다고 믿는다! 창작하면서 서로에게 기여하기 위해 이 세상에 온 거라고.

분명히 말해두지만 당신의 재능이 꼭 거대하거나 영웅적일 필요는 없다. 기여는 뭐든 필요하고 값지다. 당신의 재능은 친구들과 가족을 위해 차려주는 영양가 있는 식사가 될 수도 있다. 험악해진 대화에 연민과 이해심을 유도하는 게 될 수도 있다. 목재 조각이나 그림이 될 수도 있고 배관 공사, 사회운동, 화재 진압, 웃긴 얘기 개발, 연극 연출, 조사 활동, 동물 재활 활동, 환경 친화적 도시 공간 설계, 보석 디자인, 딸의 리틀리그 팀 코치 등이 될 수도 있다.

당신의 재능은 자원봉사를 통해서나 만나는 모든 사람에게 내보이는 관심, 존중, 배려를 통해 은행원부터 길에서 부딪친 낯선 이들에게까지도 표현될 수 있다. 정원 꾸미기로 이웃에게 희망과 놀라움을 불러일으키는 식이 될 수도 있다. 당신에겐 재능이 많을 가능성이 다분하며 그 재능은 일생을 거치면서 진전되고 발달하기 마련이다. 지금의 당신처럼.

"하지만 마리, 정말이지 나는
베풀 만한 독자적인 재능이 아무것도 없어요.
전부 예전부터 해오던 것뿐이에요."

즐겨 찾는 커피숍이나 옷가게를 떠올려봐라(아니면 뭐든 사람들에게
즐거움이나 유용함을 선사해주는 또 다른 곳을 떠올려도 된다. 자위 기구 회사라도
상관없다). 이번엔 현재 당신이 갖고 있는 고착형 사고방식을 그곳의
창작자들이 가지고 있다고 상상해봐라. 시작노 선에 허공으로 두
손을 들어 올리는 모습을 머릿속에 그려봐라. '그런 건 굳이 뭐 하
러 하려고? 이미 개나 소나 다 하고 있는데. 세상에는 망할 놈의 커
피/티셔츠/딜도(모조 남근)가 넘쳐난다고.'

이런 식이면 세상은 엉망진창이 될 거다, 안 그런가? 나는 이런
문제를 이탈리아 음식과 연관 지어 생각해본다. 내가 자주 외식하
는 곳 중에 페페 로소라는, 부부가 같이 운영하는 작은 식당이 있
다. 맨해튼 남부 지역에서 파마산 치즈를 곁들인 가지 요리를 잘하
기로 소문난 식당이다. 페페 로소를 연 부부가 식당을 여는 문제
를 고민할 때 허공으로 두 손을 들어 올리며 이렇게 말했다면 어땠
을까? "그거 알아? 뉴욕에는 이미 이탈리아 레스토랑이 겁나 많아.
어디 그뿐이야? 세상에는 파마산 치즈를 곁들인 가지 요리를 파는
식당이 이미 넘쳐난다고. 그러니 꿈 깨자고!"(페페 로소의 가지 요리를
다시는 먹지 못한다는 건 내게 생각만 해도 심장이 오그라드는 일이다.)

예술이나 과학이나 스포츠나 문화 등 어떤 분야건 간에 꿋꿋이
밀고 나가라. 세상에 뮤지션들이 아무리 차고 넘쳐도 비욘세나 레

이디 가가나 스티비 닉스나 켄드릭 라마의 음악 활동을 가로막지 못했다. 필 도나휴(Phil Donahue, 〈오프라 윈프리 쇼〉가 시작되기 직전에 압도적인 시청률을 자랑했던 〈필 도나휴 쇼〉의 진행자-옮긴이)의 인기도 오프라 윈프리를 가로막지 못했다. 마거릿 조(Margaret Cho)의 뛰어난 유머 감각도 앨리 웡(Ali Wong)의 유머 감각 표출을 가로막지 못했다. 이 뛰어난 인물들 중 한 사람이라도 이미 행해진 일이라는 이유로 자신의 기여가 불필요하다고 생각해 멈췄다면 우리는 얼마나 많은 걸 잃었겠는가? 프레드 로저스(Fred Rogers, 미국 어린이들에게 노래와 얘기와 대화로 꿈을 심어줬던 어린이 프로그램의 전설적인 진행자-옮긴이)의 말마따나 "당신이 당신 주변 사람들의 삶에 얼마나 중요한 사람인지 느낄 수 있다면, 꿈도 못 꿔봤을 만한 많은 사람들에게 당신이 얼마나 중요한 사람이 될 수 있는지 느낄 수 있다면 얼마나 좋을까".

물론 세상에는 책이나 노래나 연극이나 사업이나 핫소스 개발자나 뜨개질 클럽이 무수히 많다. 하지만 당신의 버전이 아직 세상에 나오지 않았다면 나올 만큼 다 나온 게 아니다. 일생에 단 한 번의 기적인 당신이 아직 표현하지 않았으니 아직은 아니다.

사기 같은 느낌 극복하기

제니퍼 로페즈(Jennifer Lopez), 조디 포스터(Jodie Foster), 마야 안젤루(Maya Angelou)의 공통점은? 내가 원한 답은 모두 다 상을 수상한 문화계 아이콘이라는 사실이 아니라 세 사람 모두 자신을 사기꾼처럼 느낀 적이 있다는 사실이다.

○ 앨범이 7,000만 장이나 팔렸는데도 제 자신이 '음악에 소질이 없는' 사람처럼 느껴졌어요.

제니퍼 로페즈

○ 오스카상을 받았을 때 요행수로 받은 게 아닐까 생각했어요. 다들 그 사실을 알게 돼 수상을 취소할지 모른다고요. "미안해요, 다른 사람에게 주려고 했는데 상이 잘못 갔네요. 메릴 스트립에게 주려고 했는데." 이러면 어쩌나 싶었죠.

조디 포스터

○ 책을 11권이나 냈는데도 매번 이런 생각이 들어요. '어쩐담, 이제 사람들에게 들통나게 생겼네. 내 얘기가 사기인 걸 사람들이 알아낼 거야.'

마야 안젤루

자신이 사기라도 친 것 같다는 느낌이 든 적이 있다면, 그러니까 어떤 성취가 요행수나 실수여서 언젠가 사람들이 알게 될 거라는 느낌이 든 적이 있다면 훌륭한 사람들도 그런 적이 있으니 걱정할 필요 없다. 조사에 따르면 이런 사기꾼 증후군(가면 증후군이라고도 불림-옮긴이)을 겪는 사람이 무려 70퍼센트에 이른다.[1]

사기 치는 것 같은 느낌이 보편적 현상이긴 해도 여자들이 특히 심하게 느끼는 경향이 있다. 왜일까? 여성으로서 그리고 전통적으로 지위가 약한 한 계층으로서 무리 사이에서 소속감을 잘 느끼지 못하기 십상인 탓이다. 여성은 사회적으로 자기를 낮추고 자신의 능력을 경시하게끔 길들여졌고 그로 인한 자존감 저하와 자기 파괴 성향이 삶의 모든 면에 안 좋은 영향을 미친다. 여자들이 그런 메시지(즉, 여자는 가치 있는 존재가 못 된다는 메시지)를 내재화하면 심각한 뒤탈을 겪게 된다. 정서나 창의성의 문제만이 아니라 재정적 문제에까지도 영향을 미친다. 커리어가 빈약해지고 은행예금이 적어진다는 얘기다.

따라서 이런 현상을 인정하는 데서 그치지 말고 '사기꾼 느낌' 때문에 자신의 재능을 나누며 능력을 최대한 발휘하지 못하는 일이 없게 할 확실한 조치를 적극적으로 취해야 한다. 다음은 사기꾼 증후군이 당신을 가로막지 못하게 막기 위한 몇 가지 방법이다.

1. 수치심 공유하기

대부분의 고성취자들은 가짜 같은 느낌 때문에 애를 먹으면서도 그런 사실을 입 밖으로 꺼내지 않는다. 모두들 인정하기 꺼려해 알려지길 원치 않는 비밀처럼. 솔직히 말하면 나는 지금까지도 이따금씩 그런 느낌을 겪으면서 거의 20년 동안 이 일을 해오고 있다. 이쯤에서 브레네 브라운(Brene Brown)의 말을 새겨들을 만하다. "수치심을 연구하는 사람으로서 확신컨대, 수치심의 공격에 시달리고 있을 때의 최선책은 완전히 반직관적이 되는 것이다. 용기를 내서 도움의 손길을 구해라!"[2]

일리 있는 말이다. 이유가 뭐냐고? 수치심은 소리 내서 나누면 예외 없이 쭈그러들게 돼 있기 때문이다. 밖으로 공개되고 나면 존재하지 못한다. 이 개념을 실행으로 진전시키기 위해 사기꾼 증후군이 신나서 날뛸 때 믿고 전화할 만한 사람 1~2명의 전화번호를 단축번호로 저장해두길 권한다. 이 새로운 사기꾼 증후군 퇴치단에게 연락해서 이렇게 말하면 된다. "있지, 지금 내가 기분이 구려. 그런 기분을 느끼지 않아도 되는 이유 좀 상기시켜줄래?"

당연히 은혜를 갚을 줄도 알아야 한다. 기운을 북돋워주며 그 사람의 고유한 가치를 상기시켜주는 사람이 된다는 건 기분 좋은 일이다. 특히 그 사람이 자신의 고유한 가치를 모르고 있을 때일수록 더 그렇다. 우리가 사는 세상은 안 그래도 험담꾼들로 넘쳐난다. 험담꾼이 아닌 지원군이 되라.

2. 어깨가 으쓱해지는 파일 만들기

여기에서 말하는 어깨가 으쓱해지는 파일이란 당신에게 긍정적 영향을 받았다는 사람들에게 들은 칭찬, 감사 인사, 찬사 등의 말을 모아두는 거다. 친구에게 받은 문자, 동료에게 받은 메모, 고객에게 온 음성 메시지 같은 것도 괜찮다. 아무리 시시해도 친절한 말이나 감사 표시는 뭐든 다 된다. 당신이 이룬 성취들을 같이 모아둬도 좋다. 보기 편한 위치에 모아놓고 필요한 만큼 자주 다시 훑어봐라. 명심해라. 에너지는 관심을 따라 흐른다. 어깨가 으쓱해지는 파일은 사기꾼 증후군의 부정적 영향과 싸워 당신이 사실은 가치 있는 사람이라는 현실을 다시 깨우쳐줄 수 있는 지원군이다.

3. 빛을 안쪽이 아닌 바깥쪽으로 비추기

당신의 관심(정신 에너지, 정서 에너지, 영적 에너지)를 한 방향만 비춰줄 수 있는 손전등이라고 생각해라. 그 손전등은 어떤 순간이든 당신의 내면을 비추며 당신이 얼마나 사기꾼 같은 기분인지 밝혀주든가 아니면 외부의 타인들을 비추며 그 사람들이 필요로 하고 원하는 것과 당신이 그 사람들을 도와줄 수 있는 방법을 밝혀주든가 둘 중 하나라고.

손전등이 외부를 비추고 있으면 당신은 사기꾼 같은 기분에 아무런 관심을 주지 않게 된다. 사기꾼 같은 기분은 관심을 주지 않으면 살아남지 못한다.

손전등을 타인에게 비추는 방법은 많은 시간이 걸리는 일이거나 아주 복잡한 일이 아니다. 마음에서 우러난 친절한 행동이라면 뭐든 다 효과가 있다. 가령 상사에게 당신을 변화시켜준 특별한 일을 구체적으로 적어 감사 메모를 보내는 것도 괜찮다. 어려움에 처한 이웃에게 도움의 손길을 내민다거나 가까운 양로원에 방문해 최근에 아무도 찾아온 사람이 없었던 어르신이 계신지 알아보고 함께 즐거운 하루를 보내드리는 것도 좋은 방법이다. 주위를 둘러봐라. 유대의 순간을 목말라 하는 사람들이 아주 많다. 작은 도움, 작은 관심, 작은 위안, 작은 애정을 필요로 하는 누군가가 늘 있다.

이제부터는 사기꾼 같은 기분이 들면 당신 자신을 망가뜨리기 전에 스스로를 점검해라. 아마도 그 순간에 당신의 손전등은 최고의 효과를 내줄 수 있는 쪽(다른 사람들에게 마음 써주기)이 아니라 당신 자신을 비추고 있을 거다.

사기꾼 같은 느낌과 싸우기 위한 꿀팁을 더 알고 싶으면 온라인에서 'MarieTV'와 'Imposter Syndrome'으로 검색해 관련된 에피소드를 시청하면 된다. 당신에게 당신의 특별한 재능을 나눠줄 권리가 있다는 사실에 아직도 확신이 안 선다면 이어서 들려주는 얘기가 도움이 될 거다.

죽은 이들에게서 온 인생 반전의 조언

○ 하고 싶은 일이 뭐든 지금 실행해라.
내일이라는 시간은 한정돼 있다.

마이클 랜던(Michael Landon)의 발언으로 추정됨

간호사였던 브로니 웨어(Bronnie Ware)는 수년 동안 말기 환자를 돌보며 수백 명의 환자들 곁에서 마지막 남은 몇 주 동안 그들을 간호했다. 그중 몇몇 환자들이 낙담에 빠져 괴로워하는 모습을 지켜보며 뭔가 느낀 게 있어《내가 원하는 삶을 살았더라면: 죽을 때 가장 후회하는 5가지》을 쓰게 됐다. 이 책에 나오는 5가지 후회 중 그 정도가 가장 극심하고 가장 흔한 후회를 같이 살펴보자.●

● 나머지 4가지 후회의 말은 순서대로 다음과 같다. '정말 열심히 노력해볼 걸 그랬어', '용기를 내서 내 감정을 표현해볼 걸 그랬어', '친구들과 계속 연락하며 지낼 걸 그랬어', '거리낌 없이 더 행복을 누려볼 걸 그랬어'.

나의 인생을 바꾼 성공 공식 everything = figure out

남들이 나에게 기대하는 삶이 아니라
나 자신에게 충실한 삶을 살기 위해
용기를 내볼 걸 그랬어.

헐. 급소를 맞은 기분인가?

웨어가 지켜본 결과 대다수 사람이 임종 순간에 자신의 꿈을 절반도 이행하지 못한 걸 후회했다고 한다. 정말 절반도! 이 얘길 꺼낸 요지는 다른 사람들의 실수를 안타까워하라는 게 아니라 당신자신의 실수를 피하라는 거다.

솔직히 대답해봐라. 진실된 느낌대로 말하거나 행동하지 않고 혀를 깨물며 참았던 순간이 얼마나 많았는가? 트집 잡히고 비난받기 싫어서 탐구나 표현의 즐거움을 억눌렀던 경우는? 남모르는 꿈을 펼치려니 겁이 나서 정말 견디기 힘들면서도 여전히 하고 있는 일은 없는가? 당신의 삶을 부모님, 배우자, 가족, 자녀, 친구나 아니면 (가장 비극적인 경우로) 인터넷상의 익명인들에게 인정받기 위해 살아온 시간은 얼마나 되는가?

당신이 지금 이 글을 읽고 있다는 사실은 그 자체로 당신이 아주 유리한 입장에 있다는 의미다. 당신은 아직도 살아 있다. 아직 삶을 바꿀 시간이 있다. 제발, 아무쪼록, 시도해보지 않은 걸 후회하지 않도록 지금 당신이 꿈꾸는 일을 실행해라. 안 그러면 지금껏 인간의 입에서 나온 세 마디 말 중 최악의 말을 내뱉게 될 테니.

'…할 걸 그랬어.'

이 빌어먹을 말, '…할 걸 그랬어'를 말할 일은 없어야 한다.

당신이 자각하고 있든 아니든 우리는 모두 같은 우주 열차에 탑승해 같은 방향으로 가고 있다. 죽음을 향해. 자신이 언제 내릴지는 아무도 모른다. 언제 열차가 속도를 늦출지, 언제 차장이 우리 어깨를 툭 치며 "아가씨, 내리실 곳에 다 왔습니다. 이젠 가셔야 합니다"라고 말할지는 아무도 모른다.

우리가 아는 거라곤 시시각각 시간이 지나는 사이에 우리가 그곳에 점점 가까워지고 있다는 것뿐이다. 하루하루, 매시간, 매분 점점 더. 그러니 이제는 당신의 꿈을 좇아야 할 때다. 그 꿈이 아무리 허황되거나 어림없거나 '불가능해' 보여도 이제는 전력을 다해 해결에 나서야 한다. 지금 이 순간부터 당신이 생각하고 말하고 행동하는 모든 건 그 꿈을 위해 전념하겠다는 선언이 돼야 한다.

당신의 내면에는 힘이 있다. 당신은 이미 영혼의 부름에 부응하기 위해 필요한 모든 걸 갖추고 있다. 그러니 제발 실행에 나서라. 꿋꿋이 밀어붙여라. 우리에게서 당신의 재능을 훔쳐 가지 마라.

세상은 정말 당신을 필요로 한다. 당신의 가장 대담하고 가장 용기 있고 가장 정직하고 가장 애정 어린 표현을 필요로 한다. 당신이 지금껏 의식하지 못했다 해도 인간은 변화를 갈망하는 종이다. 이건 공기 중에 퍼진 기운에서도 느낄 수 있다. 학교에서, 집에서, 회사에서, 스포츠 경기장에서, 사회 곳곳 어디에서나 사람들은 앞장서서 나서주길 기다린다. 가슴에 열정이 있고 우리 능력을 펼칠 최고의 비전을 가진 누군가가 이끌어주길 기다린다.

나는 그 누군가가 당신이라고 믿는다. 바로 당신이 당신의 영향

나의 인생을 바꾼 성공 공식 everything = figure out

권 안에, 당신의 가족과 공동체 안에 그리고 전반적인 세계에 존재하는 새로운 가능성에 눈뜰 수 있는 누군가라고 믿는다. 당신에게는 어떤 문제든 해결해내기 위해 필요한 자질이 있다고 믿는다.

또 그 과정에서 당신이 감화를 일으키는 모든 삶이 분발할 거다.

그건 기회다. 당신과 나와 전체 인류를 위한 기회.

지금 우리에게 가장 필요한 건 가능성을 믿고 모든 문제가 해결 가능한 것처럼 살아가는 당신 같은 사람들이다. 환경부터 푸드 시스템, 교육, 보건, 온갖 불평등과 부당함에 이르기까지 해결해야 할 중요한 문제들이 산적해 있는 마당이니 말이다.

'정말로 꼭 이래야만 하나?', '다른 식으로 할 수는 없을까?' 어느 시대에든 이런 의문을 가진 사람들이 있었다. 수세기 동안 견고히 지켜져온 사회구조에 맞닥뜨린 경우에도 한 개인의 꿈이 사회 전체에 변화를 일으키는 도화선이 됐다.

개인의 문제와 집단적 난관에 이런 식으로 접근하면, 다시 말해 해결 불가능한 문제는 없다는 자세로 다가가면 비로소 변화가 시작될 거다. 패배감과 위압감과 비탄에서 벗어나 용기 있고 역량 있고 희망 가득한 세상으로 나아가게 될 거다.

우리는 스스로에게, 서로에게, 우리 아이들과 우리 아이들의 아이들에게 이런 자세를 가르쳐야 한다. 살다 보면 당신에게 뭔가를 실행하거나 뭔가를 말하거나 뭔가를 변화시킬 만한 기회가 나타나는 순간들이 있기 때문이다.

이 순간부터는 '어떻게 해야 할지 모르겠어'나 '내가 저렇게 되기 위해 필요한 자질을 갖고 있는지 자신이 없어' 같은 말을 하며 하루도 더 시간을 낭비하지 않겠다고 다짐해라.

당신과 나 모두 마음 깊숙한 곳에서 잘 알고 있다. 당신에게는 그런 자질이 있다는 걸. 당신은 신의 축복을 받아 무한한 능력을 갖추고 있다는 걸. 인간으로서 당신의 영혼이 가진 힘을 저지할 수 있는 환경이나 운명이나 상황은 없다.

바라건대 언젠가 그 우주 열차에서 우리가 서로 마주치길. 내가 아직도 열차에 타고 있다면 바(bar) 칸에서 당신을 기다리고 있겠다. 아페롤 스피리츠를 홀짝이며 그간 당신이 이뤄온 진전을 듣길 고대하면서.

1. **당신의 가장 큰 꿈이나 열망을 시도하는 데 방해되는 건 뭔가?**
   지금 신경 쓰이는 그 고민이 20년이나 40년이나 60년 후에도
   여전히 신경 쓰일까? 그때도 그런 고민이 여전히 중요한 문제
   일까?

2. **죽음이 임박했다고 상상하며 다음 문장을 적어도 20번**(필요하
   다면 더 많이) 써봐라. 너무 오래 생각하지 말고 쭉 적어나가라.

   …할 걸 그랬어.
   …할 걸 그랬어.
   …할 걸 그랬어.

3. **당신이 정말로 모든 문제는 해결 가능하다고 철석같이 믿고 있**
   다면 지금 무슨 일을 하고 싶겠는가? 창작하거나 치유하거나
   변화시키거나 넘어서고 싶은 게 없는가? 되고 싶은 인간상은?

4. **제발 이번의 마지막 액션 플랜을 끝까지 손으로 직접 쓰길 바**
   란다. 일기장을 가져다 놓고 전자 기기의 모든 알림도 꺼놔라.
   방해받지 않을 만한 장소에 가서 하고 조용하고 사색적 분위기

를 내는 데 도움이 된다면 촛불을 켜둬도 좋다. 15분 타이머를 설정해라. 그럼 생각나는 대로 술술 쓰게 될 테고 이건 곧 직관을 불러내 종이 위에서 당신 자신과 교감하게 한다.

미래의 자신(100살이 넘은 당신)이 현재의 당신에게 편지를 쓰는 거다.

먼저 다음 문장을 3번 반복해 써라. '나는 이제 최고의 근원으로부터 나의 최고 이익을 위한 게 뭔지 전해 받으려 한다.' 다음의 유도문을 시작으로, 미래의 당신이 현재의 당신에게 보내는 편지를 써봐라.

사랑하는 (당신의 이름)에게
나는 네가 이걸 알았으면 좋겠어···

손이 움직이는 대로 쭉 써라. 명심해라. 당신은 지금 100살의 당신을 초대해 현재의 당신에게 지혜를 나눠주려는 거다. 무슨 말인지 이해가 안 돼도 펜을 계속 움직여라. 비판이나 편집은 물론 의식적인 생각도 하지 않도록 최대한 노력해라. 뭐든 떠오르는 대로 쓰면서 문법이나 철자나 맞춤법에는 신경 쓰지 마라. 쓰다가 막히면 줄을 바꿔서 다음 유도문을 활용해봐라.

나는 네가 ···를 놓아줬으면 좋겠어.
나는 네가 ···를 시작했으면 좋겠어.
나는 네가 ···를 잊지 말았으면 좋겠어.

나의 인생을 바꾼 성공 공식 everything = figure out

이 글을 읽을 사람은 오로지 당신뿐이다. 15분으로 설정된 타이머가 다 될 때까지 계속 써라. 미래의 자신 불러내기는 당신이 직관적으로 알고 있지만 아직은 실제로 활용되거나 꾸준히 실천하고 있지 않을 만한 마음 깊숙한 곳의 진실에 다가가는 데 유용한 방법이다. 다 썼으면 못해도 1시간 정도 옆으로 치워놓았다가 다시 읽어봐라.

잘했다. 이제는 당신과 작별의 시간을 갖기 전에 못다 한 마지막 얘기를 전하고 싶다…

에필로그

꿋꿋이 밀고 나가겠다고 약속하라

○ 우리는 혼자서는 할 수 있는 게 많지 않지만 함께라면 많은 걸 할 수 있다.

헬렌 켈러

몇 년 전 나는 뉴욕에서 개최한 3일간의 야심 찬 컨퍼런스를 기록으로 남기기 위해 영화 촬영팀을 고용했다. 우리가 거의 1년 동안 계획한 이 컨퍼런스에는 전국에서 여러 강연자들이 초빙됐고 전 세계에서 수백 명의 학생들이 참석했다. 컨퍼런스 종료 직후 우리 촬영팀은 곧바로 공항으로 향했다. 일련의 사례 연구를 위해 유럽으로 가 6명의 경영대학원 졸업생들을 인터뷰하기 위해서였다. 3일간의 컨퍼런스 녹화에 이어 1주일간 세계를 돌며 촬영하는 데 들어간 물자와 자금은 머리가 핑 돌 정도로 어마어마했다.

출장이 끝난 후 팀원에게 전화가 걸려왔다. 촬영팀 장비를 도둑

맞았다고 했다. 카메라, 렌즈, 삼각대, 녹화 필름을 하나도 남김없이 싹 다. 컨퍼런스 진행 과정 전체와 유럽 여러 도시에서 진행된 6건의 인터뷰 녹화분을 모두 잃은 거였다. 미칠 노릇이었다.

속이 울렁거렸고 토할 것 같았지만 겨우 참았다.

그렇게 녹화 필름을 잃는 바람에 창작 활동에 치명타를 입었을 뿐만 아니라 (컨퍼런스는 다시 열 수 없었으니까) 그 인터뷰를 기반으로 계획 중이던 중대한 홍보 캠페인에도 차질이 빚어졌다. 우리 회사의 존립을 위해 필요한 아주 중요한 그 홍보 캠페인은 불과 몇 주 뒤였다. 이사회의 사외 파트너들에게 그다지 지지를 받지 못할 것 같아 개시 일자를 미룰 수도 없었다.

하지만 진짜 이야기는 지금부터다. 울렁거리던 내 속은 몇 초가 지나자 가라앉았다. 어떻게 가능했을까? 내가 이끄는 팀은 해결 가능성의 철학과 함께 살고 숨 쉬고 있기 때문이다. 이 철학은 우리 회사의 문화에 깊이 내재돼 있다.

전화 통화 중에 스토리텔링 책임자가 재촬영 계획을 제시하면서 출장 일정 수정과 인터뷰이의 재섭외 구상까지 마무리 지었다.

나는 크게 심호흡한 후 말했다. "좋아요. 우린 할 수 있어요. 완전 해결 가능해요!"

며칠 내에 우리 촬영팀은 새 장비를 구입하고 짐을 챙긴 후 다시 유럽행 비행기에 올랐다. 그 과정은 정말 치열했다. 필사적으로 그 일에 매달려 밤낮없이 일했다. 하지만 우리는 힘을 모아 서로서로 의지하면서 제시간에 일을 끝마쳤다. 게다가 새로 촬영한 인터뷰가 첫 번째 촬영분보다 훨씬 더 좋았다.

조직을 이끌거나 부서를 관리하거나 가사를 처리하는 사람이라면 누구나 잘 안다. 이놈의 일이라는 건 늘 꼬인다. 뜻밖의 차질이 생긴다. 기기가 고장 난다. 사고가 생긴다. 몸이 아픈 일이 생긴다. 하지만 이런 상황들은 당신의 해결 가능성 근육을 강화하기에 그만인 기회들이다.

장애물을 극복하고 스트레스를 줄이고 뛰어난 성과를 내기 위한 능력을 키우고 싶다면…

자신을 넘어서라.
내가 아닌 우리의 관점에서 생각해라.

해결 불가능한 문제는 없는 것처럼 믿고 행동하면 당신 삶은 극적으로 바뀐다. 하지만 주변 사람들(친구, 가족, 동료 들)도 해결 불가능한 문제는 없는 것처럼 믿고 행동하면 당신의 가장 무모한 꿈마저 넘어서는 수준의 체험과 성과를 이뤄낼 수 있다.

우선 첫째로, 함께 문제를 해결하고 난관을 넘어서는 게 훨씬 재밌다. 둘째, 바로바로 의지할 수 있는 사람들이 있으면 이용 가능한 지적 · 정서적 · 정신적 · 창의적 자원이 배가될 수 있다. 셋째, 다른 사람들의 지지를 받으면 뒷걸음칠 상황을 만나도 끈기를 발휘할 가능성이 더 높아진다. 게다가 협력을 통해 아이디어, 견디는 힘, 다양한 관점이 서로 어우러지면 더 깊이 있는 목표 의식에 뿌리를 둔 더 훌륭하고 더 의미심장한 성과가 나타나는 경우도 많다.

마틴 뤼터(Martin Rutte)의 다음 말은 우리 모두가 인정해야 할 역설을 더없이 잘 표현했다.

> 혼자 해야 하는데 혼자서는 할 수가 없다.

맞다. 당신 삶에서 당신이 통제할 수 있는 유일한 사람은 당신이며 당신은 당신 삶을 전적으로 책임져야 한다. 언제 어느 때든 모든 면에서.

그런데…

우리 인간은 서로를 필요로 한다. 이건 우리 안에 생물학적으로 내재된 특징이다. 인간은 누구도 섬이 아니다. 전기를 통해 어떤 사람의 성공 스토리를 자세히 들여다보면 한 사람이 성공하기까지 뒤에서 힘을 실어준 수많은 사람들이 눈에 띈다.

이 책에서 제시된 도구와 원칙은 개인으로서의 당신에게 맞춰진 거지만 얼마든지 확장 가능하다. 당신의 꿈을 해결할 최상의 기회를 원한다면 자양분이 있는 주변 환경을 가꿔라. 사회적 유대를 다지는 일을 우선시해라. 다른 사람들이 자신의 꿈을 잘 해결하도록 챙겨주고 격려하며 마음을 써주기도 해라.

단지 가볍게 던지는 듣기 좋은 얘기가 아니다. 수십 년에 걸친 연구에서도 사회적 유대가 건강, 행복, 성과에 긍정적 영향을 미치는 것으로 확인됐다. 사회적 유대가 탄탄한 사람들은 상대적으로 불안과 우울감이 낮고 자존감은 높은 데다 다른 사람들과의 관계에서 공감력이나 신뢰성이나 협력성이 더 높은 편이며 그에 따라 다른 사람들이 더 선뜻 믿고 협력한다고 한다.[1] 이는 그 반대 상황을 통해서도 뒷받침된다. 한 획기적 연구에서 나타난 결과에 따르면 사회적 유대의 부족이 흡연과 비만과 고혈압보다 건강에 더 해롭다고 한다.[2] 고독은 하루에 담배를 15개비씩 피우는 것보다 치명적이다.[3]

이번엔 들으면 반가워할 만한 얘기다. 사회적 유대를 탄탄하게 다지는 일은 당신의 통제권 안에 있다. 다른 모든 것과 마찬가지로 해결 가능한 문제다.

해결 가능성의 영역 만들기

최근에 술을 끊었는데 퇴근 후 매일매일 해피아워(술집에서 정상가보다 싼값에 술을 파는 시간. 보통 이른 저녁 시간대다-옮긴이)에 가겠는가? 도박 중독에서 겨우 벗어났다면 라스베이거스로 휴가를 가겠는가? 얼마 전 자신에게 유당불내증이 있다는 걸 알았다면 치즈 매장에 취업지원서를 내겠는가? 절대 그래선 안 된다.

왜? 환경은 우리가 생각하고 느끼고 행동하는 방식에 지대한 영향을 미치기 때문이다. 환경은 오랜 시간에 걸쳐 서서히 당신의 성패를 결정지을 수 있다. 그런 만큼 당신이 주도권을 쥐고 환경을 결정지어야 한다. 어떤 사람들과 어울려 지낼지 같은 문제를 의도적이고 신중하게 선택해야 한다.

목표는 해결 가능성의 영역, 즉 지원해주고 온정을 나눠주는 사람들로 가득한 확장적 생태계를 만드는 거다. 말하자면 모든 사람이 자신의 있는 모습 그대로 사랑과 존중을 받는다고 느끼는 영역이다. 지금부터 그 착수 방법 3가지를 하나씩 알아보자.

1. 해결 가능성의 철학을 공유할 친구들 챙기기

"친구력이 의지력보다 더 중요해요." 언젠가 마크 하이만(Mark Hyman) 박사가 내게 해준 말이다. 친구들이나 사랑하는 사람들이 지원해주지 않으면 행동이나 사고방식을 바꾸기 어렵다. 그러니 선제공격에 나서야 한다. 이 책에서 배운 걸 가장 가까운 친구들에게 알려줘라. 직접 읽어보게 책을 1권 건네줘도 좋다. 커피나 칵테일이나 식사에 대한 당신의 아이디어를 꺼내보자. 해결 가능성의 철학을 공통 관심사로 만들어보는 거다. 서로서로 '준비되기 전에 일단 시작'하게 도와주고 '완벽함이 아닌 진전'에 집중하라고 상기시켜줘라.

당신이 조직과 책임에 비교적 관심이 많은 편이라면 지금 이 대목에서 의욕이 자극될지도 모르겠다. 인재개발협회(Association for Talent Development)에서 실시한 한 연구에서는 누군가에게 의무를 지우면 목표를 완수할 가능성이 65퍼센트가 되는 것으로 나타났다. 또 구체적 책임까지 지명하면 성공할 가능성이 95퍼센트까지 늘어난다고 한다. 무려 95퍼센트란다!

철저한 책임을 지우지 않는다 해도 의지할 수 있는 친구들은 더없이 소중한 존재다. 나는 상황이 엉망진창으로 꼬여버리면 친구와 동료에게 전화를 건다. 일 문제든, 대인 관계 문제든, 건강 문제든 간에 쪽팔리지 않고 도움을 청하며 이렇게 말한다. "이게 해결 가능한 문제라는 건 알아. 그치만 지금은 어느 방향으로 가야 할지 판단하기가 힘들어. 이 문제로 얘기 좀 나눌 수 있을까?"

내가 그럴 수 있는 이유는 우정에 투자하고 있기 때문이다. 내게 대인 관계보다 중요한 일은 없다. 나는 친구와 동료의 꿈을 위해 내가 먼저 애정, 응원, 격려를 보내주려고 최선을 다한다. 당신도 그렇게 해봐라.

2. 직장에서 해결 가능성의 힘 발휘하기

다음은 우리 회사에서의 대처 방식이다. 비상사태가 발생한다. 문자메시지를 몇 번 주고받는다. 그러다 우리가 맡아서 처리할 수 있는 중요한 문제점이 발견되면 누군가 이렇게 밝힌다. '문제점이 발견됐어요. 당장 통화해서 해결해요!' 이렇게 해결에 나선다. 예외 없이 언제나.

성인으로서의 우리는 깨어 있는 시간의 대부분을 일을 하며 보낸다. (말단 사원, 프리랜서, 기획 책임자, 관리자, CEO 등) 어떤 직위에 있든 모든 문제가 해결 가능한 것처럼 믿고 행동하는 리더가 되기 위해 힘써라. 어떤 환경에 들어서든 해결 가능성의 근육을 유연하게 풀어놓고 나서라. 문제에 부닥칠 때마다 그 말을 되뇌며 행동으로 뒷받침해라.

당신 팀이 장애물에 부딪치면 먼저 이렇게 말하는 거다. "자자, 어려운 문제긴 하지만 해결 불가능한 문제는 없다고. 우린 해낼 수 있어. 서로 힘을 합치면 문제를 해결하게 돼있어." 이렇게 분명하고 차분하면서 자신 있는 기운을 내뿜으면 팀에 긍정적 효과가 파급된다. (특히 위기 상황일수록 해롭고 비생산적인 요소인) 스트레스, 책임

소재 추궁, 혼란스러움에서 벗어나 해결책을 착안하는 방향으로 초점을 옮기는 데도 유용하다.

메리앤 윌리엄슨(Marianne Williamson)이 우리에게 상기시켜준 말처럼 "아이디어는 함께 머리를 맞댈 때 더 강력해진다". 사업이나 조직이나 부서를 이끌고 있다면 이 책을 당신 팀원 모두에게 선물해주길 권한다. 교사나 코치라면 '해결 불가능한 문제는 없다'를 중요한 가르침으로 삼아보자. 해결 가능성의 철학이 당신 문화에 깊이 새겨지도록 주도해봐라. 우리 팀원들은 이 책의 개념과 도구를 날마다 활용하고 있다. 자랑스럽게 밝히자면 우리 회사 직원들은 우리 회사가 '꿈의 직장'이라는 얘기를 자주 한다. 우리 직원들은 근무 시간 외에도 서로 어울리며 지낸다. 휴가 중에도 서로 약속해서 만난단다. 세상에 완벽한 회사는 없지만 우리 회사는 믿을 수 없을 만큼 배려심 있고 생산적이며 지원을 아끼지 않는다. 나는 해결 가능성의 철학을 바탕으로 삼고 있는 게 그 주된 원인이라고 믿는다.

3. MF 내부자 되기

당신이 소비하는 미디어와 메시지는 당신의 정신과 정서 생태계의 일부를 이룬다. 당신이 읽고 듣는 게 당신의 감정, 관점, 행동을 좌우한다. 이 책을 재밌게 읽었다면 내가 당신의 인생 여정을 앞으로도 계속 응원할 수 있게 해줬으면 정말 좋겠다.

우리는 MF 내부자들(우리 이메일 구독자들)에게 수상 경력이 있는 콘텐츠를 지금까지 20년 가까이 화요일마다 무료로 배부하고 있다. 대체로 〈마리TV〉나 〈마리 폴레오 팟캐스트〉의 새로운 에피소드를 보내준다. 때로는 받은 편지함을 보면서 미소를 지을 만한 친밀하고 애정 어린 짤막한 개인적 편지를 보내줄 때도 있다. 콘텐츠 구성이 어떻든 이것만큼은 믿어도 좋다. 우리 콘텐츠는 사기를 높여주고 재밌고 실천 가능한 내용들로 채워져 있다. 우리가 보내주는 모든 내용은 해결 가능성의 철학을 완전히 터득해 당신의 재능을 세상의 변화를 위해 쓰는 데 도움이 돼줄 거다. 자랑스럽게 털어놓자면 구독자들에게 매주 읽으면서 다음 이메일을 기대하게 되는 유일한 이메일이라는 글을 벌써 수천 건 받았다.

MarieForleo.com/EIF에 방문해 당신의 정보를 입력해봐라. 그러면 책에 미처 담지 못한 보너스 자료와 추가 훈련팁을 바로 이용할 수 있다.

상대가 친구든 동료든 아니면 사랑하는 사람들이든 다음의 대인관계 황금률을 기억해라. 그게 뭐든 당신이 바라는 걸 다른 사람들에게 베풀어라.

격려에 목마르다면 다른 사람을 격려해줘라.

고마워하는 마음에 목마르다면 다른 사람에게 고마움을 표해라.

사랑으로 감싸주는 마음에 목마르다면 다른 사람을 사랑으로 감싸줘라.

인정에 목마르다면 다른 사람을 인정해줘라.

칭찬에 목마르다면 다른 사람을 칭찬해줘라.

이해에 목마르다면 다른 사람을 이해해줘라.

결핍감을 느끼거나 뭔가가 '필요'하다고 느껴질 때마다 입장을 바꿔 다른 누군가에게 베풀어라. 다만 부디 명심해야 할 게 있다. 진심 없이 거짓으로 꾸며서는 안 된다. 돌려받을 생각으로 베풀어서는 안 된다. 그럴 경우엔 선물이 아니라 요구가 되기 때문이다. 진실되게 베풀면 곧 당신도 받게 된다는 걸 깨달아봐라. 뭐든 다른 사람에게 베풀면 당신도 그걸 경험하게 된다.

궁극적으로 우리 삶의 척도는 우리 자신을 위해 성취한 것으로 결정되지 않는다. 우리가 남들에게 나눠주고 베풀고 기여한 것으로 결정된다. 당신 자신이 불평이 아닌 기여에 초점 맞춰진 환경에 놓이도록 할 수 있는 게 있다면 뭐든 해라. 받으려 하지 말고 베풀어라. 자기과시가 아닌 기여에 마음을 써라.

곧 헤어져야 할 시간을 앞두고 마지막으로 부탁할 게 있다. **꿋꿋이 밀고 나가겠다고 약속해줘라.** 당신은 이 세상에 새롭게 창작하고 기여할 게 아주 많은 귀한 존재다.

물론 당신이 이미 이것저것 할 일이 많아 곡예하듯 살고 있다는 건 나도 안다. (우리 누구나 그렇듯) 당신은 믿을 수 없이 멋진 재능을 받았지만 여러 난관을 헤쳐나가는 중이기도 하다. 힘든 시기는 갑자기 닥치는 게 아니다. 성장을 통해 당신의 진정한 자아에 더 가까워질 준비가 돼 있는 바로 그때 닥친다. 당신은 당신이 생각하는 것보다 더 강하고 더 유능한 사람이다.

부디 내게 당신의 성장을 글로 계속 알려줬으면 좋겠다. 이 책을 읽으며 깨달은 걸 당신 자신이나 타인들의 삶을 변화시키기 위해 어떻게 활용하고 있는지 너무 듣고 싶다.

그때까지 당신 자신을 잘 대해주길 바란다. 이 삶에서 당신의 가장 중요한 자산은 바로 당신이다. 웃으면서 재밌게 사는 것도 잊지 말길. 좋은 컨디션을 유지하며 당신의 꿈을 꿋꿋이 밀고 나가라. 이 세상에는 당신만이 가진 그 특별한 재능이 정말로 필요하니 꼭 그래야 한다.

사랑의 마음을 가득 담아

마리

나의 인생을 바꾼 성공 공식 everything = figure out

사려 깊고 헌신적인 시민 몇 명이 나선다고
세상이 변할 수는 없다고 비관하지 말라.
지금껏 그런 사람들이 세상을 바꿔왔다.

마거릿 미드(Margaret Mead)

내 삶에서 가장 멋지고 가장 충족감을 안겨준 성과들은 나 혼자 이뤄낸 게 아니었다. 이 책을 비롯해 지금까지 내가 이룬 기분 좋고 멋진 일들은 모두 다 무수한 타인들과 맞닿아 있다. 알게 돼 영광스러운 훌륭한 사람들이 베풀어준 값을 매길 수 없이 귀한 기여, 협력, 응원이 그 바탕이 돼줬다.

그칠 줄 모르는 사랑, 지혜, 별난 모험 정신으로 귀중한 도움을 준 사랑하는 조시에게 이 말을 전하고 싶다. 언제나 나를 믿어줘서 고마워. 나 자신도 못 알아보고 있던 내 잠재력을 알아봐준 것도 고맙고. 자기와 인생을 함께하게 돼 너무 좋아. 자기가 생각하는 것보다 더 많이 사랑해.

세상에서 가장 꿈만 같고 끝내주는 팀원들인 우리 팀 폴레오(Team Forleo)에게는 이 말을 해주고 싶다. 타나, 제다, 루이스, 마리안(북 와이프(book wife)!), 저스틴(잼스), 첼시아, 캐롤린, 샐리, 켈시, 오드리, 스티비, 에리카, 멕, 맨디, 헤일리, 히더 H., 로라, 히더 F., 메이카, 젠, 아리엘, 줄리아, 레이첼, 사라, 그레고리, 엘사, 에릭 마이클, 조시 B., 제이슨을 비롯해 현명하고 열정적이고 창의적이고 마음이 넓은, 점점 늘고 있는 모든 가족에게 머리 숙여 감사 인사를 보낸다. 여러분을 존경합니다. 나에게 팀 폴레오는 무슨 일이 있어도 끝까지 삶을 함께하고 싶은 사람들이에요.

언제나 무한한 응원을 보내주는 가족과 친구들 그리고 동료들인 로니와 렉시, 제인, 아이다, 젠과 재크, 후안과 빌, 우주 최고의 친구 크리스 카, 레지나 토마쇼어, 로라 벨그레이, 개비 베른슈타인, 케이트 노스럽, 에이미 포터필드, 셸리아 켈리, 다니엘 라포르트, 빌리 벡 Ⅲ, 오피라 에두트, 다니엘 비스, 그래시 메르세데스, 데미안 파헤이, 세스 고딘, 리즈 길버트, 사라 존스, 대니 샤피로, 토니 로빈스, 글레넌 도일, 브레네 브라운, 셰릴 스트레이드, 스티브 프레스필드, 사이먼 사이넥, 팀 페리스, 숀 어쿼, 크리스 길아보, 브렌든 버차드, 크리스틴 로버그, 라이언 홀리데이에게도 격려의 말, 문자메시지, 식사, 이메일, 조언, 사랑, 응원에 대해 감사하고 싶다. 당신들의 노력, 리더십, 우정 덕분에 열정을 불태울 수 있었어요.

출판 대리인 보니 솔로에게는 잘 이끌어주고 진실성을 보여준 점에 정말 감사드린다.

애드리언 잭하임에게는 나와 이 책의 아이디어를 단박에 받아줘 고맙다고 말하고 싶다. 정말 존경합니다. 포트폴리오 팀인 레아 트로보스트, 크리스 세르지오, 윌 바이저, 타라 길브라이드, 로렌 모나코, 마고 스태마스, 제시카 레지오네, 메간 게리티, 매튜 보에지, 릴리언 볼에게도 이 아가가 세상 빛을 보도록 지칠 줄 모르는 노력과 마음과 애정을 쏟아준 점에 고마운 마음을 느낀다.

오프라 윈프리에게도 감사 인사를 전하고 싶다. 당신의 프로그램과 무대에 초대해주고 굉장한 영광과 기쁨을 누리게 해줘 고마워요. 꼬맹이 시절부터 당신은 제 삶의 가능성을 비춰주는 등불이었어요. 앞으로도 제가 가장 좋아하는 사람을 꼽을 때마다 당신이 빠지지 않을 거예요.

우리 〈마리TV〉와 〈마리 폴레오 팟캐스트〉의 대가족으로 성장한 글로벌 커뮤니티, 경영대학원생들, 대학원 멘토들, 파트너들, 카피 큐어(Copy Cure) 회원들, 〈마리TV〉의 훌륭한 게스트들, 그 외에 지난 수년 동안 나와 교감을 맺었던 무수한 사람들에게 이 말을 꼭 하고 싶다. 이 모든 일은 여러분이 없었다면 불가능했을 거예요.

친애하는 독자 여러분, 시간과 관심과 마음을 내어준 호의에 정말 감사해요.

여러분이 평생토록 여러분의 가장 원대한 꿈과 가장 높은 희망을 이루기 위해 노력하길 기원합니다.

그리고 절대, 절대로 망할 놈의 포기란 걸 하지 않길.

세상은 오로지
당신만이 가진
그 특별한 재능을
필요로 한다

2장 _ 믿음이 바뀌면 모든 게 바뀐다

1. Walter A. Brown, "Expectation, the Placebo Effect and the Response to Treatment." Rhode Island Medical Journal, May 19, 2015, http:// rimed.org/rimedicaljournal/2015/.05/2015.05.19.cont-brown.pdf.

2. Ulrich W. Weger and Stephen Loghnan, "Mobilizing Unused Resources: Using the Placebo Concept to Enhance Cognitive Performance," The Quarterly Journal of Experimental Psychology, https://www. tandfonline.com/doi/figure/10.1080/17470218.2012.751117.

3. 60 Minutes, "Marva Collins 1995 Part 1," YouTube, https:// www. youtube.com/ watch? v = h8b1Behi9FM.

4. Alyssa Toomey, "Oprah Winfrey Talks Barbara Walters Legacy." E! News, May 16, 2014, http://www.eonline.com/news/542751/oprah-winfrey-talks-barbara-walters-legacy-former-view-host-gets-teary-eyed-while-talking-about-her-final-show.

5. American Psychological Association, "Marriage and Divorce," https://www.apa.org/topics/divorce.

6. McKinley Irvin Family Law, "32 Shocking Divorce Statistics," https:// www.mckin.leyirvin.com/family-law-blog/2012/october/32. shocking-divorce-statistics.

3장 _ 평계 버리기

1. Victor Mather, "Bethany Hamilton, a Shark-Attack Survivor, Reaches an Unlikely Crest," New York Times, May 31, 2016, https://www.nytimes.com/2016/06/01/sports/bethany-hamilton-world-surf-league.html; "Learn About Bethany," BethanyHamilton.com, https://bethanyhamilton.com/biography; "Bethany Hamilton Biography," Biography, https://www.biography.com/people/bethany-hamilton.

2. Tererai Trent, The Awakened Woman: Remembering & Reigniting Our Sacred Dreams (New York: Enliven/Atria, 2017); "Have an Impossible Dream? This Woman Proves You Can Achieve It," MarieTV, https://www.marieforleo.com/2019/03/tererai-trent-achieve-your-dreams.

3. Nicholas Kristof, "Triumph of a Dreamer," New York Times, November 14, 2009, https://www.nytimes.com/2009/11/15/opinion/15kristof.html; Nicholas D. Kristoff and Sheryl WuDunn, Half the Sky: Turning Oppression into Opportunity for Women Worldwide (New York: Vintage Books, 2010); "A Remarkable Story," Tereraitrent.org, https://tereraitrent.org/about.

4. 이 문구의 작자에 대해서는 논란이 좀 있다. 넬 W. 모니(Nell W. Mohney)의 《하느님이 쉼표를 찍은 곳에 마침표를 찍지 말라(Don't Put A Period Where God Put a Comma)》에 인용돼 있는 대로 척 스윈돌(Chuck Swindoll) 목사의 말이라고 보는 견해가 많지만 우도 모세스 윌리엄스(Udo Moses Williams) 대사와 에노 우도 윌리엄스(Eno Udo Williams) 공저의 《시련을 이기고 승리로(From Trials to Triumphs)》에 인용된 대로 코스마스(Cosmas)의 말이라는 견해도 있다. 누가 한 말이든 정말로 맞는 말이다.

5. "Have an Impossible Dream?," MarieTV.

6. Nick Bilton, "Steve Jobs Was a Low-Tech Parent," New York Times, September 10, 2014, https://www.nytimes.com/2014/09/11/fashion/

steve-jobs-apple-was.a.low-tech-parent.html.

7. S. Andrews, D. A. Ellis, H. Shaw, L. Piwek, and J. Pietsching, "Beyond Self-Report: Tools to Compare Estimated and Real-World Smartphone Use," PLoS ONE 10: 10, October 28, 2015, http://doi. org/10.1371/journal.pone.0139004.

8. "Cost of Attendance," NYU Langone Health, https://med.nyu. edu/education/md.degree/md.affordability-financial-aid/cost-attendance.

9. Medha Imam, "$2.9 billion unused federal grant awards in last academic year."

4장 _ 두려움에 맞서는 법

1. Alicia Eaton, Fix Your Life with NLP (New York: Simon & Schuster, 2013).

5장 _ 꿈은 분명해야 한다

1. Sandhya Bhaskar, "'There Is No Difference: Laverne Cox Talks Gender Identity in Memorial Hall," The Panther, March 4, 2019, http://www.thepantheronline.com/news/no.difference-laverne-cox-talks-gender-identity-memorial-hall.

2. Erin Staley, Laverne Cox (New York: The Rosen Publishing Group, 2017).

3. Jazz Jennings, "Laverne Cox," Time, April 15, 2015, http://time. com/3822970/laverne-cox-2015-time-100.

4. Brian McVicar, "'Orange Is the New Black' Actress Discusses 'Gender Police,' Struggles Faced by Transgender People," MLive, March 19,

2014, https://www.mlive.com/news/grand-rapids/2014/03/orange_ is_the_new_black_actres_1.html.

5. Jane Mulkerrins, "Laverne Cox: On Growing Up Trans, Orange Is the New Black and Caitlyn Jenner," The Telegraph, June 10, 2016, https://www.telegraph.co.uk/on.demand/2016/06/10/laverne-cox-on-growing-up-trans-orange-is-the-new-black-and-cait.

6. "Laverne Cox at Creating Change 2014," National LGBTQ Task Force, February 5, 2014, YouTube video, 30:46, https://www.youtube.com/watch?v=6cytc0p4Jwg.

7. Mulkerrins, "Laverne Cox: On Growing Up Trans, Orange Is the New Black and Caitlyn Jenner."

8. Regan Reid, "10 Teachable Moments from Laverne Cox's Incredibly Inspiring Talk at WorldPride," IndieWire, June 26, 2014, https://www.indiewire.com/2014/06/10-teachable-moments-from-laverne-coxs-incredibly-inspiring-talk-at-worldpride-213999.

9. Benjamin Lindsay, "Laverne Cox on Breaking Barriers in Hollywood & Advocating for the Marginalized," Backstage, March 8, 2017, https://www.backstage.com/magazine/article/laverne-cox-breaking-barriers-hollywood-advocating-marginalized-5039.

7장 _ 완벽함이 아닌 진전

1. Alaska Injury Prevention Center; Critical Illness and Trauma Foundation, Inc.; American Association of Suicidology, "Alaska Suicide Follow-back Study Final Report," September 1, 2003 -August 31, 2006, http://dhss.alaska.gov/SuicidePrevention/Documents/pdfs_sspc/sspcfollowback2-07.pdf.

2. Prem S. Fry and Dominique L. Debats, "Perfectionism and the Five-Factor Personality Traits as Predictors of Mortality in Older

Adults," Journal of Health Psychology 14, no. 4 (2009),513-24, doi:10.1177/1359105309103571.

3. Fry and Debats, "Perfectionism and the Five-Factor Personality Traits"; Gordon L. Flett and Paul L. Hewitt, "Perfectionism and Maladjustment: An Overview of Theoretical, Definitional, and Treatment Issues," in 《완벽주의 이론 연구 및 치료(Perfectionism: Theory, Research, and Treatment)》(eds Gordon L. Flett and Paul L. Hewitt Washington, DC: American Psychological Association, 2002), 5, http://dx.doi.org/10.1037/10458-001.

4. Ira Glass, "The Gap," produced by Daniel Sax, This American Life, January 25, 2014, https://www.thisamericanlife.org/extras/the-gap.

5. 캐롤 드웩,《마인드셋: 스탠퍼드 인간 성장 프로젝트/원하는 것을 이루는 태도의 힘》(New York: Random House, 2006).

8장 _ 거부당하기를 거부하기

1. 세스 고딘,《마케팅이다》(Portfolio: New York, 2018).

9장 _ 이 세상에는 당신의 특별한 재능이 필요하다

1. Jaruwan Sakulku, "The Impostor Phenomenon," International Journal of Behavioral Science 6, no. 1 (2011), https://www.tci-thaijo.org/index.php/IJBS/article/view/521.

2. Brenè Brown, "Finding Shelter in a Shame Storm (and Avoiding the Flying Debris)," Oprah.com, http://www.oprah.com/spirit/brene-brown-how-to-conquer-shame-friends-who-matter/al.

에필로그 _ 꿋꿋이 밀고 나가겠다고 약속하라

1. Richard M. Lee and Steven B. Robbins, "The Relationship Between Social Connectedness and Anxiety, Self-Esteem, and Social Identity," Journal of Counseling Psychology 45(3), 338-45, http://dx.doi.org/10.1037/0022-0167.45.3.338.

2. J. S. House, K. R. Landis, and D. Umberson, "Social Relationship and Health," Science 241 (4865), July 29, 1988, 540-45, http://science.sciencemag.org/content/241/4865/540.

3. Savada Chandra Tiwari, "Loneliness: A Disease?," Indian Journal of Psychiatry 55(4): 320-22, October 2013, https://www.ncbi.nlm.nih.gov/pmc/articles/PMC3890922.

나의 인생을 바꾼 성공 공식 everything = figure out

믿음의 마법

제1판 1쇄 발행 | 2020년 2월 26일
제1판 3쇄 발행 | 2020년 3월 18일

지은이 | 마리 폴레오
옮긴이 | 정미나
펴낸이 | 한경준
펴낸곳 | 한국경제신문 한경BP
책임편집 | 최경민
저작권 | 백상아
홍보 | 서은실 · 이여진 · 박도현
마케팅 | 배한일 · 김규형
디자인 | 지소영
본문디자인 | 디자인 현

주소 | 서울특별시 중구 청파로 463
기획출판팀 | 02-3604-553~6
영업마케팅팀 | 02-3604-595, 583 FAX | 02-3604-599
H | http://bp.hankyung.com   E | bp@hankyung.com
F | www.facebook.com/hankyungbp
등록 | 제 2-315(1967. 5. 15)

ISBN 978-89-475-4564-8 03190